Stefan Siller
Neugierig auf Leute und die ganze Welt

Stefan Siller

NEUGIERIG
auf Leute und die ganze Welt

KLÖPFER&MEYER

Inhalt

Vorwort:
Stefan, da ist jemand von der Polizei dran!

In einer Redaktion klingelt das Telefon häufig. Das ist normal, gehört dazu wie die Butter aufs Brot, der FC Bayern in die Champions League oder Moslems zu Deutschland. Kurz vor einer Live-Sendung, deren einziger Gast noch nicht angekommen ist, hört sich der Klingelton allerdings schon irgendwie anders an, sozusagen spannender. Und wenn Rose Gamerdinger, die gute Seele unserer Redaktion, vermeldet: »Stefan, da ist jemand von der Polizei dran!«, und ein Beamter fragt, ob der Herr X (Name geändert) bei uns als Interviewpartner erwartet wird, ist das besonders ungewöhnlich. So ungewöhnlich, dass es in über dreißig Jahren nur dieses eine Mal vorgekommen ist. Es stellte sich heraus, dass unser Gast bei einer Geschwindigkeitskontrolle auffällig geworden war. Als Begründung für seine Eile hatte er angegeben, er müsse pünktlich beim Süddeutschen Rundfunk (SDR, so hieß unser Sender damals noch) in der Sendung »Leute« sein. Der Beamte fand die Entschuldigung so originell, dass er ihr nachging. Und war dann so entgegenkommend, dass er unseren Gast weiterfahren ließ.

Als ich schließlich von Herrn X erfahren hatte, wann er von wo aufgebrochen war, kam ich zu der Erkenntnis: Der Polizist musste seinen Ermessensspielraum sehr großzügig ausgelegt haben. Wenn er ihn nicht fast so sehr überschritten hatte wie unser Gast das Tempolimit. Jeder andere als Herr X wäre seine Pappe wohl los gewesen. Aber es ging dem Polizeibeamten eben um einen guten Zweck. Den, unsere Sendung zu retten.

Jetzt werden Sie vielleicht wissen wollen, wer damals davongekommen ist. Aber das verrate ich natürlich nicht. Genauso wenig wie vieles andere auch. Wir Moderatoren werden ja oft gefragt, was wir denn mit unseren Gesprächspartnern so quatschen, während im Radio Musik läuft. Meistens ist das tatsächlich banal, manchmal netter Smalltalk und ab und zu auch interessanter als das, was jeder hören kann, sobald wir wieder zugeschaltet werden. Was im »Off« gesagt wird, ist eben nicht für die Öffentlichkeit gedacht. Und dabei bleibt es auch. Alles andere wäre unfair.

Doch mancher Gast gibt im Gespräch auch freiwillig überraschende Meinungen und Ansichten preis. Davon kann ich Ihnen ohne Skrupel erzählen.

Selbstverständlich ist es passiert!

Einen echten Promi zu Gast zu haben, einen Showstar, einen Weltmeister, einen führenden Politiker, einen Bestsellerautor, eine beliebte Schauspielerin, das ist natürlich etwas Besonderes. Schon der Name der Person macht neugierig. Was etwa hat Gerhard Schröder zu sagen, was Senta Berger, Michael Schumacher, John Irving oder Harald Schmidt? Die meisten von ihnen haben schon unzählige Interviews gegeben. Warum also noch eines bei »SWR1 Leute?« Haben diese Promis, Politiker oder Provokateure nicht schon alles gesagt? Was kann man ihnen überhaupt noch Neues entlocken? Manchmal, das muss ich zugeben, geht der Erkenntniswert eines solchen Interviews tatsächlich gegen Null. Weil man keinen Draht zueinander findet, Herr oder Frau Star im Stress ist oder zickig. Oft gelingt es aber, eine entspannte Atmosphäre zu schaffen, in der man ins Plaudern und sich näherkommt.

Die Voraussetzungen für das Gespräch mit Götz George allerdings waren alles andere als gut. George war auf Promotion-Tour für seinen neuen Film »Das Trio«, in dem er einen schwulen Ganoven spielte. Er hatte schon hundertmal über den Streifen Auskunft gegeben und die immer selben Fragen beantwortet. Nun hatte er keine Lust mehr auf das zu erwartende Frage-Antwort-Spiel und darum schon im Vorfeld wissen lassen: Zwei Stunden für ein Gespräch mit ihm seien einfach zu viel und 10 Uhr doch viel zu früh. Es müsste reichen, wenn er für die zweite Stunde der Sendung zur Verfügung stünde. Wir sollten zunächst einmal mit seiner Kollegin Jeanette Hain Vorlieb nehmen, der weiblichen Hauptdarstellerin. Und er, er wolle über sein Privatleben überhaupt nicht befragt werden. Das stattete den Moderator, also mich, nicht gerade mit großer Zuversicht auf eine lockere Konversation aus. Immerhin war Herr George pünktlich, also um 11 Uhr im Studio.

Nach einer einleitenden Plauderei über den Film las ich ihm drei Schlagzeilen aus den aktuellen Nachrichten vor. Dann wollte ich von ihm wissen, welches dieser Themen ihn am meisten interessiere. Er entschied sich wie erhofft für Bill Clinton und die Lewinsky-Affäre, die seiner Meinung nach aber gar keine Affäre war. Das sollte er mir natürlich genauer erklären. »Jetzt sind wir aber doch beim Privaten gelandet. Das wollen wir nicht«, beschwerte er sich. Und antwortete dann aber auf meine Frage, ob er selbst schon untreu gewesen sei: »Selbstverständlich ist es passiert – und die Dame war sehr glücklich.« Er lachte und sagte dann: »Aber ich hatte nicht *so* viele Seitensprünge.«

Das Gespräch gestaltete sich fortan nicht nur inhaltlich sehr offen, sondern sprengte fast unser Format. Wir haben in dieser einen Stunde so viel geredet wie normalerweise in zweien. Und keiner der Hörer hat sich darüber beschwert. Mein Kollege Herbert Spaich, der Götz George freundlicherweise ins Studio gebracht hatte und ihn auch wieder abholte, kam später noch einmal zu mir und berichtete. »George hat es Spaß gemacht. Er hat gesagt, wenn er vorher gewusst hätte, wie es bei uns zugeht, wäre er auch zwei Stunden gekommen.«

Um Seitensprünge ging es auch im Gespräch mit einem anderen von mir sehr geschätzten Schauspieler. Mario Adorf hatte keine Zeit, zu uns ins Funkhaus zu kommen, war aber

Mario Adorf, entspannt bei einer »Leute« Aufzeichnung

bereit, mich in der Bar seines Hotels zu empfangen, um dort das Interview aufzuzeichnen. Er war aufgeräumt und guter Dinge, und bei einer Tasse Kaffee wurde auch diese Unterhaltung sehr persönlich. Adorf bekannte sich dazu, ein Freund des Flirtens zu sein: »Ich finde Flirten eine wunderbare Sache, ich bin ihm nicht abgeneigt. Manche sagen auch, ich sei dem Seitensprung nicht abgeneigt. Auch da war ich, gebe ich zu, jahrelang nicht zimperlich. Das hat sich natürlich ab dem Augenblick gegeben, als ich heiratete.« Natürlich hakte ich nach: »Wie haben Sie das gehalten, wenn mal ein Seitensprung vorgekommen ist – haben Sie das gebeichtet?« Die Antwort kam spontan und nachdrücklich:

»Nie, nie gebeichtet. Grundsätzlich soll man das nicht. Das tut doch weh! Wenn es mal rauskommt – sicher, dann sollte man sich damit auseinandersetzen, aber das ist für mich kein Scheidungsgrund.«

»Auch umgekehrt nicht?«

»Auch umgekehrt nicht, das ist doch menschlich, passiert doch allen.«

Und dann gab er noch einen ganz konkreten Tipp ab, wie man Frauen näherkommt: »Ich bin ja jetzt schon in einem Alter, wo es Frauen ganz besonders aufregt, anregt, erregt, wenn man ihnen zum Beispiel sagt, man sei impotent!«

»Haben Sie das schon einmal gemacht?«

»Als Spiel – das ist außerordentlich wirksam. Das kann man ja nicht früher machen, aber wenn man schon so ein bissel älter wird …«

»Versuchen die Frauen Ihnen dann das Gegenteil zu beweisen?«

»Ja. Aber was meinen Sie, wie!?«

Ein weiteres Gespräch über Männer und Frauen und wie man zueinander kommt, zumindest vorübergehend, führte ich mit einem anderen Schauspieler. Herbert Knaup, bekannt aus Filmen wie »Irren ist männlich«, »Das Leben der Anderen« und inzwischen auch als »Kommissar Kluftinger«, war langjähriger Partner von Natalia Wörner. Er ging offen mit den drei Worten um, nach denen sich alle sehnen, die für viele die Welt bedeuten, aber eben nicht für jeden.

»Ich liebe dich über alles und bis in die Ewigkeit – wie oft man das schon gesagt hat! Das hab' ich schon mit Zwanzig gesagt.«

»So oft haben Sie das schon gesagt?«

»Ja natürlich, sonst kommen Sie doch gar nicht an oder hin oder wie auch immer.«

»Dieser Satz ist also manchmal nur Mittel zum Zweck?«

»Natürlich, das ist der Don Juan in jedem Mann.«

Es war kein Outing, weil er nicht zum ersten Mal darüber sprach. Aber die Offenheit und Selbstverständlichkeit beeindruckte mich. Designer Wolfgang Joop war mit T-Shirt und legerem Sakko im Funkhaus erschienen. Wir haben uns über Hosen und Hemden, Mode und Marken unterhalten und kamen dann ganz zwangsläufig auch auf die Wirkung von Klamotten und Auftreten. Und auf Beziehungen. Nur hatte er damals gerade keine.

»Im Moment bin ich frei. Es kann sich jeder melden!«

»Egal ob Männlein oder Weiblein?«

»Egal ob Männlein oder Weiblein. Wissen Sie, diese Begrenzung, dass einem nur 50 Prozent der Bevölkerung gefallen dürfen – wer hat das eigentlich erfunden, dass es nur so sein darf?«

Als ich ihm nachdrücklich mitgeteilt hatte, dass meine Auswahlmöglichkeiten nicht so groß seien, weil ich in Sachen Beziehung nur dem weiblichem Geschlecht zugeneigt sei, drückte er mir sein Bedauern aus. Und widmete mir eine kleine Zeichnung mit dem Titel »Und ewig lockt die Frau«.

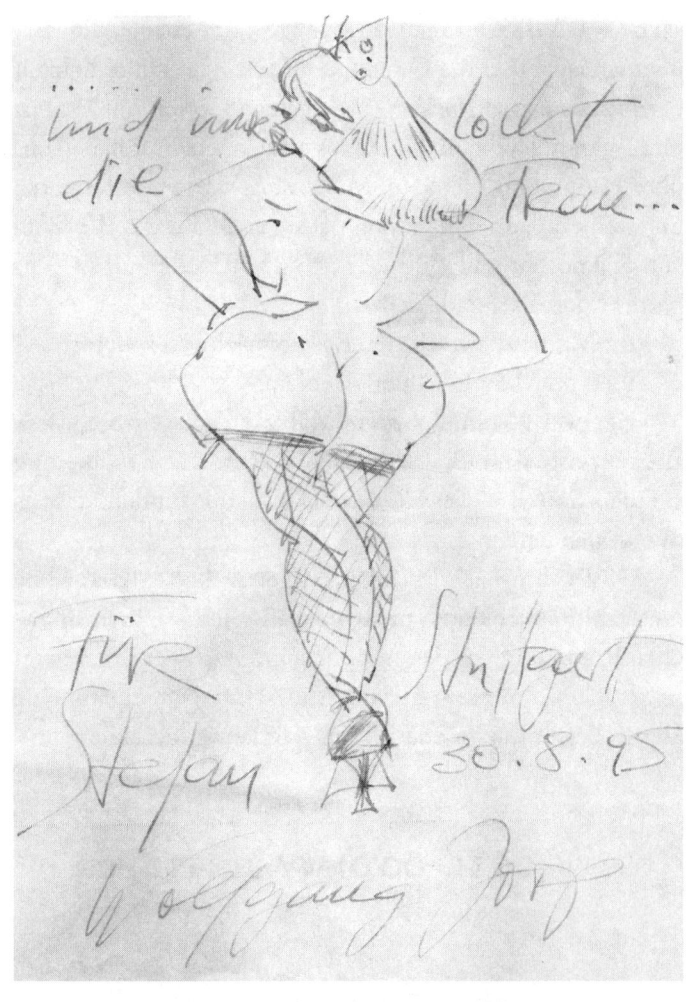

Wolfgang Joop zeichnete für Siller »Objekt der Begierde«

Schießen Sie?

Ja, ich habe einen Traum-
beruf. Für mich ist es jedenfalls einer. Ich wollte immer
Journalist werden, ohne zu
wissen, wohin mich der Weg
führen würde. Natürlich hörten wir Radio, und auch das
Fernsehen hielt schon in
meiner Kindheit Einzug in
die Familie. Ich kann mich
noch genau erinnern, wie ich
eines Tages am frühen Abend
nach Hause kam (ich muss
etwa sechs oder sieben Jahre alt gewesen sein). Meine

Das Aquarell-Porträt zeigt Stefan
Siller als Achtjährigen

Tante empfing mich an der Tür mit den Worten: »Die anderen sind oben und sehen fern.« Das fand ich zwar etwas ver-
wunderlich, aber ich interpretierte das so, dass die Eltern und
Geschwister sich in der oberen Etage des Hauses aufhielten
und aus dem Fenster sahen. Was immer es da Interessantes zu
betrachten gab. Dass sie dann tatsächlich vor einem kleinen
Schwarz-Weiß-Gerät, eben einem Fernseher saßen, war dann
eine echte Überraschung.

Journalist sein, das hieß für mich als Kind zunächst einmal ganz automatisch, für eine Zeitung zu schreiben. Meine

ersten Artikel habe ich schon veröffentlicht, als ich noch zur Grundschule ging. Die hieß damals noch »Volksschule«. Meine Texte waren natürlich nicht für eine Zeitung verfasst, sondern zunächst einmal nur für meine Eltern. Bei meinen Artikeln handelte es sich im Grunde genommen auch nur um aus unserer Tageszeitung abgeschriebene Sätze. Die Zettel mit den auf diese Weise kopierten Texten legte ich dann meinen Eltern auf den Frühstückstisch. Das Fundament für meine journalistische Laufbahn war gelegt. Mit großen Schritten stieg ich die Karriereleiter nach oben. Im Alter von 12 Jahren war ich bereits Redakteur. Um nicht zu sagen Chefredakteur. Dazu kam es, weil ich Briefmarken sammelte, ja wirklich. Briefmarken haben mich fasziniert, und ich begann systematisch zu sammeln. Postfrisch und gestempelt, möglichst mit allen Zähnen dran und oft mit hübschen Bildern drauf. Einige Jahrgänge der Bundesrepublik habe ich komplett. Aus dem Nachlass meines Opas erbte ich damals einige interessante Stücke aus dem Deutschen Reich, darunter ein Block mit Hitler-Marken und der Aufschrift »Wer ein Volk retten will, kann nur heroisch denken«. Was diese Zeilen bedeuteten, hat sich mir lange nicht erschlossen. Um mit Anderen Briefmarken zu tauschen und weil auch gesellige Abende mit Filmvorführungen auf dem Programm standen, wurde ich Vereinsmitglied, schloss mich dem Briefmarkenclub Herford an und übernahm das Vereinsblatt. Das bestand vor allem aus Veranstaltungsankündigungen. Meine Briefmarken habe ich heute noch. Das Intermezzo beim Verein und seinem Mitteilungsblatt war dagegen nur von kurzer Dauer. Zumal mich die Gründung einer eigenen Zeitung mehr interessierte. Die Gelegenheit dazu ergab sich am Friedrichs-Gymnasium in Herford.

Meine Eltern entschieden, ich solle eine humanistische Bildung genießen. Und so paukte ich ab 1960 Latein und bekam es mit Julius Caesar und dem Gallischen Krieg zu tun: »Gallia est omnis divisa in partes tres …« Wenn einer über den Gallischen Krieg Bescheid wissen musste, dann jener römische Staatsherr. Warum *ich* mich damit auskennen sollte, wusste ich erst einmal nicht. Anfangs tat ich mich leicht in der Schule und ahnte noch nicht, welche Qualen noch folgen sollten. Und deswegen hatte ich nicht nur Lust, zu tun, was ich wollte, sondern auch eine Menge Zeit dazu. Was unsere Klasse dringend brauchte, war eine eigene Zeitung. Fand ich. Auch mein Kumpel Reinhardt, den alle nur Krähe nannten (ich weiß nicht mehr warum, ich kannte ihn nicht anders), war mit dabei. Und so gründeten wir ein Blatt mit dem spannenden Namen »Klassenkurier«. Darin schrieben wir über so naheliegende Themen wie den Verkauf von Milch und Kakao an der Schule, Klassenfahrten und doofe Lehrer. Manche Lehrer fand ich allerdings nicht nur doof, sondern pädagogisch und politisch sogar grenzwertig oder untragbar. Unser Musiklehrer beispielsweise, Herr Willers, hatte eine andere Vorstellung von guter Musik als wir. Das war sein gutes Recht, und uns Johann Sebastian Bach näherzubringen, sogar seine Pflicht. Es lag allerdings nicht an diesem Lehrer, dass ich Bach schon damals ziemlich genial fand. Dass Herr Willers mit Rockmusik und Soul nichts anfangen konnte, sei ihm auch verziehen. Übel genommen habe ich ihm seinen Rassismus, mit dem er Aretha Franklin abkanzelte: »Diese Negermamis, wie sie blubbern.« Oder habe ich es damals mit meiner »political correctness« übertrieben?

Auch unser Englischlehrer ist mir in Erinnerung geblieben. Sein Name leider nicht. Er war im Prinzip ein netter

Kerl. Wir lernten etwas bei ihm und man konnte mit ihm auskommen. Aber er war ungerecht, und das mag ich gar nicht. Zwei Beispiele: Krähe und ich hatten irgendeinen Mist gemacht und dafür eine Strafarbeit bekommen. Okay. Wir mussten irgendeinen Text zehnmal abschreiben. Über die Sinnhaftigkeit einer solchen Aufgabe kann man streiten. Er wollte einfach, dass es uns wehtat. In der nächsten Englischstunde wurde unsere Strafarbeit kontrolliert. Ich zuerst. In Ordnung, abgehakt. Dann war Krähe an der Reihe. Bei ihm war der Text, den er abgeschrieben hatte, gegen Ende deutlich kürzer. Das bemerkte unser Englischlehrer natürlich sofort. Also: nochmal alles abschreiben. Das kann passieren, wenn man ertappt wird. Aber dann wendet sich der Herr Lehrer nochmals an mich: »Hast du etwa auch geschummelt?« Ich verneinte: »Äh, nein, also ich hab' natürlich zum Schluss auswendig geschrieben …«. Er blaffte mich an: »Hast du auch Text weggelassen? Gib es zu. Oder ich kontrolliere ganz genau, und für jedes fehlende Wort schreibst du den ganzen Text nochmals ab!« Natürlich hatte auch ich ordentlich gekürzt. Aber eben so geschickt, dass es nicht gleich auffiel. Und nur weil mein Kumpel sich etwas dusseliger angestellt hatte, musste ich jetzt auch dran glauben. Ich fand das höchst ungerecht. Genauso wie eine andere Strafaktion: Irgendjemand hatte den Unterricht durch sein ständiges Reden gestört und musste nachsitzen. Kurz danach plapperte wieder jemand, obwohl es gerade untersagt worden war. »Wer war das?«, wollte unser Englischlehrer wissen. Fragen Sie mich nicht warum, aber ich meldete mich freiwillig. Und so musste auch ich nachsitzen, bekam also die gleiche Strafe wie der andere auf frischer Tat ertappte Schüler. Wenn der Herr Pädagoge damit hatte erreichen wollen, dass sich Ehrlichkeit nicht lohnt, dann hatte er sein Ziel erreicht.

Neben unserem Englischlehrer gehörte Herr Schmidt zu meinen besonderen Freunden und umgekehrt ich zu seinen. Für seine Fächerkombination Mathematik und Physik hielt sich meine Begeisterung in engen Grenzen. Mathe fand ich bis zum großen Einmaleins großartig. Weil ich alles verstand und ich gute Zensuren bekam. Alles andere danach, etwa die binomischen Formeln, verursachte bei mir Schmerzen und Ängste. Auch in Physik quälte ich mich so durch – bis zur Unterprima. Da schlug die große Stunde des Herrn Schmidt. In Mathe konnte er mir leider die Note 5 nicht mehr geben, weil ich wegen einer pünktlichen Erkrankung just die letzte Arbeit nicht mitschreiben konnte. Aber in Physik würgte er mir aufgrund schlechter mündlicher Leistungen ein »Mangelhaft« rein. Da es in Griechisch mit meinen Leistungen nicht besser aussah, durfte ich die Klasse wiederholen. Im Abitur aber revanchierte ich mich bei meinen Lehrern fürs Sitzenbleiben. Auf dem Klo war ein »Pons«-Wörterbuch mit den Übersetzungen der griechischen Texte deponiert, die möglicherweise drankommen konnten. Ein Mitschüler, der sich in Griechisch besonders gut auskannte, hatte den Auftrag, während der schriftlichen Prüfungen kurz das Klassenzimmer zu verlassen und in eben jenem Buch die Stelle mit der betreffenden Übersetzung aufzuschlagen. Es half mir sehr, diese wenigstens einmal durchlesen zu können. Zur Ehrenrettung des Lehrerkollegiums muss ich sagen, dass es auch wirklich nette, nein, gute Pädagogen gab. Unser letzter Klassenlehrer zum Beispiel, Herr Osterhage. Wir standen uns von den Interessen her nicht sonderlich nahe, denn auch er unterrichtete Mathematik. Herr Osterhage machte mir also mit seinem Fach keine Freude, ich ihm mit meinen Unkenntnissen aber genauso wenig. Ausgerechnet *er* gratulierte mir zum bestandenen Abi mit den Worten »Bleiben Sie so, wie Sie sind!«

Natürlich nutzten wir unsere Schülerzeitung nicht nur dazu, um über unsere Lehrer herzuziehen, sondern auch dazu, um über alles, was uns außerhalb des Gymnasiums bewegte, zu schreiben. Leider habe ich keine einzige Ausgabe aufgehoben. Aber ich erinnere mich daran, dass wir nach der Ermordung von John F. Kennedy eine Sonderausgabe herausgebracht hatten. Das Attentat geschah am 22. November 1963. Wir waren also gerade in der 8. Klasse (Untertertia hieß das bei uns damals), und ich war 13. Später bestimmten dann auch Themen wie der Vietnamkrieg und die Notstandsgesetze unser Blatt. Weil wir aber nicht nur darüber schreiben, sondern auch dagegen auf die Straße gehen wollten, nahmen wir am 11. Mai 1968 an einer großen Demonstration in der damaligen Bundeshauptstadt Bonn teil. Der 11. Mai war ein Samstag, also sehr geeignet für eine große Demonstration. Nur eben nicht für Schüler, denn damals waren die Samstage noch normale Unterrichtstage. Da der Schulleitung bekannt war, dass einige von uns an der Demonstration in Bonn teilnehmen wollten, war explizit ein Fernbleiben vom Unterricht zu diesem Zwecke untersagt worden. Ein paar renitenten Schülern war das nicht nur völlig egal, sondern sie fühlten sich dadurch erst recht ermuntert, sich auf den Weg nach Bonn zu machen. Unter ihnen waren auch meine guten Freunde Joachim, genannt Josua, und Männlein, dessen Spitzname von seinem Nachnamen Baumann abgeleitet war. Und natürlich ich. Wir kamen bis Kamen, genauer gesagt bis zum Kamener Kreuz. Dort gab Jimi deutliche Rauchzeichen, weil er am Ende seiner Kräfte war. Jimi war mein erstes Auto, rot und ein BMW! Ein Zweitakter mit 0,7 Liter Hubraum, ein BMW 700 also. Achthundert Mark hatte er gekostet. Mein Vater war von dem Wagen überzeugt, weil er den Besitzer des Autohauses kannte. Genau dieses Gefährt nannte ich seit drei Monaten stolz mein Eigen. Bis zu eben jenem 11. Mai. Der Wagen gehörte mir zwar immer noch, aber ich war nicht mehr so richtig stolz darauf. Jimi hatte uns die große Demo vermasselt. Sein Motor entpuppte sich als Junkie, süchtig nach Öl. Was also tun? Josua und Männlein machten sich auf den weiten Weg zur nächsten Tankstelle, und ich blieb bei Jimi. Nach knapp drei Stunden waren die beiden Jungs zurück. Wir stillten Jimis Durst und konnten endlich weiterfahren. Aber nicht mehr nach Bonn, sondern nur nach Hause. Mein BMW konnte in den darauffolgenden Jahren trotz dieser kleinen Schwäche noch internationale Erfahrungen sammeln und kutschierte Krähe und mich durch England. Auf der falschen Straßenseite zu fahren war für uns alle ungewohnt, ließ sich aber unfallfrei bewältigen. Die endgültige Trennung von Jimi, meinem treuen Gefährt, fiel mir schwer, war jedoch unausweichlich. Sein unstillbarer Öldurst war einfach auf Dauer zu teuer.

Mein nächstes Auto war ein Käfer. Er kostete nur 500 Mark, blieb namenlos und bewährte sich als Aktionsauto eindeutig besser. Zum Beispiel bei der sogenannten »Rote-Punkt-Aktion« in Herford. Damals erreichte die Revolution die Provinz. Das Elektrizitätswerk Minden-Ravensberg (EMR) hatte nämlich eine deftige Preiserhöhung für seine Busse angekündigt. Eine Monatsmarke sollte plötzlich fast das Doppelte kosten. Angeregt durch die bereits erfolgreiche Gegenwehr in Hannover überlegte eine Gruppe von Schülern,

Studenten und Gewerkschaftern in Herford, ob eine solche »Rote-Punkt-Aktion« in ihrem kleinen ostwestfälischen Provinznest durchführbar sein könnte. Ob sich also auch in Herford genügend Bürger finden würden, die ihre Geschicke selbst in die Hand nahmen, um dem mächtigen EMR wortwörtlich die Stirn zu bieten. Denn wie die Protestgruppe in Hannover sollten sich auch die Herforder Bürger einen roten Punkt hinter die Windschutzscheibe ihres Autos kleben und so den öffentlichen Personennahverkehr in Eigenregie durchführen. Im örtlichen Jazzclub in Herford, der sich inzwischen zum heimlichen Treffpunkt politischer Aktivisten gemausert hatte, wurde heftig diskutiert, aber auch gehandelt. Die einen schrieben Flugblätter, die anderen hatten Kontakt zu einer Druckerei und bestellten rote Aufkleber-Punkte. Am 1. April 1970 gingen wir mit unserer Aktion an die Öffentlichkeit und mussten zunächst vor allem einmal klarstellen, dass es sich *nicht* um einen Aprilscherz handelte. Die Presse berichtete freundlich. Der Rückhalt in der Bevölkerung war riesig. Nachdem wir zunächst vorsichtig ein paar hundert rote Aufkleber bestellt hatten, brauchten wir nun Tausende, letztendlich wurden es Zehntausende. Tag für Tag stellten sich mehr Bürger mit ihrem Auto in den Dienst der Sache. Firmen und Geschäfte spendeten, stellten den Aktivisten Essen zur Verfügung oder stifteten Benzin. Busse wurden blockiert oder blieben teilweise in den Depots. Am 14. April nahm der Aufsichtsrat die Fahrpreiserhöhung zurück. Am 15. April fuhren die regulären Busse bereits wieder. Alle Beteiligten lobten die Eigeninitiative und den Zusammenhalt der Bevölkerung sowie den friedlichen Charakter der Aktion. Jeder merkte: Wir müssen uns nicht alles gefallen lassen, wir können zusammen etwas bewirken.

Jedenfalls vorübergehend. Ein Jahr später erhöhte das EMR die Preise dann doch, wenn auch nicht so sehr. Mein Käfer hatte sich damals anstandslos über 300 Kilometer in den Dienst der guten Sache »Roter Punkt« gestellt. Es wären noch mehr geworden, hätte ich nicht inzwischen mein Volontariat begonnen.

Für mich war klar, dass ich nach dem Abitur nicht gleich studieren, sondern erst einmal den Alltag einer Zeitungsredaktion kennenlernen wollte. Am besten bei den Besten. Also bewarb ich mich bei der »Süddeutschen Zeitung« und bei der »Frankfurter Rundschau«. Bei beiden Blättern antwortete man mir freundlich und ernüchternd, also ablehnend. Von wegen ›viele Bewerber‹, und ›schon vergeben‹, und überhaupt sei es doch ratsam, es mal in der näheren Umgebung zu versuchen. Sie hätten auch schreiben können: Bleib mal in der Provinz und back' kleinere Brötchen. Ich war beleidigt, aber was blieb mir übrig. In Herford gab es zwei Zeitungen, das »Herforder Kreisblatt«, das zum »Westfalenblatt« gehörte und dem der Ruf vorausging, das nördlichste CSU-Blatt zu sein. Dann war da noch die »Neue Westfälische« in Bielefeld mit ihren zahlreichen Lokalredaktionen, unter anderem eben in Herford. Hervorgegangen aus der »Westfälischen Zeitung« und dem SPD-Blatt »Freie Presse« galt sie als linksliberal. Es stand außer Frage, dass ich mich dort bewarb. Chefredakteur Wilhelm Friedrich Hanke machte mir Hoffnung, indem er ein paar Arbeitsproben von mir verlangte, vom Leitartikel bis zur Glosse. Eifrig machte ich mich ans Werk, ohne zu wissen, was eine Glosse überhaupt ausmacht.

Meinem Vater wäre es aufgrund seiner Einstellung lieber gewesen, ich ginge zur konservativeren Konkurrenz, und er nötigte mich darum auch dort zu einem Bewerbungsgespräch. Das Problem erledigte sich nach wenigen Minuten. Ein anerkannter Kriegsdienstverweigerer könne die Grundwerte des »Westfalenblattes« nicht vertreten. Mich als Volontär einzustellen, käme also nicht infrage. Na bestens, hatte sich das Verhör bei der Kriegsdienstverweigerung also doppelt gelohnt. Damals konnte sich, wer nicht zur Bundeswehr wollte, nicht einfach schriftlich abmelden, sondern musste sich einer gründlichen stundenlangen Gewissensprüfung stellen. Die war ausgesprochen lästig und hatte eine hohe Durchfallquote. Kernfrage: »Sie gehen mit Ihrer Freundin durch einen einsamen Wald. Zwei Verbrecher wollen Sie überfallen und Ihre Freundin vergewaltigen. Sie haben eine Pistole dabei. Wehren Sie sich, schießen Sie?« Ich war auf diese Frage gut vorbereitet: »So eine Situation versuche ich zu vermeiden, indem ich nicht in eine gefährliche Gegend gehe. Und ich habe außerdem auch keine Pistole dabei.« Ich weiß nicht, ob es an dieser Antwort lag, aber ich kam damals durch, im Gegensatz übrigens zu meinem Freund Krähe. Da ich bei der Musterung überraschenderweise für nur bedingt tauglich befunden wurde und noch nicht so viele Ersatzdienstplätze zu besetzen waren, musste ich dem Staat weder auf die eine noch auf die andere Weise dienen. Und dem »Westfalenblatt« eben auch nicht. Aber der »Neuen Westfälischen«, die nahm mich. Und damit stand meiner Karriere praktisch nichts mehr im Wege. Bei der »Neuen Westfälischen« hatten nämlich, wie ich inzwischen herausgefunden hatte, auch die renommierten Journalisten und späteren WDR-Intendanten Friedrich Nowottny und Fritz Pleitgen gearbeitet.

Meine erste Station bei der »Neuen Westfälischen« war die Lokalredaktion in Minden, wo ich meinen Freund Werner Heitmann kennenlernte, von dem später noch die

Rede sein wird. Als Volontär ist man zwar im Prinzip Lehrling. Man wird aber, jedenfalls bei einer solchen Zeitung, sofort als vollwertige Arbeitskraft eingesetzt. Die eine oder andere Hilfestellung wird einem natürlich zuteil. Auch ich musste gleich raus und Artikel schreiben. Spannende Ereignisse, wie die Eröffnung einer Boutique oder die jährliche Zusammenkunft des Geflügelzüchtervereins, waren meine ersten journalistischen Aufträge. Ich lernte schnell, worauf es wirklich ankommt. Meinen ersten Anschiss bekam ich bereits nach wenigen Tagen. Ich hatte über irgendeine Versammlung berichtet und alle wichtigen Inhalte berücksichtigt. Dachte ich. Hatte ich auch. Aber es geht eben nicht immer nur um Inhalte, sondern meist um Eitelkeiten. Viele Ereignisse finden meiner Meinung nach nur deswegen statt, damit Leute, die sich für wichtig halten, im Rampenlicht stehen können. Ich hatte in meinem Beitrag einfach nicht alle Provinzpromis namentlich erwähnt.

Schon nach zwei Wochen bekam ich meine erste Leiche zu Gesicht. An einem Bahnübergang hatte ein Autofahrer den Zusammenstoß mit einem Zug nicht überlebt. Der Volontär, also ich, wurde zum Unfallort geschickt und musste auch ein Foto schießen. Ich wählte einen Blickwinkel, der das Ausmaß des Unglücks erahnen ließ, den Toten jedoch nicht zeigte. Aber ich hatte ihn gesehen, und das schlug mir auf den Magen. Zurück in der Redaktion wurde ich mit viel Verständnis und einem Schnaps empfangen. Der war so angebracht wie deplatziert. Denn meine Arbeit war noch nicht beendet, ich musste meinen Artikel ja noch schreiben. Und es war schon später Nachmittag! Der Redaktionsschluss für unsere Lokalredaktion stand an. Da 1969 die technischen Möglichkeiten noch sehr begrenzt waren, konnte ein Text zwar schon telefonisch in die Zentrale übermittelt werden, ein Foto aber nicht. Das hieß: Film entwickeln und Foto in der Dunkelkammer vergrößern, dann ab ins Auto und die knapp fünfzig Kilometer nach Bielefeld fahren. Bielefeld gibt es wirklich, auch wenn manche Verschwörungstheorien die Existenz der Stadt bezweifeln. Ich kann es bezeugen, denn ich musste als Volontär oft von unserer Lokalredaktion aus nach Bielefeld fahren. Und natürlich auch als ich in den Zentralressorts Politik oder Feuilleton arbeitete. Die technische Fertigstellung der »Neuen Westfälischen«, der Umbruch und Druck, fanden in Sennestadt, einem Stadtteil von Bielefeld statt. Den Umbruch zu machen, das bedeutete damals noch, im Bleisatz aufwändig Buchstabe für Buchstabe anzuordnen. Auf diese Weise lernte man seitenverkehrt zu lesen. Hatte man dann die Abzüge redigiert und die oft zu langen Texte gekürzt, mussten die Korrekturen im Bleisatz eingefügt werden. Die Beliebtheit dieser Nachtschichten hielt sich in engen Grenzen. Noch unangenehmer fand ich allerdings, dass ich nach Höxter abkommandiert wurde. Zum einen war das von Herford aus zu weit zum Pendeln. Ich musste mir also ein Zimmer nehmen und sah meine Freundin nur am Wochenende. Zum anderen gehörte Höxter wie auch Paderborn zur so genannten »schwarzen Kante«. Streng katholisch und erzkonservativ. Die Kollegen waren aber nett – wenn auch recht eigen, wie schon die Begrüßung am ersten Tag zeigte. Sie wollten wissen, mit wem sie es zu tun hatten:

»Rauchen Sie?«

»Nein.« (Hab' ich damals tatsächlich noch nicht).

Man schüttelte den Kopf.

»Saufen Sie?«

»Na ja, ich trink' schon mal gern ein Bier.«

Stirnrunzeln.

»Huren Sie?«

»Nein, ich hab' ne Freundin.«

Schulterzucken.

Sie fanden mich langweilig. Wir kamen trotzdem gut miteinander aus.

Bewahren Sie Ruhe und trinken Sie Tee!

Für meine liebste Reportage bin ich noch viel weiter weg-
gefahren als nach Höxter. Nach Fehmarn. Das »Love-and-
Peace-Festival«, das vom 4. bis 6. September 1970 auf der
Ostseeinsel stattfand, sollte das deutsche Woodstock werden.
Ich wollte auf jeden Fall dorthin und für die »Neue Westfä-
lische« darüber schreiben. Nicht zuletzt, weil Jimi Hendrix
auftrat. Der Event sollte einer Zeitung, die täglich in einer
Auflage von über 200 000 Exemplaren erschien, groß und
wichtig genug sein, um einen eigenen Reporter zu schicken,
statt wie sonst üblich auf Agenturmaterial zurückzugreifen.
Fand ich. Tatsächlich durfte ich exklusiv darüber berichten.
Die Reise nach Fehmarn musste ich allerdings selbst bezahlen. »Sie wollten doch sowieso hinfahren«, lautete das
Argument des Chefredakteurs. Sehr witzig.

Jimi Hendrix war und ist für mich der Größte. Selbstverständlich sehe ich es allen nach, denen es nicht so geht. Aber
verstehen kann ich sie nicht. Zum ersten Mal hörte ich ihn im
Dezember 1966. In meinem Zimmer, im Bett, an einem Samstag irgendwann zwischen 23 Uhr und Mitternacht. Um die
Zeit liefen auf BFBS (British Forces Broadcasting Services),
dem englischen Soldatensender, die BBC-Charts. Mittendrin
»Hey Joe«. Ich stand (und stehe) nicht so auf Balladen, aber Jimi
hatte einen neuen Sound kreiert, spannend, fesselnd, ein neues
Erlebnis. Der Moderator der Radiosendung stellte den Gitarristen vor: ein »Schwarzer«, der die Saiten mit den Zähnen

zupfte und sein Instrument hinter dem Rücken spielte. Das passte irgendwie nicht zum Song, ließ aber diese musikalische Neuentdeckung umso interessanter erscheinen. Ich mochte die Stones, hörte gern die Beatles, die Kinks, die Small Faces, die Spencer Davis Group und vor allem die Supergruppe Cream, die sich gerade neu gegründet hatten. Aber dieser Mann, Jimi Hendrix, hatte etwas Eigenes, Unvergleichliches. Auch wenn er bis dahin noch keinen Nummer-Eins-Hit gelandet oder für volle Stadien gesorgt hatte. Er berührte mich. Damals konnte ich noch nicht ahnen, dass die Kritiker sich später einmal überschlagen und alle wichtigen Gitarristen Jimi für den Allergrößten halten würden.

Kurz hintereinander erschienen die nächsten beiden Singles von Hendrix, »Purple Haze« und das großartige »The Wind Cries Mary« auf dem Markt, in Deutschland immer mit ein paar Wochen Verzögerung und ohne Platzierung in den Top Ten der Hitparaden. Obwohl er bei uns längst noch nicht so erfolgreich war wie in England oder den USA, kam Hendrix auf Deutschland-Tournee. Auch nach Herford! Zu verdanken hatten das die Hendrix-Fans einer sehr rührigen und engagierten Frau, Carola Frauli. Sie hatte ein altes Kino in Herford, das »Scala«, zu einem Beat-Club umfunktioniert, dem »Jaguar-Club«. Dort traten nicht nur regionale und nationale Bands wie die Rattles auf. Es gelang Frau Frauli auch, die besten internationalen Acts zu verpflichten. Manche dieser Konzerte konnten sich finanziell gar nicht tragen. War der Laden gestopft voll, passten gerade einmal rund 1 000 Leute rein. Carola Frauli legte also bei großen Stars drauf, um den Club bekannter zu machen. Und das gelang ihr. Und so waren in Herford The Who, Cream, Manfred Mann, The Spencer Davis Group mit Steve Winwood, The Easybeats, The Troggs,

»jaguar-club« - scala herford
mindener straße 38 - telefon 78 47

EINTRITTSKARTE
Sonntag, 28. Mai 1967 — Einlaß 16.00 Uhr
SONDERGASTSPIEL!

Jimi Hendrix
and THE EXPERIENCE
aus England

Eintritt: 6,– DM   № 348

Jimi Hendrix trat im »Jaguar-Club« in Herford auf – und Siller ergatterte
ein Autogramm

Dave Dee, Dozy, Beaky, Mick and Tich, The Small Faces oder The Searchers und eben Jimi Hendrix zu Gast. Er kam 28. Mai 1967 in den »Jaguar-Club«, Eintritt damals 8 Mark. Ich war nicht nur dabei und mittendrin, sondern auch kurz auf der Bühne, um Fotos zu machen und um mir anschließend ein Autogramm zu holen. Ich war restlos begeistert.

Gut drei Jahre später, auf Fehmarn, war ich von Jimi natürlich immer noch oder sogar erst recht begeistert. Immerhin hatte er sich inzwischen mit seinem legendären Woodstock-Auftritt unsterblich gemacht, mit »Star Spangled Banner« ein unübertroffenes Statement abgegeben und mit »Electric Ladyland« das wohl beste Rockalbum aller Zeiten veröffentlicht. Aber der Auftritt auf der Ostseeinsel war nicht gut, weil die Rocker, die sich beim Festival als Helfer aufgedrängt hatten, brutal waren und einige angesagte Bands abgesagt hatten. Die Stimmung war so schlecht wie das Wetter und das ganze Festival miserabel organisiert. Zum Schluss fackelte Jimi *nicht* wie so oft seine Gitarre ab. Stattdessen brannte eine aufgebrachte Meute das Veranstalterbüro nieder. Genau so beschrieb ich es auch in meiner Reportage, die ich gleich nach Jimis Auftritt und noch vor dem Ende der Veranstaltung (ich verpasste deshalb Floh de Cologne) telefonisch nach Bielefeld durchgab. In der Überschrift zu meinem Text zitierte ich eine Durchsage der Veranstalter: »Bewahren Sie Ruhe und trinken Sie Tee!« Natürlich war ich trotz allem froh, dabei gewesen zu sein. Dass ich einem historischen Ereignis beigewohnt hatte, war damals noch nicht klar: Jimis letztem Auftritt. Zwölf Tage nach dem Festival auf Fehmarn wurde Hendrix im Londoner Apartment seiner Freundin aufgefunden. Vollgepumpt mit Alkohol und Schlaftabletten. Erstickt an seinem Erbrochenen.

Kein Künstler – nur Mensch

Auf mein Autogramm von Jimi Hendrix bin ich schon ein bisschen stolz. Auch auf das von Willy Brandt. Ansonsten bin ich kein Autogrammsammler. Im Nachhinein bedaure ich das. Eine vollständige Unterschriftensammlung unserer »Leute«-Gäste wäre wahrscheinlich ein Schatz. Wir besitzen beim Sender auch nicht von jedem Gast ein Foto. Ehrlich gesagt: Wir wissen nicht einmal genau, wie viele Sendungen wir schon gemacht haben. Das liegt vor allem daran, dass sowohl das Programm wie auch die »Leute«-Sendung immer wieder andere Namen trugen und/oder auch mal gar keinen. Seit dem 1. Oktober 1979 gibt es das dritte Hörfunkprogramm als Vollprogramm. Es hieß zuerst »Südfunk 3«, dann »Radio Drei Südfunk Stuttgart«, dann wieder »Südfunk 3« und schließlich, als aus dem »Südfunk« der SDR wurde, »SDR3«. Alles klar? Wir haben unseren Hörern noch mehr zugemutet. Am 1. Januar 1985 wurden alle Sendungstitel abgeschafft. Alle Sendungen liefen schlicht unter dem Namen der Welle, die gerade »Südfunk 3« hieß. Da genau zu diesem Zeitpunkt der damalige Programmchef Herbert Borlinghaus unsere Gesprächssendung einführte, wurde »Leute« namenlos geboren. Bis 1987 das Kind endlich »Leute« getauft wurde, lautete die Behelfsbezeichnung für die Sendung »Von 10 bis 12«, Untertitel »Gäste im Studio«. Überschlägig müssten wir im Laufe des Jahres 2015 irgendwann die achttausendste Sendung ausgestrahlt haben. Nichts Genaues weiß man nicht.

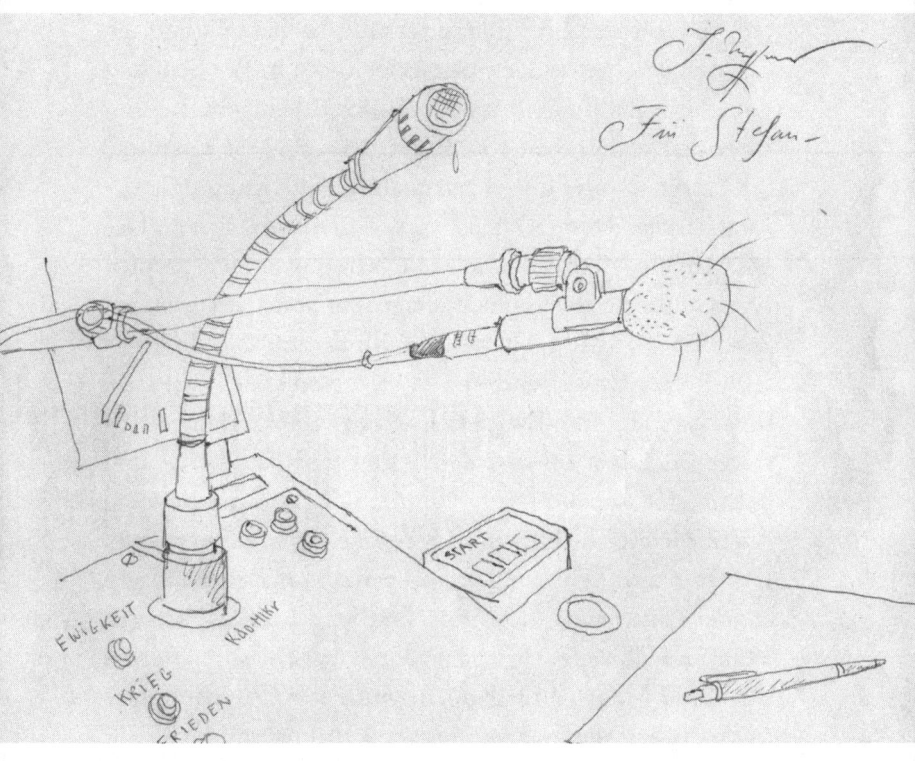

Tomi Ungerer übertrug der Gegensprechanlage im Studio andere Aufgaben

Ein paar Jahre lang haben wir im Sender immer mal wieder ein Gästebuch geführt. Darin finden sich jede Menge Freundlichkeiten. Umso mehr freut mich, dass im Flur meiner Wohnung fast zwei Dutzend Zeichnungen an der Wand hängen. Alles Originale von geschätzten Künstlern. Angefangen hat diese Sammlung mit einer Skizze, die der wunderbare Tomi Ungerer, ein großartiger Zeichner und (wenn er gesund ist) auch großartiger Gesprächspartner, angefertigt hat. Dreimal hatte ich ihn zu Gast, beim ersten Mal in einer Live-Sendung. Was ihn betrifft, darf ich verraten, was in der Zeit passierte, in der in der Sendung die Musik lief und wir uns unterhielten. Ungerer begann spontan, Details unseres Studios zu zeichnen: das Mikrofon, die Tasten unserer Gegensprechanlage, die Knöpfe für die Lautstärkeregelung. Danach versah er sie mit eigenen Details. Einem Mikrofon wuchsen Haare, ein anderes tropfte. Die Knöpfe für die Lautstärkeregelung beschriftete er neu: Statt für »KH Mod« (Kopfhörer Moderator), »KH Gäste« (Kopfhörer Gäste) und »LSP« (Lautsprecher) waren sie nun zuständig für »Ewigkeit«, »Krieg« und »Frieden«. Ich fragte ihn, ob er mir die Zeichnung schenken könne und bekam sie sogar mit einer Widmung überreicht. Seitdem sammle ich solche kleinen Kunstwerke. Nicht nur von Tomi Ungerer und Wolfgang Joop besitze ich Zeichnungen, sondern auch von Udo Lindenberg und Markus Lüpertz. Während sie sich selbst gezeichnet haben, porträtierten Emil und Manfred Deix mich. Von Peter Gaymann habe ich natürlich die Zeichnung eines Huhns und von F. K. Wächter die eines Schweins. Leider ist der von mir sehr geschätzte Satiriker Wächter viel zu früh gestorben. Das gilt auch für den international renommierten Künstler James Rizzi mit seinen fröhlichen bunten Bildern. Drei Jahre vor seinem Tod hat er mir ein Bild gemalt. Paul Maar hat mir ein »Sams« gezeichnet, Armin Müller-Stahl einen recht abstrakten Geiger und Wolfgang Niedecken den Fernsehturm in Stuttgart.

Ein mögliches Werk habe ich aber leider verpasst. Damals dachte ich noch nicht an so etwas wie eine eigene Kunstsammlung. Außerdem musste ich mich zu sehr auf das Interview konzentrieren, es war mein erstes für »Leute« überhaupt.

Auch der Pop Art-Künstler James Rizzi schenkte Siller eine seiner
Zeichnungen

Der Gesprächspartner in der Sendung vom 9. Februar 1985
galt als schwierig. Es handelte sich um Horst Eckert, besser
bekannt als »Janosch«. Der geniale Illustrator und Kinder-
buchautor gab nicht gern Interviews, das wusste ich. Wenn
ihm Fragen nicht gefallen, erfindet er schon mal Antworten,
die mit der Wahrheit nichts zu tun haben. Das wusste ich
aber damals nicht. Bei unserem Gespräch anlässlich einer

Signierstunde in Stuttgart, die ihm eher lästig war, hat er aber, glaube ich, nicht viel erfunden:

»Die Leute können sich das doch allein signieren, was ist denn schon eine Unterschrift, das ist doch Bullshit. Ich würde mir nie von jemandem ein Buch signieren lassen«, grummelte er. Seine Fans sahen das anders. Also tat er ihnen den Gefallen und signierte.

Ich habe ihn damals auch bezüglich seines Künstlernamens »Janosch« befragt und ob er überhaupt noch auf seinen bürgerlichen Namen höre.

»Sagen Sie erstmal nicht ›Künstler‹, ich bin kein Künstler«, wies er mich zurecht.

»Was sind Sie denn?«

»Mensch!«

»Wie sind Sie denn zum Namen ›Janosch‹ gekommen?«

»Durch einen dummen Zufall. Ich bin zu meinem ersten Verleger gegangen und hab' ihm meinen Namen gesagt, und der hat dann gesagt, das ist ein solcher Bullshit, den sollten wir vergessen. Dann haben wir uns einen ausgedacht, den haben wir dem Drucker am Telefon durchgegeben. Und der hat ihn falsch geschrieben. Als wir den Namen gesehen haben, war der schon auf dem Buch gedruckt und ist dann so geblieben.«

»Und er gefällt Ihnen?«

»Jetzt nicht mehr, der ist ausgelebt. Ich könnte eigentlich wieder einen anderen vertragen.« (Das war, wie gesagt, 1985!)

»Aber immer noch besser als Ihr eigentlicher?«

»Ja, ja, auf jeden Fall.«

»Sagt jeder ›Janosch‹ zu Ihnen oder ›Herr Janosch‹?«

»Ohne ›Herr‹. Nur ich sag', wenn ich mich am Telefon melde ›Hier ist der Herr Janosch.‹«

»Reizt es nicht viele Leute, Sie gleich zu duzen? Welches Verhältnis haben Sie dazu?«

»Steh' ich gut dazu. Jaja, das ist mir lieber, wenn die Leute mich duzen.«

»Dann duzen wir uns?«

»Dann duzen wir uns!«

»Was tust du am liebsten?«

»Gar nichts!«

Wir haben uns dann nicht nur geduzt, sondern sind auch miteinander warm geworden und haben uns über Gefühle unterhalten. Über Angst und über Glück zum Beispiel.

»Glück kann ich eigentlich ein bisschen erzeugen, weil Glück ist für mich ein Gefühl im Kopf. Manche sagen: im Bauch oder sonst wo. Ich hatte Zeiten, wo ich sagen konnte, jetzt kann ich durch eine bestimmte Technik ein Glücksgefühl erzeugen, und das war eine Atemtechnik. Und als ich das beliebig konnte, dann war das nicht mehr so wichtig, das spielt jetzt gar keine Rolle mehr. Ich bin ganz selten unglücklich.«

»Hast du nie Angst?«

»Seit einer gewissen Zeit habe ich überhaupt keine Angst mehr. Ich möchte zwar nicht erleben, dass mir etwas passiert, aber ich habe vorher keine Angst.«

»Braucht es einen bestimmten Auslöser, um in einen solchen Zustand zu kommen?«

»Ganz sicher braucht das einen. Ich weiß nicht, ob Leute so geboren werden. Möglich ist das. Es gibt ja Seiltänzer, die müssen ja so geboren sein.«

»Kannst oder willst du über deinen Auslöser reden?«

»Nein, lieber nicht. Nur das: Wenn einem schon das Schlimmste passiert ist, dann geht die Angst automatisch weg.«

»Kann man darüber reden, dass du mal ungesünder gelebt hast als heute?«

»Naja, gut, das kann man. Aber das war nicht der Auslöser. Ich vermute ja auch, dass der Messner und solche Leute sich automatisch an die Grenze des Todes führen, um von der Angst wegzukommen. Weil das Erlebnis, bis an die Grenze zu gehen, das macht einen high. Man weiß, in der nächsten Sekunde bist du weg oder nicht weg. Und wenn man das oft genug macht, kann das auch zu einem Rausch führen. Man geht immer weiter.«

»'Ne andere Art von Rausch hast du ja länger genossen.«

»Ja«, sagte Janosch und lachte, »hab' ich aber nicht bereut.«

»Aber jetzt trinkst du keinen Alkohol mehr?«

»Nee, ne, seit sechs Jahren nicht mehr.«

»Aber wenn du es nicht bereut hast, warum dann nicht mehr?«

»Es war schön, unheimlich schön. Es ist aber nur schön, wenn man es richtig macht. Wenn man zu viel trinkt, dann ist es blöd. Das Abgewöhnen muss man dann ganz lange trainieren. Ich hab' etwa dreißig Jahre zum Trainieren gebraucht. Aber danach war es phantastisch!«

Wer hätte das gedacht: Mein erstes Interview für die Sendung »Leute« endete mit dem mutigen Bekenntnis eines ehemaligen Alkoholikers.

Ich missbillige Ihr Verhalten mit Nachdruck

Meine ersten Radiointerviews überhaupt habe ich in Berlin für den damaligen »Sender Freies Berlin« (SFB) gemacht. An das allererste kann ich mich leider nicht mehr erinnern. Nach dem Volontariat wollte ich studieren. Für mich kam nur Berlin in Frage, 1971 noch eine Insel. Umgeben von der DDR, die ich nicht so sehr als feindliches Ausland ansah wie die meisten bundesrepublikanischen Bürger, obwohl mich die Schikanen bei Ein- und Ausreise und vor allem die Mauer von vornherein eines Besseren hätten belehren müssen. Ich immatrikulierte mich also am »Otto-Suhr-Institut für Politikwissenschaft« an der Freien Universität Berlin, das für 68er wie mich das beste, sprich linke Image hatte. Dort unterrichteten Professoren wie Elmar Altvater und Johannes Agnoli. Drei Semester lang besprachen und diskutierten wir in Seminaren und Arbeitsgruppen den ersten blauen Band von Karl Marx, also »Das Kapital«. Das Studentenleben sah zu jener Zeit etwas anders aus als heute. Die wöchentliche Pflichtstundenzahl war überschaubar, Vorlesungen vor zehn Uhr wurden, zumindest in meinen Studiengängen Politologie und Publizistik, praktisch nicht angeboten, weil niemand gekommen wäre. Dafür wurde abends etwas länger diskutiert. Vor allem aber geraucht und getrunken. Und mir blieb genug Zeit, weitere praktische Erfahrungen in meinem künftigen journalistischen Beruf zu sammeln. Mir war bei der »Neuen Westfälischen Zeitung« der Name eines jungen Redakteurs beim Jugendfunk des SFB genannt worden. Da könne ich mal anklopfen. Ich klopfte also im Winter des Jahres 1972 an, und Alfons machte auf. »Was hast du schon gemacht? Was willst du machen? Du kannst bei uns mitmachen«, so schnell war das Bewerbungsgespräch zu Ende, das er mit mir führte. Wenn es doch immer so einfach wäre. Ich ahnte noch nicht, dass ich in nicht allzu ferner Zukunft öfter den Paternoster im Haus des Rundfunks gegenüber vom Funkturm nutzen würde als die Treppen zu meinen Seminarräumen. Und ich wusste noch nicht, wie schwierig es noch werden würde.

»Bei uns mitmachen« hieß zunächst einmal für zwei Jugendsendungen zu arbeiten, den täglichen »s-f-beat« und die sonntägliche Sendung »Wir um 20«. Letztere begann um 20 Uhr und war auch für Leute rund um 20 gedacht. Thematisch gefragt war in beiden Formaten alles, was Jugendliche anging. Musik natürlich. »s-f-beat« war eine der ersten Sendungen, die fast ausschließlich englische und amerikanische Rockmusik spielte. Ansonsten aber ging es eben nicht nur um Klamotten, das eigene Wohlbefinden, Stars und Schnickschnack, sondern auch um Gewerkschaftsarbeit, die RAF und die Studentenbewegung. Beide Sendungen hatten ein eher aufmüpfiges Image und darum schon die besondere Aufmerksamkeit des Intendanten Franz Barsig auf sich gezogen. Klar, dass er in dieser Position ein Parteibuch hatte. Kaum zu glauben allerdings, dass es eines der SPD war. Wie auch immer: Im Jugendprogramm war Kreativität gefragt. Nicht nur die Tagesaktualität eines Themas stand im Vordergrund. Wir sollten nicht einfach nur Termine abhaken. Stattdessen kamen eigene Vorschläge, eigene Initiative gut an. Wir als Radiomacher durften eigene Geschichten einbringen. Selbst langwierige Recherchen wurden unterstützt. So zu arbeiten war zuweilen anstrengend, aber gut. Meine erste größere Sendung für »Wir um 20« widmete sich dem Thema »Volljährigkeit«. 1973 galt erst derjenige als erwachsen, der 21 Jahre alt war. Es wurde aber bereits heftig darüber diskutiert, das zu ändern und die Volljährigkeit auf das Alter von 18 Jahren festzulegen. Auf meine erste eigene Sendung und auch auf das Geld, das ich damit verdiente, war ich mächtig stolz. Gut gebrauchen konnte ich es außerdem. Inzwischen war ich nämlich nicht nur verheiratet, sondern mit 22 auch schon Vater. Beides seinerzeit eher ungewöhnlich. Aber schön.

Gut zwei Jahre sammelte ich Erfahrung im Hörfunk. Ich produzierte kleine Beiträge und Interviews für »s-f-beat« und ab und zu eine ganze Stundensendung für »Wir um 20«. Da bahnte sich ein Generationenwechsel an. Die »alte Garde« der Moderatoren saß schon über zehn Jahre am Ruder beziehungsweise am Mikrofon, und die Redaktionsleitung war so klug, sich rechtzeitig um Nachwuchs zu kümmern. Für »s-f-beat« wurden neue Moderatoren gesucht. Zwar gehörte auch ich zum Nachwuchs. Trotzdem war ich überrascht, als ich nach so kurzer Zeit und mit so wenig Erfahrung gefragt wurde, ob ich mir eine Probe-Moderation zutraute. Ich musste nicht lange überlegen, stutzte aber noch einmal kurz, als ich erfuhr, dass diese »Probe« keine interne Übung sein sollte, sondern gleich live ausgestrahlt werden würde. Besonders reizvoll an meinem neuen Job war zudem, dass der Moderator auch sein eigener Musikredakteur war – ich konnte mir also mein eigenes Programm zusammenstellen. Es war völlig klar, womit meine erste Sendung beginnen musste. Ich wählte Chuck Berrys »Johnny B. Good« in einer Interpretation von Jimi Hendrix aus, und zwar aus dem Live-Album »Hendrix in the West«. Der Titel hat einen längeren

Vorlauf, den ich nutzen wollte, und zwar so: »Während Jimi Hendrix sich noch einstimmt, möchte ich mich kurz vorstellen. Ich heiße Stefan Siller und mache das hier zum ersten Mal.« Nach meiner Premiere als Moderator wurde mit Sekt angestoßen. Meine erste Sendung blieb nicht meine letzte. Von nun an durfte ich einmal die Woche »s-f-beat« mit eigenem Musikprogramm präsentieren. Ich war 24 und fand mein Leben ziemlich cool. Auch wenn ich einfach nur zur rechten Zeit am rechten Ort gewesen war.

Die Luft bebte in den 1970er-Jahren, speziell die Berliner Luft. Man atmete sie tief ein, und der Kreislauf kam auf Touren. Wer nicht aufpasste, hob ab. Oder drehte durch. Erlitt einen Infarkt. Wer nicht völlig blind war, hatte wenigstens Herzklopfen. Das Leben war aufregend. Es war nicht einfach, aber man konnte viel ausprobieren und erleben. Wer nichts riskierte, fiel nicht auf die Schnauze. Aber er hatte auch nichts erfahren. Ich fiel auf die Schnauze. Aber vorher erlebte ich viel. Vor allem sammelte ich Erfahrungen beim Fernsehen. Die Jugendredaktion beim SFB war bimedial. Auch wenn man das damals noch nicht so nannte. Es bedeutete, dass sie sowohl Hörfunk- als auch Fernsehprogramme unter einem Dach produzierte. Die Bereiche Fernsehen und Radio waren nicht getrennt. Bis heute finde ich das eine gute Sache, obwohl längst die sogenannte Trimedialität (also Radio, Fernsehen und Internet) das Nonplusultra ist. Damals jedenfalls habe ich von der Möglichkeit profitiert, sowohl Fernsehen als auch Radio machen zu können. Beim SFB waren wir ein kleiner Haufen. Ich hatte mich mit meinem Kollegen Klaus-Peter Krippendorff befreundet, der Filme machte, Drehbücher schrieb und vor allem Regie führte. Wir befanden uns auf einer Wellenlänge. Klaus-Peter bot mir eines

Tages an, bei seinem nächsten Film sein Regieassistent zu sein. Aber hallo! Ich hatte keine Ahnung vom Filmemachen oder von Kameraeinstellungen, geschweige denn von den Abläufen am Set oder davon wie man ein Script umsetzt. So what. Was soll's! Natürlich sagte ich zu.

Es war auch in den 1970er Jahren nichts Neues, dass Jugendliche Probleme mit ihren Eltern hatten. Für das Jugendfernsehen wollten Klaus-Peter und ich diesen Konfliktstoff aber mit Betroffenen erarbeiten und auch von ihnen spielen lassen. Wir sahen uns also in Jugendhäusern und Clubs im Wedding um und entdeckten schließlich Claudia. Sie stammte aus einer Arbeiterfamilie. Was sie von zuhause erzählte, war genau der Stoff, den auch wir erzählen wollten. Wir trafen uns mit ihren Eltern und ihren Freunden und gewannen sie auch als Mitwirkende für unseren Film. Keine Doku-Soap im heutigen Sinne wollten wir drehen. Nichts sollte unseren Protagonisten vorgeschrieben werden, keine Pointe sollte abgesprochen und kein Streit inszeniert werden. Wir drehten einen kleinen, fünfundvierzigminütigen Spielfilm mit Laiendarstellern, die aber die tatsächlichen Profis waren, ging es doch um ihr Leben, und da kannten sie sich am besten aus. »Was meckerst du denn schon wieder?«, hieß unser Film für die ARD-Jugendreihe »Joker«, die freitags um 17.15 Uhr ausgestrahlt wurde. Er war ehrlich, authentisch. Und trotzdem nicht ganz fair. Das muss ich heute zugeben. Wir hätten unsere Protagonisten mehr vor sich selbst schützen müssen. Claudias Vater etwa. Er trank gerne Bier. Wir haben ihn dabei gefilmt. Nichts war gestellt, alles echt – aber darf man das zeigen? Der Familie hat es gefallen, Claudia auch. Sie spielte noch einmal in einem Film mit. Dieses Mal in einem, der nur von mir stammte.

Nach mehreren Assistenzen durfte ich selbst ran. Erst beim Drehbuchschreiben, dann auch beim Regieführen. Das Programm »Das Erste« hatte inzwischen einen neuen Sendeplatz für Jugendsendungen ausgemacht: sonntags von 11.15 Uhr bis 12 Uhr. Mein erster eigener Film sollte dort gezeigt werden. Ich drehte zunächst noch einmal mit Claudia, dann einen kurzen Spielfilm mit richtigen Schauspielern. Lauter Profis – vor und hinter der Kamera. Ich war der Einzige, der sein Handwerk nicht richtig gelernt hatte. Alte Hasen, allen voran der Kameramann, ließen mich genau das spüren. Anschließend beschloss der SFB, sonntagvormittags eine Porträtreihe auszustrahlen. Auch Klaus-Peter und ich sollten dafür einen Film beisteuern. Klaus-Peter wählte Rory Gallagher als Protagonisten – und ich durfte ihm als Synchronsprecher meine deutsche Stimme leihen. Für mein Porträt suchte ich mir Paul Breitner aus. Er galt als einer der populärsten deutschen Fußballspieler, war mit seiner Mannschaft sowohl Europa- als auch Weltmeister geworden und stellte sich auch neben dem Platz als eine Persönlichkeit heraus. Genau das ließ aber mein Vorhaben platzen. Mit Breitner waren wir, also die Redaktion und ich, uns schon einig. Er war bereit, sich drei Wochen lang von einem Kamerateam begleiten zu lassen. 15 000 Mark wollte er dafür als Honorar. Das war zwar nicht gerade wenig Geld, aber für einen Weltstar nun auch nicht so viel. Unser Etat gab es außerdem her. Doch wir hatten die Rechnung ohne den Intendanten Franz Barsig gemacht. Der nämlich musste als letzte Instanz alle Verträge ab 10 000 Mark gegenzeichnen. Doch Barsig hatte ein eher konservatives Weltbild. In das passte ein Mann wie Breitner, dem es gefiel, sich mal mit dicker Zigarre und mal mit einer Mao-Bibel ablichten zu lassen, nicht. Der Intendant des SFB untersagte also schlicht und einfach mein Vorhaben. Doch mit Rainer Bonhof konnte ich einen anderen Weltmeister für meinen Film gewinnen. Er war zwar keine ganz so schillernde Persönlichkeit wie Paul Breitner, aber sehr professionell. Wir drehten beim Spiel von Borussia Mönchengladbach gegen den MSV Duisburg mit. Vor dem Anpfiff des Spiels gab ich Rainer eine Regieanweisung mit auf den Weg: »Wir brauchen noch ein Tor von dir«, rief ich ihm zu, bevor er auf das Spielfeld lief. Es dauerte nur acht Minuten, bis Rainer einen Freistoß direkt verwandelte.

Spätestens das Verbot, Paul Breitner zu porträtieren, machte mir klar, dass ich beim SFB keine Zukunft haben würde. Es war nur noch ein letzter Tropfen – das Fass war beim Radio schon ziemlich vollgelaufen. Unter den täglichen »s-f-beat«-Sendungen hatten wir 1974 zum Beispiel zweimal die Woche eine Extraausgabe »s-f-beat & Co« etabliert, zu der Jugendgruppen eingeladen wurden, die sich mit Wort und Musik präsentieren konnten. Die Jugendlichen kamen aus Betrieben, Schulen, Gewerkschaften zu uns. Und kritisierten in der Sendung auch schon einmal den Verlauf ihrer Ausbildung, ihre Vorgesetzten oder gesellschaftliche Zustände. Nach fünf Monaten machten Programmdirektor und Intendant dem Experiment ein Ende. Die »Frankfurter Rundschau« nannte unverblümt die Gründe und sprach uns damit aus der Seele: »Die Sendungen waren den Verantwortlichen zu linksradikal, zu unbequem. In ›s-f-beat & Co‹ machten Jugendliche sich selbst und anderen klar, dass sie gemeinsame Probleme haben, die sie auch nur gemeinsam lösen können.« Der Berliner »Tagesspiegel« ergänzte: »Brisanter als andere Sendungen war ›s-f-beat & Co‹ vielleicht gerade deshalb, weil hier nicht nur allgemein Missstände beschrieben wurden, sondern Kritik an bestimmten, namentlich genannten Einrichtungen und Zuständen geübt wurde.«

Auch einzelne Beiträge, Interviews und Kommentare wurden von Hauptabteilung und Intendanz kritisiert. Einmal traf es die Kollegin Juliane Bartel (nach der später ein Medienpreis benannt wurde). Wir überlegten uns, aus Solidarität mit ihr zu streiken. Die RFFU (Rundfunk-Fernseh-Film-Union), unsere Gewerkschaft, riet uns davon ab, weil wir uns damit angreifbar – und letztlich kündbar – gemacht hätten. Auch ich wurde ein weiteres Mal zensiert. Ich hatte ein Konzert der Politrock-Band Lokomotive Kreuzberg in der Berliner Konzerthalle »Quartier Latin« aufzeichnen lassen. Senden durften wir den Mitschnitt dann aber nicht. Immer öfter stießen wir Redakteure an Grenzen. Ich musste erkennen: Halt' die Augen offen, hier kommst du nicht weiter! Tatsächlich sollte ich wieder das Glück haben, mich verändern zu dürfen, auch wenn meine Niederlagen damit noch nicht beendet waren.

Zum Abschied von »s-f-beat« erhielt ich nach meiner letzten Moderation einen heftigen Rüffel. »In der Sendung vom 1. Februar 1978 haben Sie als Moderator ein Verhalten gezeigt, das ich mit Nachdruck missbillige«, teilte mir der Programmdirektor Herr Dr. Proebster mit. Zugegeben, ich war etwas flapsig gewesen, hatte aber niemanden in die Pfanne gehauen. Herr Dr. Proebster musste also zustimmen, dass ich nicht gegen die SFB-Satzung verstoßen hatte. Zum Abschied vom SFB wurde er dafür in meinem Zeugnis noch deutlicher: »Die Zusammenarbeit und die sozialen Kontakte waren mit den meisten Kollegen intensiv und gut. Seine Haltung gegenüber weisungsbefugten Mitarbeitern war nicht immer problemlos.« Klarer geht es nicht. Frecher, meine ich, aber auch nicht. Ich habe natürlich ein neues Zeugnis verlangt.

Zum Abschied aus Berlin, wo ich immerhin sieben Jahre gelebt hatte, durfte ich einige Jungs der Lokomotive Kreuzberg noch einmal im »Quartier Latin« erleben. Bernhard »Potsch« Potschka, Manfred »Manne« Praeker und Herwig Mitteregger waren gerade Mitglieder der neuen Nina Hagen Band geworden, die ihr erstes Album vorstellte. Es gehört bis heute zum Besten der deutschen Rockmusik. Die Präsentation der aktuellen Scheibe war der Hammer! Dass wir uns noch ein drittes Mal begegnen würden, wusste ich natürlich nicht. Aber die drei wussten ja auch noch nicht, dass sie bald eine weitere legendäre Band gründen würden: Spliff.

Mich muss mein Verstand verlassen haben

»Wellet Sie a Röhrle?«

»Wie bitte?«

»Wellet Sie a Röhrle dazu?«

Drei Anläufe brauchte die nette Kassiererin in der Kantine des SDR in Stuttgart, bis der neue Mitarbeiter verstand, dass sie ihm einen Strohhalm zu seiner koffeinhaltigen Limonade anbot. Ich verstand die Schwaben nicht. Die Mentalität war mir fremd und die Sprache sowieso. Ein Wechsel von Berlin nach Stuttgart ist vermutlich immer schwer, auch wenn jeder Berliner jede Menge Schwaben kennt. In den 1970er-Jahren stellten sie noch vor den Türken die größte auswärtige Bevölkerungsgruppe. Zwei Jahre brauchte ich, bis ich mich schließlich richtig in Baden-Württemberg, im »Ländle«, eingelebt hatte. Jetzt, fast vierzig Jahre später, lebe ich immer noch hier, und zwar schon lange gern. Vielleicht bin ich im Laufe der Jahre doch lernfähiger geworden.

Zwei Anläufe brauchte ich, um mich überhaupt einleben zu können. Mein erstes berufliches Wunschziel bei meinem neuen Arbeitgeber SDR hieß »POINT«. Dass ich dafür eventuell in Frage kam, war auf Hendrik Bussiek zurückzuführen, damals Redaktionsleiter der Sendung. Dass der Name »POINT« für »Pop, Orientierung, Information, Notizen, Tipps« stand, wusste ich 1977 noch nicht. Dass »POINT« vergleichbar mit »s-f-beat« für ein fortschrittliches Jugendprogramm stand und immer wieder unter Beschuss war, wusste ich schon. Nach einer Live-Diskussion mit Rudi Dutschke und dem Auftritt einer schwulen Kabarettgruppe standen die Sendung und ihr Redaktionsleiter zur Diskussion. Die Sendung blieb nach starken Hörerprotesten erhalten, ihr Chef aber musste gehen. Zwischen den Machern von »s-f-beat« und »POINT« bestand schon seit einigen Jahren Kontakt, aber als Hendrik mich ansprach, ob ich mich um seine Nachfolge bewerben wolle, war ich überrascht. Ich kam in die engere Auswahl und sollte probehalber eine Sendung moderieren. Und wieder konnte wie damals bei meiner ersten Sendung für den Sender Freies Berlin jeder bei der Probe zuhören, weil es sich um eine reguläre Live-Sendung handelte. Besonders lustig muss es geklungen haben, als der zugereiste Moderator, also ich, sich durch die Veranstaltungshinweise kämpfte. Eine »Hocketse« war für mich ein Fremdwort und Burladingen ein böhmisches Dorf. Doch als wäre das nicht schon genug, brach zu allem Übel bei einem telefonischen Live-Interview auch noch die Leitung zusammen. Doch irgendwie klappte das Reden am Mikrofon wohl doch im Großen und Ganzen recht gut. Alle an der Sendung Beteiligten waren zufrieden. Das anschließende Gespräch mit dem Chefredakteur dagegen war eher mühselig. Ich hatte einfach zu wenig Ahnung davon, wie man eine Redaktion leitet, und konnte das wohl dementsprechend schlecht vermitteln. Jedenfalls kam wenige Tage später die Absage.

Ich konnte mir aber auch gut vorstellen, beim Jugendprogramm im Fernsehen zu arbeiten. Der SDR hatte hier zwei namhafte Redakteure aufzuweisen: Werner Schretzmeier, bekannt geworden vor allem durch seine Filme, Konzerte und später dann als Chef des Stuttgarter Theaterhauses, sowie Albrecht Metzger. Er war als Moderator des »Rockpalastes« zur Legende geworden. Eben dieser Albrecht wollte sich verändern und als Schauspieler und Kabarettist nach Berlin umziehen. Wieder einmal wurde ich gefragt, ob ich mir diesen Job vorstellen könnte. Natürlich konnte ich! Auch diese Redaktion war gut angesehen, die Sendungen gefielen mir, und die Abteilungsleiterin Dr. Elisabeth Schwarz hatte außerdem den Ruf, experimentierfreudig zu sein. Es hieß auch, sie stünde hinter ihren Mitarbeitern. Meine Befürchtung, schlechte Karten zu haben, weil ich gerade erst bei einer SDR-Bewerbung durchgefallen war, erwies sich als unbegründet. Der Flurfunk signalisierte mir sogar: Wenn sie dich beim Radio nicht wollten, dann nehmen sie dich beim Fernsehen umso lieber. Ob diese internen Querelen eine Rolle spielten und ob es sie tatsächlich gab, weiß ich nicht. Jedenfalls bekam ich einen Zwei-Jahres-Vertrag beim Fernsehen, der mir zudem die Möglichkeit bot – so kann's gehen – nebenher »POINT« beim Radio zu moderieren. Letzteres sollte sich noch als überlebenswichtiger Glücksfall herausstellen. Ab sofort Kollege von Werner Schretzmeier zu sein, war eine große Ehre für mich. Er hatte sich durch kreative Musikfilme einen Namen gemacht und dazu das Kunststück vollbracht, mit einigen der daran beteiligten legendären Gruppen auch Konzerte zu veranstalten. Zudem war Werner der Initiator des unabhängigen Jugendzentrums »Hammerschlag« in Schorndorf und hatte das United Jazz + Rock Ensemble mitgegründet. Ich dagegen wusste kaum, wie man Filme macht.

Immerhin hatte ich Ideen für meine ersten beiden Filme beim SDR. Kritisch sollten sie natürlich werden, witzig sowieso. Sie sollten künstlerisch neue Wege beschreiten. Meinen ersten Streifen hatte ich als Satire zum 30. Geburtstag des deutschen Grundgesetzes angelegt. Den zweiten als eine Art Musical über eine Schulabgängerin auf Lehrstellensuche. Für Film Nummer eins suchte ich nach Kabarettisten, für Film Nummer zwei nach alternativen Musikgruppen. Kabarettisten wie Musiker sollten uns jeweils exklusive Stücke verfassen. Es ließ sich gut an. Für die Satire über das Grundgesetz konnte ich Hanns-Dieter Hüsch, Henning Venske und vor allem Die 3 Tornados gewinnen. Die Tornados galten als die bissigsten Anarchisten unter der deutschen Sonne. An ihnen hatten sich allerdings auch schon einige mutige Redakteure die Finger verbrannt. Als ich ihr Manuskript für den Film erhalten hatte, war mir klar: die Story ist gut, aber heikel. Die Tornados spielten laut dem von ihnen verfassten Drehbuch drei Richter, die neue Anti-Terror-Paragrafen aus einer großen Glaskugel zogen, als seien sie Lottozahlen. Ich legte das Drehbuch sofort Frau Dr. Schwarz, meiner Vorgesetzten, vor und bekundete: »Ich finde die Szene Klasse, aber sie kann Probleme geben. Stehen wir dazu?« Sie entgegnete nur: »Das halten wir aus!« Na also, eine Chefin, auf die wirklich Verlass ist – hier war ich richtig. Programmdirektor Horst Jaedicke sah das nicht ganz so gelassen. Nicht nur diese Szene, sondern das gesamte Drehbuch sah er kritisch. Er ließ uns seine Bedenken wissen. Aber er ließ uns auch drehen. Also drehten wir unter dem Titel »Prüfe deinen Nächsten wie dich selbst« die Geschichte der beiden Verfassungsschützer »Rüffel« und »Schnüffel«. Der bekannte Grafiker Klaus Staeck entwarf uns ein Plakat, das für unsere »Sendung im 1. Fernsehprogramm am Sonntag, 27. 5. 79, um 11.15 Uhr« warb. Im 1. Fernsehprogramm wurde am Sonntag, den 27. Mai 79 um 11.15 Uhr dann allerdings der Film »Di-Di-Disco« wiederholt.

Wir hatten unseren Film zwar komplett gedreht, geschnitten, fertig – und dem Programmdirektor vorgestellt. Sein Urteil fiel aber eindeutig aus: nicht sendefähig. Auch Intendant Prof. Hans Bausch verlangte noch eine Abnahme. Sie endete mit demselben Ergebnis. Die Künstler reagierten darauf empört. Kabarettist Henning Venske schrieb einen offenen Brief an den Intendanten: »Ein Intendant einer öffentlich-rechtlichen Anstalt, der eine satirische Sendung über das Grundgesetz in Auftrag gibt und diese Sendung aus Furcht vor politischer Repression nicht senden lässt, ist ein Fall für den Verfassungsschutz«, schimpfte er. Die 3 Tornados beschwerten sich bei Fernsehdirektor Horst Jaedicke. Sie bezogen sich dabei auf seine Kritik, der Film sei »nicht gut gemacht« und habe zudem mehr als 100 000 Mark gekostet: »Unsere Bitte um eine erklärende Stellungnahme beantworteten Sie nach zweiwöchiger Bedenkzeit mit dem lapidaren Satz, dass die Qualität dieser Sendung nicht Ihren Vorstellungen entspreche. Herr Fernsehdirektor, wir danken Ihnen für diese knappen Sätze. Mehr brauchen Sie der Öffentlichkeit nicht zu sagen, wenn Sie sechsstellige Summen, über die Sie kraft Ihres Postens bedauerlicherweise verfügen dürfen, zum Fenster rauswerfen! Sie müssen sich auch nicht die Mühe machen, den Verdacht einer politischen Zensur auszuräumen, der beim Verbot einer Satire zum Thema ›Grundgesetz heute‹ ja keineswegs naheliegt.«

Auf Jaedickes Urteil bezogen sich auch die Medien wie etwa der evangelische Pressedienst (epd): »Ein Film gegen das Grundgesetz (muss man es wirklich betonen?) ist es mitnichten. Und er ist nicht schlechter, sondern in der zweiten Hälfte erheblich spritziger als das meiste, was dem Bildschirm sonst zugemutet wird.« Das Magazin »Der Spiegel«

und die Wochenzeitung »Die Zeit« sahen einen Zusammenhang des Sendeverbots für unseren Film mit den Problemen, die der Kabarettist Venske mit dem Hessischen Rundfunk hatte sowie mit dem Aus für Dieter Hildebrandts »Notizen aus der Provinz« im ZDF. Hans C. Blumenberg urteilte in »Die Zeit«: »Die Schnelljustiz unserer öffentlich-rechtlichen Medienzensoren nimmt immer beängstigendere Formen an. Was nur halbwegs unbequem ist in der schönen neuen Fernsehwelt zwischen Mainz und Köln, fliegt raus.« Auch die »taz« berichtete ähnlich, die »Süddeutsche Zeitung«, »konkret« und die »Frankfurter Rundschau« gaben ihren Kommentar ab – und der sprach eher für uns als für die Senderspitze. »Stuttgarter Zeitung« und »Stuttgarter Nachrichten« stärkten uns mit ihrer Meinung vor allem in der Landeshauptstadt Baden-Württembergs den Rücken.

Wenn ich von den Kollegen zu diesem Thema befragt wurde, versuchte ich zu meinem Sender möglichst loyal zu sein und betonte: »Wir haben ein ausgezeichnetes Grundgesetz. Der Film sollte ein Beitrag sein, das Grundgesetz im Alltag auch zu verwirklichen.« Und meine Chefin Dr. Elisabeth Schwarz, die mir so lange den Rücken gestärkt hatte? »Mich muss mein Verstand im Stich gelassen haben«, erklärte sie plötzlich und machte einen Rückzieher. Was will man da schon sagen, wenn man mit dieser Begründung im Regen stehengelassen wird? Zumal als Neuling. Immerhin, einen solchen Einstand hat nicht jeder: Gleich das erste Werk verschwindet ungesendet im Archiv! Trotzdem fand ich diese Art von Seltenheitswert nicht sonderlich erstrebenswert. Die weitere Zusammenarbeit mit Frau Dr. Schwarz war belastet, fand aber immerhin statt. Aus meinem zweiten Film, dem Musical, wurde ein Lied von Walter Mossmann gestrichen, aber der Film »Dem Glück eine Chance« wurde immerhin ausgestrahlt. Sollte ich das schon als Erfolg verbuchen? Bei der nächsten Produktion für die vierteilige Reihe »Erfahrungen« waren meine redaktionellen Kompetenzen von vornherein eingeschränkt. Erfahrungen hatte ich damit zuhauf gemacht. Dass meine Zeit beim Fernsehen begrenzt sein würde, war damit klar. Ich musste Schaden begrenzen und vorbeugen. So bat ich darum, mich aus dem Vertrag zu entlassen und mein zweites Jahr beim Sender als freier Mitarbeiter bestreiten zu dürfen. Damit wollte ich mir im wahrsten Sinne des Wortes Freiraum verschaffen. Ich wollte mich nach neuen Möglichkeiten umsehen, um mich zu verwirklichen und um Geld zu verdienen. Meiner Bitte wurde entsprochen, nicht zuletzt weil damit das Ende der Zusammenarbeit eingeläutet wurde. Ich nutzte die Gelegenheit, verstärkt beim Radio mitzuarbeiten. »Südfunk 3« etablierte sich gerade als Vollprogramm. Irgendwann sollte ich jede Sendung dieser Welle moderieren. Vom frühen Morgen bis in die späte Nacht, von der aktuellen Information bis zur individuellen Musik.

Wenn Sie das ansprechen, dann gehe ich

Wer jung ist, hat den Vorteil, noch viel vor sich zu haben. Wer älter ist, hat den Vorteil, schon viel erlebt zu haben. Alles hat Vor- und Nachteile. Dafür werfe ich keinen Euro ins Phrasenschwein. Ich erwähne diese Binse, weil die Menschen sich in ihren Einstellungen grundsätzlich unterscheiden. Die einen bevorzugen die halbvollen Gläser und die anderen die halbleeren. Überflüssig zu erwähnen, wem es im Leben besser geht. Wer schon viel erlebt hat, wird immer häufiger von seiner Vergangenheit eingeholt, und das kommt natürlich erst recht vor, wenn man wie ich jedes Jahr weit über hundert Interviews führt. Speziell dann, wenn die Gesprächspartner der eigenen Generation angehören. Da fällt einem auf, dass man mit seinen Irrungen und Wirrungen nicht allein war, dass man wie der Interviewpartner auch vor vergleichbaren Wegkreuzungen stand, ähnliche Entscheidungen getroffen hat oder auch ganz andere. Der Politologe Claus Leggewie gehört zu den Gesprächspartnern, mit dem ich die Erinnerungen an die »Rote-Punkt-Aktion« teilte. Viele Gedanken und Überlegungen aus meiner eigenen Zeit des Erwachsenwerdens fand ich auch in der 68er-Biografie von Thomas Sattelberger wieder, einem der einflussreichsten deutschen Manager. Er war Personalvorstand bei Continental und bis 2012 im Vorstand der Deutschen Telekom tätig. Ich war nicht bei den Maoisten und nicht persönlich bekannt mit Joschka Fischer wie er. Aber in seinen Idealen konnte ich mich genauso wiederfinden wie in der Konsequenz, an seinem Platz, in seiner Arbeit etwas verändern zu wollen. Seine Arbeit begann in der dualen Ausbildung bei Daimler. In dieser Firma litt er später unter Vorstand Jürgen Schrempp, der trotz seines 4-Milliarden-Verlusts beim Stuttgarter Autohersteller später auch Vorstandschef bei Fokker, einem Hersteller für Zivilflugzeuge, wurde. Dabei wäre Helmut Werner, der schon viele Jahre im Unternehmen war, als Vorstand bei Daimler eine fähige Alternative zu Schrempp gewesen! Werner hatte ich übrigens, als er mein »Leute«-Gast war, noch als Nachfolger von Edzard Reuter gefeiert. Aber die Verantwortlichen hatten nicht auf mich gehört, sondern einem Rambo wie Schrempp vertraut. Schrempp hat dann nur einmal etwas wirklich Gutes für seinen Konzern getan: Nachdem sich unter seiner Ägide der bisherige Aktienkurs von Daimler fast gedrittelt hatte – und das, obwohl Schrempp den unmoralischen Prinzipien des Shareholder Value anhing –, stieg dieser plötzlich wieder kräftig. Denn Schrempp hatte seinen Rücktritt verkündet.

Sattelberger hatte im Vorfeld unserer »Leute«-Sendung Wert darauf gelegt, nicht auf sein gerade erst publiziertes Outing reduziert zu werden. Er hatte sich diesbezüglich vom »Spiegel« schlecht behandelt gefühlt. Ich hatte kein Problem damit, ihm zuzusichern, dass seine sexuelle Orientierung das Gespräch nicht dominieren würde. Aber ich musste darauf bestehen, das Thema anzusprechen, nachdem es publik geworden war. Er war einverstanden, wir haben uns vertraut, und wir haben ein gutes Gespräch geführt.

Mit Thomas Hitzlsperger habe ich zwei Stunden lang fast ausschließlich über Homosexualität gesprochen. Er hat in »Leute« eines der wenigen ausführlichen Interviews nach seinem öffentlichen Bekenntnis gegeben. Ich sprach ihn auch auf Philipp Lahm an, der sich in seinem Buch »Der feine Unterschied« ganz offensiv mit den Gerüchten auseinandersetzt, er sei schwul. Lahm schrieb klipp und klar, dass er selbst nicht schwul sei und absolut nichts gegen Schwule habe. Überhaupt gebe es aber im Leben doch Wichtigeres als darüber zu spekulieren, ob er nun einen Freund oder eine Freundin habe. Ich begrüßte in der Sendung Lahms offenen Umgang mit dem Thema Homosexualität und betonte das auch gegenüber Hitzlsperger. Ich erwähnte ihm gegenüber allerdings auch, dass Lahms Äußerung, er kenne überhaupt gar keinen homosexuellen Fußballspieler, seine Glaubwürdigkeit bei mir erschüttert hätte. Und was sagte Hitzlsperger dazu? »Ich kenne auch keinen!« Nicht zu fassen. Aber ich wusste es nicht besser, also musste ich es glauben. Zumal ich mich auch keinen Gerüchten anschließen wollte.

Für fair allerdings halte ich es, wenn ich einem Gast die Gelegenheit gebe, zu bestehenden, bereits veröffentlichten Spekulationen Stellung zu nehmen. Genau das hatte ich bei einem Schauspieler vor. Doch der hatte die Zeit, in der ich uns Kaffee holte, genutzt, um in meinen Unterlagen zu schnüffeln. Dabei hatte er einen Zeitungsartikel gefunden, in dem von seiner möglichen Ausrichtung auf das eigene Geschlecht die Rede war. »Wenn Sie das ansprechen, gehe ich«, zischte er mich ungehalten an, als ich mit den beiden dampfenden Kaffeetassen zurückkam. Den möglichen Eklat ersparte ich uns beiden, konnte mir aber einen kleinen Schlenker nicht verkneifen, als wir wieder auf Sendung waren: »Sie wollen zwar nicht über alles reden, aber vielleicht darf ich Sie nach Ihren nächsten Plänen fragen?«

An meine *eigenen* alten Pläne wurde ich in meinem Gespräch mit Wolf-Rüdiger Marunde erinnert. Wir haben nämlich beide die gleiche, sagen wir mal »doppelte Staatsbürgerschaft«. Den Cartoonisten kennen Sie sicher aus der »Hörzu« oder aus der »Brigitte«, wo er früher mit »Marundes Landleben« vertreten war. Wolf-Rüdiger Marunde ist nicht nur ein witziger, sondern auch politisch interessierter und engagierter Zeitgenosse, insbesondere aktiv gegen Atomkraft. Das liegt auch daran, dass er im Wendland wohnt, also in der Nähe des Atommülllagers Gorleben. In dem alten Salzstock wird Atommüll zwischengelagert, und die Kraftwerksbetreiber möchten ihn dort auch endlagern, obwohl er dafür nicht geeignet ist. Schon 1978 wurde gegen diese Pläne protestiert. Am 31. März jenes Jahres kam es zur größten Demonstration in der Geschichte Niedersachsens. Über 100 000 Teilnehmer waren dabei. Als trotz der Proteste Probebohrungen durchgeführt wurden, errichteten Atomkraftgegner ein Hüttendorf, proklamierten die »Republik Freies Wendland« und gaben den »Wendenpass« heraus. Einen solchen Pass besitzt Marunde, weil er sich den Besetzern verbunden fühlt und weil er im Wendland wohnt. Auch ich habe den Pass, weil ich mich den Besetzern verbunden fühle. Und weil wir mit einem Filmteam vor Ort waren, als das Hüttendorf von der Polizei plattgemacht wurde. Das kam so: Für mein zweites Jahr als freier, also nicht festangestellter Fernsehredakteur hatte sich unsere Redaktion schon 1979 auf einen Themenbereich verständigt, der heute immer noch aktuell ist. Wir haben die Reihe »Alternatives Leben« genannt und Gruppen vorgestellt, die in ihrem jeweiligen Bereich Alternativen verwirklichen. All diesen Gruppen gemeinsam war das Bewusstsein, »dass es ein Ende haben muss mit einer Wachstumsideologie,

Räumung des Hüttendorfs in Gorleben am 4. Juni 1980

die uns schmutzige Luft, giftiges Essen und Atomkraftwerke beschert. Sie setzen auf Natur statt auf Chemie, auf Phantasie statt auf Management, auf Zufriedenheit statt auf Karriere, auf Zusammenarbeit statt Konkurrenz. Wir wollen unterschiedliche Ansätze zeigen, diese Ziele zu verwirklichen.« So erklärte ich unser Vorhaben damals der Presse. Größere Berliner und Hamburger Kollektive, die sich regenerativen Energien widmeten, präsentierten wir in der Sendereihe genauso wie einen kleinen Fahrradladen, neue ländliche Formen des Zusammenlebens und -arbeitens sowie Bioläden.

Als wir gerade in Hamburg drehten, kündigte sich die Räumung in Gorleben an. Wir fuhren hin und drehten mit. Die Presse begleitete unsere Reihe sehr wohlwollend. »Die Zeit« beklagte allerdings den schlechten Sendeplatz am Sonntagvormittag, auf den das Jugendprogramm abgeschoben worden sei. Dabei sei »aufmerksamer Betrachtung wert, was der Südfunk an Bildern und an Einblicken vermittelt aus jener Szene, die von einem Häuflein ausgeflippter Träumer und Freaks zu einer ernstzunehmenden Bewegung angewachsen ist«. Rupert Neudeck schrieb in der »Stuttgarter Zeitung«, dass sich die Konzeption der Reihe sehen lassen könne. Und die Kolumnistin Sibylle Krause-Burger verkündete, nachdem sie die erste Folge gesehen hatte, sie wolle sich gerne auch die weiteren Filme ansehen. Für die fünfte und abschließende Sendung in der Reihe »Alternatives Leben« war eigentlich eine Diskussion mit den bisher beteiligten Gruppen vorgesehen. Auch Zuschauer sollten Anregungen in die Sendung einbringen können. Stattdessen zeichnete Werner Schretzmeier ein Programm der Band Erste Allgemeine Verunsicherung auf. Gutes Konzert, witzige Truppe. »Die Zwiebelringens, die bringen's!«, lautete eine Zeile in einem ihrer Songs. Unserer Diskussionsrunde hatte man es wohl nicht zugetraut, es zu bringen.

Stefan, wo ist der Stempel?

Immer wenn wir uns trafen, stellte Wolfgang Niedecken mir eine Frage. Sie wurde zum geflügelten Wort: »Stefan, wo ist der Stempel?« Er glaubt mir bis heute nicht, dass wir seinen Stempel wirklich nicht haben. Wir hätten ihn gern, aber er ist weg, genau wie unser erstes Gästebuch. Geklaut vermutlich. Unikate alle beide, der Abendkasseneinlassstempel von BAP und das Gästebuch von PAUL-musik.

BAP als eine der besten und größten deutschen Rockgruppen kennen wohl alle. PAUL, den Konzertveranstalter in Stuttgart, kennen dagegen nur wenige. Beide, BAP und PAUL, sind auf ihre Art eine Legende. Die eine eine große, die andere eine kleine. BAP und PAUL begegneten sich zweimal, Wolfgang und ich öfter. Und das kam so: Meinem guten Freund Werner Heitmann (ich versprach ja schon, dass er noch eine größere Rolle spielen würde) begegnete ich in Stuttgart wieder. Nach dem Volontariat hatten sich unsere Wege getrennt. Ich war nach Berlin gegangen und er in die graue Stadt am grauen Meer, also nach Husum. Genauer gesagt zu den »Husumer Nachrichten«. Von dort hatte Werner zur Gewerkschaft Öffentliche Dienste, Transport und Verkehr (ÖTV) in Stuttgart gewechselt, die sich heute »ver.di« nennt. Ich war vom Sender Freies Berlin (SFB) zum SDR in Stuttgart übergelaufen. Also waren wir beide in der baden-württembergischen Hauptstadt gelandet. Unser erstes gemeinsames Getränk nahmen wir im »Murrhardter Hof«

in der Altstadt. Weitere im »Laboratorium« und in »Rogers Kiste«, einem Club, in dem wir auch Konzerte besuchten. Jazz und Blues vor allem, schöne alte Musik, die wir beide mochten. Wir mochten allerdings auch schöne neue Musik: Punk, Wave, Alternatives. Musik neben dem Mainstream, Krachendes, Kratziges. Doch genau das spielte man nicht in den Stuttgarter Clubs. Ein Missstand, den wir beklagten. Nur half uns das dummerweise nicht weiter. Der Gesellschaft dafür die Schuld zu geben, wie alte 68er das immer zu tun pflegen, war wenig zielführend. Wollten wir die Gruppen, die wir mochten, live sehen, wollten wir die Musik, die wir gut fanden, hier vor Ort hören, mussten wir also tatsächlich handeln. Zusammen mit unserem Freund und Kollegen Herrmann Stange gründeten wir PAUL-musik. Der Name hatte keinen Bezug und auch keine spezielle Bedeutung, wir fanden ihn einfach geil. PAUL-musik hatten wir als »Verein zur Förderung zeitgenössischer Jugendkultur« angemeldet. Gemeinnützig natürlich, wegen der Steuern. Mit zeitgenössischer Jugendkultur, also angesagter alternativer Musik, kannten wir uns aus. Bildeten wir uns zumindest ein. Vom Konzertgeschäft aber hatten wir definitiv keine Ahnung. Wie engagiert man eine Band wie zum Beispiel »Fehlfarben«? Wie kommt man an die Gruppe ran? Brauchen die Bands eine Anlage, und was ist überhaupt eine »PA«? Wie hoch darf die Gage sein, wie schließt man Verträge ab, wer druckt Eintrittskarten, wer klebt Plakate, was hat die GEMA damit zu tun? Nun ja, es waren sicher nicht die besten Voraussetzungen, dass wir auf all diese Fragen keine Antworten hatten. Es waren aber auch nicht die schlechtesten, kannten wir doch wenigstens die richtigen Fragen. Die wichtigste Frage überhaupt schien uns zu sein: Wo sollten unsere Gruppen überhaupt auftreten? Wir brauchten einen

Ort, einen Club oder eine Location oder wie immer man das nennt. Immerhin gab es Schlimmeres als abends auf der Suche nach einem Veranstaltungsort loszuziehen, die Stadt kennenzulernen und dabei das eine oder andere Bier zu trinken. Dass es so viele werden würden, wussten wir vorher nicht. Aber auch das war nicht wirklich schlimm.

Als Vorbild für unsere zukünftige Location hatten wir das »Kant-Kino« in Berlin im Kopf, in dem angesagte Konzerte geboten wurden. Die erste Adresse in Stuttgart, die von der Größenordnung bis hin zur Lage viele gute Voraussetzungen bot und diesem Berliner Kino am nächsten kam, war das »Feuersee-Kino« im Westen. Betreiber Peter Erasmus schien von unseren Plänen angetan, und wir wurden uns einig. Parallel zu unserer Suche nach einem Veranstaltungsort versuchten wir über einschlägige Musikzeitschriften Veranstalter ausfindig zu machen, die Tourneen mit Gruppen organisierten, die »unsere« Musik spielten. Den ersten Vertrag mit einer Band, den wir in die Hand bekamen, unterzeichneten wir auch. Wir verpflichteten The Fred Banana Combo. Kennt die heute noch jemand? *Wir* kannten das Album, und die Musik gefiel uns, vor allem die knappen punkigen Beatles-Adaptionen. Wir unterschrieben am 13. Mai 1980 den Vertrag für einen Gig am 16. Juni. Am 30. Mai mussten wir die Vereinbarung wieder absagen, weil der Stuttgarter Kinopächter kalte Füße bekam. Er befürchtete, dass die Anwohner unsere Musik nicht so sehr mögen würden wie wir. Dumm gelaufen. Aber Anfänger haben auch Glück, und wer zum ersten Mal pokert, gewinnt oft nur, damit er angefixt wird, süchtig ist nach mehr. Unser Glück war es, dass sich spontan eine Alternative auftat. Die Diskothek »Boa«, ein schon damals angesagter Laden in Stuttgart, suchte für die

Neueröffnung einen besonderen Gag. »Wir hätten da was«, versprachen wir, und Sloggy, der Besitzer des Schuppens, glaubte uns. Ausgerechnet in einer Disco erlebte PAUL-musik also seine Premiere. Aber das Experiment gelang, die Hütte war voll, die Gäste feierten eine ausgelassene Party, und alle waren glücklich. Trotz Festgage, Kosten für Hotel, Catering und Honorar für die Aufbauhelfer blieb für uns Geld übrig. Wir hielten uns für Könige. Auch ohne eigenen Palast.

Denn nachdem der Plan mit dem Kino für uns gestorben war, erwies sich, dass auch ein Tanzpalast wie das »Boa« und wir nicht zusammenpassten. Wir standen also wieder am Anfang. Die Suche ging weiter. Eines Abends verschlug sie uns in einen heruntergekommenen und deprimierend leeren Schuppen. Er lag völlig ungünstig im ersten Stock, direkt neben einem Striptease-Lokal, und war nur über eine schmale Treppe zu erreichen. Aber er hatte eine, wenn auch knapp bemessene Bühne und ein für unsere Ansprüche nahe-zu optimales Fassungsvermögen von schätzungsweise knapp 500 Besuchern. Vermutlich waren aber schon lange nicht mehr annähernd so viele da gewesen. Die weitere Recherche ergab, dass der Laden den genialen Namen »Mausefalle« trug und eine legendäre Tradition hatte. Der großartige Kabarettist Werner Fink war hier schon aufgetreten. Das allerdings war bereits ein paar Jahrzehnte her, und inzwischen hatten Drogen den ehemals guten Ruf des Ladens ruiniert. Miese Voraussetzungen also. Andererseits sah der Pächter, ein gewisser Leo Schmetterling, Handlungsbedarf und zeigte sich potenziellen Umsatzsteigerungen grundsätzlich aufge-schlossen. Vor allem aber erlagen wir dem morbiden Charme dieses Etablissements, und so wurden wir uns handelseinig.

Der Deal, Schmetterling am Umsatz bei den Konzerten zu beteiligen anstatt ihm Miete zu bezahlen, erwies sich als zu kompliziert. Vom gegenseitigen Misstrauen mal ganz abgesehen. Also blieben wir bei der einfachsten Zusammenarbeit: Wir bekamen die »Mausefalle« für Konzerte umsonst, und zwar so oft und wann immer wir wollten. Pächter Leo profitierte allein vom Durst unserer Besucher. Am 2. Oktober 1980 stieg das erste von PAUL-musik veranstaltete Konzert in der »Mausefalle«, und zwar mit der Berliner Gruppe Tempo. Gut 100 Besucher fühlten sich angesprochen. Das war einerseits nicht schlecht, denn die Location war neu und nicht angesagt. Andererseits aber war die Veranstaltung bei weitem nicht kostendeckend. Wir legten also ordentlich drauf, gleichzeitig aber den Grundstein für eine legendäre Ära. Genau das war später in der Zeitschrift »Play it again« unter der Überschrift »50 Jahre Popmusik in der Region Stuttgart« nachzulesen.

Wir waren Frischlinge, aber wir wussten, was wir wollten, und befolgten das Motto »Just do it« lange bevor ein US-amerikanischer Schuster mit diesem Slogan Milliarden verdiente. Und wir lernten schnell. Alfred Hilsberg in Hamburg war damals der Papst der Independent-Szene. Wir nahmen Kontakt zu ihm auf und buchten fast alle seine Bands. Ob Einstürzende Neubauten (zwei Gigs an einem Tag), FSK, Abwärts, Palais Schaumburg oder The Wirtschaftswunder – die »Mausefalle« gehörte auf den Tourneeplan. Eine weitere intensive Quelle wurde Claus Fabian vom Weser-Label in Bremen, den alle nur »Fabsi« nannten. Unsere Festivals zu Weihnachten waren nicht zuletzt mit seinen Fun-Punk-Gruppen bestückt. Gleich zu Beginn verschafften wir uns mit der Verpflichtung von 999, der Punklegende aus England,

1980 – Stefan Siller als bärtiger Redakteur und Musikveranstalter

großen Respekt in der Szene. Das war nicht unwichtig, wenn man sich bitteschön vorstellen möchte, dass da mit Werner und mir zwei bärtige langhaarige Hippies an der Kasse saßen und bunten Irokesen-Leder-Ketten-Punks Tickets verkauften. Das Wichtigste war, dass wir uns gegenseitig ernst nahmen. Etwas schwerer taten sich damit die Herrschaften vom Land, die großstädtisches Nachtleben genießen wollten. Der Bus der Tour »Stuttgart bei Nacht« entließ zwar vor unserer Tür seine Ladung. Natürlich aber nicht unseretwegen, sondern wegen der »Nathalie-Bar«, dem benachbarten Strip-Schuppen. Die nach nackten Weibern gierende Meute musste sich auf dem schmalen Weg nach oben ins Strip-Lokal an unseren Paradiesvögeln vorbeischlängeln, trat an einem solchen Abend in der »Mausefalle« eine Punkband auf. Diese Szenerie sah ziemlich gut aus.

Mehr noch als auf den Auftritt der Band 999 hatte ich mich damals auf die Vorgruppe gefreut: die Fehlfarben, eine der besten deutschen Bands, sollten den Abend beginnen, hatten aber kurzfristig abgesagt. Wir Trottelköppe von Veranstaltern haben daraufhin als wohlmeinende Gutmenschen den Eintrittspreis um 2 Mark reduziert, also an der Abendkasse nur 10 statt 12 Mark genommen und den Besuchern mit Karten aus dem Vorverkauf zwei Mark zurückerstattet. Dadurch haben wir Miese gemacht, obwohl wir fast ausverkauft waren. Sogar Dexys Midnight Runners, die gerade mit »Come on Eileen« einen Hit gelandet hatten, waren uns teuer zu stehen gekommen. So erfreulich das Leben oft ist, so ungerecht ist es manchmal. Es kam öfter vor, dass wir mehr Geld ausgaben als wir einnahmen, aber im Schnitt reichte es auch für uns beim Konzert für ein Bier und ein warmes Essen.

Die »Mausefalle« und mit ihr PAUL-musik waren überraschend schnell etabliert, hatten ein überschaubares, aber zuverlässiges Stammpublikum und bekamen freundliche Presse. Wir bedienten den Musikgeschmack der Zeitungsmacher und boten schräge Themen, über die sich gut schreiben ließ. Manchmal hatten wir ja auch ein gutes Näschen. Wir waren nicht festgelegt, versuchten immer die Nase im Wind zu haben, waren offen für neues. Vor allem, wenn es gut war. Eine Gruppe wie BAP etwa passte eigentlich nicht in unser normales Beuteschema, war aber etwas Besonderes. 1980 kannte noch kaum jemand Wolfgang Niedecken und seine Jungs. Er hatte kürzlich erst ein Album beim kleinen Label »Eigelstein« herausgebracht und tourte bisher nur im Großraum Köln. Als er am 5. April 1981 zum ersten Mal außerhalb Kölns auftrat, in der »Mausefalle« in Stuttgart, kamen etwa 120 Besucher. Hotelkosten fielen für die Band erfreulicherweise nicht an. Werner hatte die Band in einem der besetzten Häuser in Heslach im Stuttgarter Süden untergebracht. Die eigentlichen Besetzer hatten an diesem Abend übrigens etwas anderes vor, so dass die Kölner Musiker eventuell aufkreuzenden Polizisten allein gegenübergestanden hätten. BAP gefiel es bei uns, und wir glaubten an die Gruppe. Und so verpflichteten wir sie für den 29. Oktober 1981 noch einmal. Inzwischen hatte sich die Qualität der Band weiter herumgesprochen, die »Mausefalle« war ausverkauft – und der Einlassstempel, nach dem mich Wolfgang Niedecken spaßeshalber später immer wieder fragen würde, war weg. Irgendjemand hatte ihn wohl als Souvenir mitgehen lassen.

Auch bei der Band Ideal waren wir von Anfang dabei. Als ihre erste Tour eigentlich schon stand, hatten wir sie überzeugt, noch einen Gig in Stuttgart dranzuhängen. Am 17. Februar 1981 waren sie bei uns. Im Vorfeld hatten wir ein wenig Angst gehabt, das Konzert könne floppen, weil am selben Abend auch Spliff in Stuttgart auftrat. Trotz der starken Konkurrenz war das Konzert von Ideal aber ausverkauft, und es war super. Auch bei der nächsten Tour der Band, nur wenige Monate später, waren wir wieder dabei. Wir buchten das »Gustav-Siegle-Haus« in Stuttgart, in das doppelt so viele Leute reinpassten wie in die »Mausefalle«. Letztendlich war die Location total überfüllt. Weil wir uns sicher waren, mit Ideal eine ganz großartige Gruppe an Land gezogen zu haben, hatten wir für den Folgetag einen weiteren Gig gebucht. Allerdings für einen Veranstaltungssaal in Schwäbisch Hall. Etwas anderes war nicht aufzutreiben gewesen. In der Provinz hatte sich der gute Geschmack aber wohl noch nicht so durchgesetzt. Nur wenige Fans verloren sich in der Halle. Was wir in Stuttgart an dem Auftritt von Ideal

Wolfgang Niedecken wurde Stammgast in »Leute«

verdient hatten, war am nächsten Tag dank des Desasters in Schwäbisch Hall wieder weg.

Hermann Stange, unser dritter Mann bei PAUL-musik, erlebte seinen Höhepunkt als Veranstalter, als er erfuhr, dass Donovan und Arlo Guthrie in der Stadt waren. Er verpflichtete sie für einen Gig in der »Mausefalle«, direkt zwei Tage nach ihrer Ankunft. Keine Zeit, um Plakate zu drucken und auf das Konzert aufmerksam zu machen. Ein Interview im SDR reichte aus. Die Hütte war voll. Ein Denkmal als Musikveranstalter setzte uns auch Klaus Voormann. Er war und ist nicht nur ein guter Freund der Beatles, sondern er spielte auch bei vielen Solo-Projekten der Fab Four mit. Voormann war außerdem Gründungsmitglied der Plastic Ono Band. Vor allem aber ist er ein genialer Grafiker. Für die Gestaltung des Covers der Beatles-Platte »Revolver« war ihm ein »Grammy« verliehen worden. Ende der 1970er-Jahre war Klaus Voormann als Scout und Musikproduzent nach Deutschland zurückgekommen und hatte drei schräge Vögel unter seine Fittiche genommen, auf die wir damals auch sofort aufmerksam geworden waren: Trio war witzig, intelligent, originell. Die optimale Club-Band. Wir wollten sie unbedingt bei PAUL-musik verpflichten. Wir bekamen den Zuschlag, und wir bekamen Trio für die Ewigkeit. Denn Voormann wollte auf der Tour ein Live-Album produzieren. Er schnitt mehrere Konzerte mit – veröffentlichte aber ausschließlich Material aus der »Mausefalle«. Unser Gig war schlicht der unterhaltsamste. Einen besonderen Gag leistete sich Vormanns Plattenfirma dann noch, indem sie den Live-Mitschnitt ausschließlich als Musikkassette veröffentlichte: »Trio live im Frühjahr 1982«. Das Sammlerstück hat nur einen Makel: Nirgends steht, wo dieses wunderbare Konzert aufgezeichnet wurde.

Freidenker und Flexibilist

Klaus Voormann traf ich nicht so oft wie Wolfgang Niedecken, aber doch häufiger als mir zunächst bewusst war. Als
ich ihn zu »Leute« eingeladen hatte, musste ich mich auf
jeden Fall erstmal beschweren, dass weder PAUL-musik als
Veranstalter noch die »Mausefalle« als Club irgendwo auf der
Musikkassette mit dem Live-Mitschnitt des Trio-Konzerts
aus dem Frühjahr 1982 vermerkt waren. »Oh, tut mir leid.
Das war keine Absicht«, antwortete der freundliche ruhige
ältere Herr mit den langen schlohweißen Haaren und dem
Bart, der mir gegenüber saß – eine lebende Legende. Er
erzählte, wie er mit 20 Jahren die Beatles in Hamburg kennengelernt und sich mit ihnen befreundet hatte. Das Vorwort
zu Voormanns Biografie hat Paul McCartney geschrieben.
Ich hatte das »Revolver«-Album mitgebracht, dessen Cover
er gestaltet hatte. Er als grafischer Schöpfer sollte es mir signieren. Erst dabei fiel mir auf und ein, dass wir uns nicht nur
in der »Mausefalle« schon einmal begegnet waren, sondern
auch viele Jahre zuvor, und ich bereits ein Autogramm von
ihm besaß. Das hatte ich mir im »Jaguar-Club« in Herford
geholt. Nach dem Gig von Manfred Mann. Klaus spielte damals in seiner Band den Bass. Und sah ganz schön anders aus.
Will sagen: Man kann sich im Alter auch optisch verbessern.

In »Leute« waren nahezu alle großen deutschen Rock-
und Popmusiker zu Gast, viele internationale dazu. Gute
Kontakte entstanden aber schon, bevor es die »Leute«-

Sendung gab. In »POINT« spielte Musik – wichtige, gute, neue Musik – eine große Rolle, und im »Plattentest« stellten wir, vor allem der wunderbare Musikredakteur Peter Mordo, interessante neue Scheiben vor. Zu dieser Zeit, 1983, entstanden auch die ersten Kontakte zu den Toten Hosen. Die Band wurde von Anfang an nicht nur von einem sehr aktiven Manager betreut, dem leider 2015 verstorbenen Jochen Hülder, sondern auch insbesondere in der Stuttgarter Umgebung von sehr aktiven Fanclubs unterstützt. Neue Titel der Hosen brachten sie mit der geballten Kraft des Hörervotums ins Radio. Erstmals gelang das beim Song »Eisgekühlte Bommerlunder«, der sogar einen eigenen Eintrag bei »Wikipedia« aufweisen kann. Dort ist unter anderem folgendes vermerkt: »Zum ersten Mal im Radio lief Eisgekühlter Bommerlunder bei Radio3 in Stuttgart, wo die Vorläuferband der Toten Hosen, ZK, bekannt war, da Radiomoderator Stefan Siller bereits 1980 ein Punk-Konzert mit ZK in Stuttgart organisiert hatte. Eisgekühlter Bommerlunder hielt sich 1983 für mehrere Wochen auf dem ersten Platz der Hörerhitparade des 3. Hörfunkprogrammes des Süddeutschen Rundfunks.«

Zu diesem Eintrag muss ich gleich mal eine Anmerkung loswerden. Besser zwei – nein, drei. Erstens: Ich besitze noch immer eine originalverpackte »Bommi«-Single inklusive einem Schnapsfläschchen. Allerdings weiß ich nicht, ob wirklich Bommerlunder drin ist. Denn die Jungs hatten mir im »Leute«-Interview gestanden, dass sie die Verpackung der Singles mit dem »Bommi« seinerzeit selbst übernommen hatten und dabei der Versuchung nicht widerstehen konnten, das eine oder andere »Püllecken« (so sagt man in Westfalen zu einem Fläschchen) zu leeren und dann mit Wasser aufzufüllen. Zweitens: ZK (Abkürzung für Zentralkomitee Stadtmitte, für manche auch die von »Zum Kotzen«) spielte nicht nur einmal, sondern sogar zweimal in der »Mausefalle«. Das erste Konzert war denkwürdig, weil unsere Gäste, die Punks, sich phantasievoll und provokant einen Gag hatten einfallen lassen: Sie hatten Stuhlreihen vor der Bühne aufgebaut und den Gig mit verschränkten Armen reglos verfolgt. Und drittens: meine Doppelfunktion als Radiomoderator und gleichzeitig als Veranstalter des Hosen-Konzerts könnte den Verdacht nahelegen, der eine profitierte womöglich vom anderen. Dem war nicht so. Im Gegenteil. Um mir jeden Vorwurf zu ersparen, musste ich mich als Radiomoderator bei der Werbung für Konzerte wie das der Hosen sehr zurückhalten und vorsichtig sein, wenn ich den Gig gleichzeitig als Veranstalter organisierte.

Das erste Interview mit den Toten Hosen machte ich in »POINT«. Die Sendung »Leute« gab es damals noch nicht. Redaktionschef Rüdiger Becker gefiel dieses Gespräch mit der Band nicht. Ich war zu unkritisch mit dem Thema Drogen umgegangen. Campino und Co. hatten mir erzählt, sie würden manchmal nur an den Biersorten erkennen, in welcher Stadt sie gerade gastierten. Das hatte ich nicht kritisch hinterfragt. Ich hoffe, ich habe niemanden zum Alkoholiker gemacht.

Am 25. Mai 1992 waren die Hosen dann zum ersten Mal in »Leute«. Vorab waren wir uns noch zweimal begegnet. Einmal 1990 bei der deutsch-deutschen Mega-Hitparade »Top 2000 D« und am 13. September 1986, als PAUL-musik zum letzten Mal eine Veranstaltung mit der Band im »Alten Feuerwehrhaus« im Stuttgarter Stadtteil Heslach organisiert hatte. Das Feuerwehrhaus war größer als alle Clubs, die wir bisher bespielt hatten – und wir waren mehr als ausverkauft. Hosen-Manager Jochen Hülder prophezeite mir: »Beim nächsten Mal machen wir die Schleyer-Halle voll.«

Campino von den Toten Hosen auf dem Stuttgarter Fernsehturm

10000 Zuschauer bei einem Hosen-Konzert? Bei allem Respekt für das Potenzial der Gruppe, an das ich ja auch glaubte: Ich fand den Scherz so schlecht, dass ich nur müde darüber lächeln konnte. Die Geschichte aber bewies: Jochen sollte Recht behalten. Auch die größte Halle war für die Hosen nicht zu groß. Aber für PAUL-musik. Die Logistik überstieg unsere Möglichkeiten als Laien.

Weil die Sendung »POINT« und SDR3 kein Formatradio im heutigen Sinne waren, konnte ich »meine« Musik, also Songs ganz nach meinem Geschmack spielen. Ausnahmen waren zugelassen, Spezialitäten nicht ausgeschlossen. Mainstream war nicht alles und nicht alles war Mainstream. Immer abends bediente das Programm zum Beispiel ganz gezielt den Geschmack der Minderheiten. Niemand nahm das übel, weil jeder wusste, dass sein Musikgeschmack auch irgendwann bedient wurde. Wir spielten Jazz für jeden, Songs und Lieder, Black Music, Platten für Kenner oder Jazz-Rock-Fusion. Dann folgte die Sendung »Schlafrock«. Auch das ein Autorenprogramm, in dem jeder Moderator sich mit seinen musikalischen Vorlieben einbringen konnte. Ich habe in »Schlafrock« zunächst einfach alles aufgelegt, was mir gefiel. Von (natürlich) Jimi Hendrix über die Rolling Stones, die Talking Heads und Frank Zappa bis zu King Kurt, die Happy Mondays, die Bollock Brothers oder Laurie Anderson. Bis mir einfiel, dass die eine Hälfte der Songs, die ich auflegte, auch von anderen Moderatoren bedient wurde. Also zeigte ich klare Kante und spezialisierte mich in meiner »Schlafrock«-Sendung darauf, nur sogenannte »Independent«-Musik zu spielen, künstlerisch-eigenwillige Songs abseits des Main-streams. Damit erreichte ich natürlich keine Spitzenquoten. Nehme ich zumindest an, denn gemessen hat das damals niemand. Außerdem kann man spätabends im Radio wahr-scheinlich sowieso nicht so viele Hörer verschrecken. Nach und nach erarbeitete ich mir einen Kreis an treuen Fans und kreierte mit meinem Stil so etwas wie eine eigene Marke. Für »POINT« baute ich die Independent Charts auf. Dafür fragte ich bei acht Alternativ-Plattenläden im »Ländle« die bestverkauften Independent-Scheiben ab und bastelt daraus unsere exklusive Indie-Top 10. Bei den Alben dominierte meistens Heavy Metal die Hitliste. Wenn nicht gerade The Smiths etwas Neues herausgebracht hatten. Am schönsten aber fand ich, dass sich Gruppen, Künstler oder Anfänger-bands aus der Gegend bei mir meldeten. Sie hatten ihre musi-kalischen Ideen im Keller oder in der Küche aufgenommen und dann auf Kassette gespielt. Was ich witzig, originell oder sonst irgendwie kreativ fand, spielte ich. In unserer Musiksendung »Treff nach Zwei« stellte ich zum Beispiel die neue Scheibe der Band Rotzkotz vor. Redakteur und Moderator Matthias Holtmann wusste zwar nicht warum, aber er ließ es zu. Bei meinem Musikchef Holger Arnold dagegen sorgte ich mit so etwas für Falten und graue Haare. »Dürfen wir das überhaupt spielen«, hakte er nach manch einer meiner Spezial-Sendungen verunsichert nach, »haben die auch eine LC (Labelcode)-Nummer?« Nur mit dieser Nummer konnte der Sender nämlich über die Verwertungsgesellschaft GEMA mit dem Plattenlabel abrechnen. Doch ich konnte ihn jedes Mal beruhigen: »Holger, vergib mir, alles ist gut!«

Neben solchen Ausnahme-Sendungen waren es immer wieder auch Ausnahme-Künstler, die mich begeisterten. Die Fantastischen Vier waren am 21. Januar 1993 zum ersten Mal bei mir in »Leute« zu Gast. Wie die Hosen kamen die Fantas dann noch öfter, genauso wie Herbert Grönemeyer, Marius Müller-Westernhagen oder Udo Lindenberg. Udo allerdings bekam ich nie live in die Sendung. Und das lag an der Uhrzeit. Um zehn Uhr morgens ist der Paniker nicht aus dem Tiefschlaf zu erwecken. Beim letzten Mal habe ich ihn sogar zuhause besucht, also im »Hotel Atlantic« in Hamburg. Dort bewohnt er nicht nur sein Zimmer, er hat auch ein eigenes Atelier (er ist ja nicht nur Musiker, sondern auch Maler) und ein Privatkino. In dieses Kino hatten wir uns zurückgezogen, um unser Gespräch aufzuzeichnen. Es war Juni 2008, Udo hatte gerade »Stark wie Zwei«, sein 34. Studioalbum, veröffentlicht. Es war sein erstes Album, das Nummer eins in den deutschen Charts wurde.

»Du wohnst schon 15 Jahre hier im Hotel Atlantic. Verliert man nicht den Bezug zur tatsächlichen Wirklichkeit, wenn man sich den ganzen Tag bedienen lässt?«

»Die tatsächliche Wirklichkeit kriege ich schon mit, zumindest das, was ich davon brauche. Und es gibt ja auch noch andere Wirklichkeiten, die fernab derer normal wohnender Menschen liegen. Zum Beispiel die Atmosphäre, wenn man nachts wie ein Phantom durch die Korridore geht. Und man kann hier mit der Malerei und der Musik wahnsinnige Phantasien haben, wenn man in die Tiefe der Komposition, der Literatur und der Philosophie einsteigt. Ich würde sagen, ich lebe in Wahrnehmungswelten, ich bin ein Wanderer durch die Welten. Und dann ist es auch egal, was ein Pfund Butter kostet. Ich bekomme natürlich mit, dass es zu teuer ist und weltweit eine Lebensmittelkrise herrscht. Man sollte das auch ansprechen, die Armut in Afrika in Texten thematisieren. Im Rahmen unserer Udo-Lindenberg-Stiftung in Calw treten wir in Aktion, auch mit Initiativen in Tansania und Kenia.«

»Im Prinzip hast du das erreicht, was du wolltest, nämlich reich und berühmt zu werden. Wann hast du dir das vorgenommen?«

»Schon als Kind in Gronau – so wie der junge Hermann Hesse in Calw, der sehr früh wusste, dass er Schriftsteller wird. Manchmal wissen Leute früh, dass sie irgendwas mit Musik, irgendwas Wahnsinniges, machen wollen. Bei mir war das der Wunsch, als Schlagzeuger in ganz vielen Bands weltweit zu spielen. Ich wollte nicht in so einem kleinen pietistischen Dorf wie Gronau bleiben, ich musste da wie Hesse schnell ›unterm Rad‹ weg.«

»Du hast gesagt, es interessiert dich nach wie vor, was auf der Welt passiert. Aber das neue Album ist doch eher ein persönliches, privates geworden.«

»Das ist wie ein Interview mit Gott, da geht es sehr zur Sache. Ich frage also Gott: ›Bist du überhaupt noch dabei, kriegst du überhaupt noch mit, was auf der Welt passiert, im Sudan oder so?‹ Und Gott antwortet in diesem Interview: ›Hey, ich hab' doch die ganzen Berater, meine besten Leute runtergeschickt, Martin Luther King, Ghandi und Jesus, sogar den scheinheiligen Vater. Ihr seid aber immer noch die alten Idioten und klebt an Kirche und Religion, habt diesen Religionswahn vom einzig wahren Gott. Ihr müsst in eine Verantwortlichkeit einsteigen für diesen kleinen Planeten und könnt nicht immer alles den Göttern in die Schuhe schieben.‹ Wir Menschen sollten losgehen, uns über die Grenzen begegnen und schauen, in welcher Verantwortlichkeit wir hier im privilegierten Norden stehen.«

»Du gehörst keiner bestimmten Glaubensgemeinschaft an?«

»Nein, ich bin Freidenker und Flexibilist. Und was den Glauben an Gott betrifft, da habe ich einen Optionsschein in der Tasche. Ich bin sehr empfänglich und noch im Standby. Ich warte also auf Signale. Aber ich hatte öfter schon den Eindruck, auf die Gottheiten ist schlecht Verlass, gerade dann, wenn sie dringend gebraucht wurden, in Katastrophensituationen.«

Wie schon Janosch bekannte auch Lindenberg sich im »Leute«-Interview zum Alkoholkonsum. Ich hatte ihn direkt danach gefragt:

»Für manche ist eine Ausflucht der Alkohol, das war es für dich auch eine Weile?«

»Ja, zum Anfeuern. Und um ab und zu Sternschnuppen etwas genauer auszumachen oder neue zu finden. Man trinkt ja nicht nur, um sich wegzudröhnen, sondern eben auch wegen der Inspiration. Bereits in jungen Jahren ist bei mir mancher Text im Brausebrand entstanden. Es geht aber auch ohne Stoffe von außen. Man kann auch aus sich selbst heraus die größten Sachen schaffen. Das zeigt Hermann Hesse in seinem Buch ›Siddharta‹: Aus der totalen Askese heraus kannst du das ganze Leuchten der Welt sehen. Und vom Koma-Saufen halte ich nichts. Wenn einem die Welt nicht passt, sollte man lieber mit Energie hingehen und sie ändern. Völlig breit ist man ja eigentlich in einer Art Opferrolle. Du liegst nur noch in der Ecke, bist besinnungslos und kannst froh sein, wenn du überlebst.«

»Es sind ja einige, auch aus dem Bereich der Kultur, relativ frühzeitig über den Jordan gegangen. Und so kurz davor warst du ja auch mal.«

»Ja, und es wäre wirklich schade drum gewesen. Ich habe da jede Menge Songs drüber gemacht, zum Beispiel ›Lady Whiskey‹ oder ›Das nasse Gold‹. Manchmal neigt man dazu, Grenzen zu überschreiten. Deshalb passe ich jetzt ein bisschen auf, mache das etwas gezielter. Sich ein wenig anfeuern ist durchaus mal okay, aber ich kann auch prima nüchtern, clean und fit sein. Dann bin ich in der Wildnis mit dem Jeep unterwegs und freue mich, dass mein Körper fit ist und ich ihn nicht niedergerichtet habe, dass er das alles überlebte.«

Bei diesem Gespräch in Udos Privatkino bemerkte ich: Auch wenn Udo sich oft hinter seiner Masche versteckt – er spricht existenzielle Punkte an. Und man kann herrlich mit ihm philosophieren.

Hallo, hier ist Boris Becker

Viele Interviews mit englischsprachigen Musikern hat früher Matthias Holtmann geführt, später dann Günter Schneidewind. Vor allem Günter, der wegen seines immensen Musikwissens auch gerne der »Der große Schneidewind« genannt wird, hat sich mit diesen Gesprächen einen Traum erfüllt und sich mit vielen großen Stars getroffen. In seinem früheren Leben in der damaligen DDR war Günter Englischlehrer und beherrscht diese Sprache daher einfach gut. Ich kann mich auf Englisch zwar auch ordentlich verständigen, traue mir aber kein perfektes »Leute«-Gespräch zu. Die Bedingungen solcher Interviews mit den Stars waren außerdem oft nicht so, wie sie für unser zweistündiges Talk-Format nötig waren. Aber mit ein bisschen gutem Willen ließ sich manchmal auch eine »Leute«-Sendung daraus produzieren. Und so sind wir heute stolz darauf, dass auch die Stones und Paul McCartney auf unserer Gästeliste stehen. Ein paar Stars, die mit genügend Zeit zu uns ins Studio kamen, habe ich mithilfe eines Simultandolmetschers interviewt, meistens dem großartigen Jürgen Stähle. Eric Burdon gehörte zu meinen Gesprächspartnern und Ian Gillan von Deep Purple, eine der großen Stimmen der Rockmusik also. Ein Mann, der Musikgeschichte geschrieben hat, das wusste ich. Vieles aber wusste ich damals von Gillan nicht. Erst bei der Vorbereitung des Gesprächs stieß ich darauf, dass er ein ausgesprochen politisch interessierter Zeitgenosse ist, der nicht alles glaubt, was er hört oder liest, sondern nachfragt und sich ein eigenes Bild macht. Ich habe ihn danach gefragt, warum er mit Deep Purple für den damaligen Präsidenten und heutigen Ministerpräsidenten Russlands, Dmitri Medwedew, gespielt hat. Offen antwortete er:

»Er war Musikfan, Rockfan. Er ist in der Zeit groß geworden, als die Sonne über dem dunklen Gebiet östlich des Eisernen Vorhangs anfing zu scheinen und die Musik des Westens relevant wurde für diese Generation. Die meisten hatten inzwischen ein bisschen Englisch gelernt, auch durch die Texte der Songs in der Popmusik. Medwedew ist damit groß geworden, und er wollte uns mal treffen, er wollte mal mit uns reden. Wir sind da aufgetreten und dann raus in seinen Wohnsitz und haben uns ein paar Mal wiedergesehen. Das ist ein total netter Mensch, wenn man mal die Politik in Klammern setzt – wir wurden Freunde.«

Dabei konnte ich es aber nicht belassen: »Jetzt setze ich mal die Politik nicht in Klammern. Ich akzeptiere, er ist ein netter Mensch. Ist er, damals als Präsident, heute als Ministerpräsident, auch Chef eines demokratischen Landes?«

»Als die ersten demokratischen Wahlen in Afghanistan stattfanden, fragte ein Journalist einen Arzt: ›Haben Sie sich schon entschieden, wen Sie wählen wollen?‹ Der Arzt sagte: ›Noch nicht, das machen wir erst am Vortag, wenn Onkel John, der Führer unseres Stammes sagt, wo unser Kreuz hin soll.‹ Der Journalist fragte weiter: ›Wie viele sind Sie?‹ ›Achttausend‹, entgegnete der Arzt. ›Also stimmen sie alle gleich ab. So wie Onkel John das sagt?‹ ›Ja, das verstehen wir unter Demokratie‹, sagte der Arzt. – Also, wenn ich das recht verstehe, dann kriegen wir nicht immer die ganze Wahrheit über das, was in Russland passiert. Wir kriegen Propaganda, auch unsere eigene. Ich sage nicht, dass es falsch ist. Ich sage nur, das ist anders. Diese Veränderungen passieren nicht von heute auf morgen. Vielleicht sind wir ein bisschen intolerant. Wir wollen gleich das haben, was wir unter Demokratie verstehen.«

Nach dem Gespräch lächelte Gillan und meinte: »Ich wusste gar nicht, dass das ein politisches Interview werden würde.« Mir fiel auf: Wenn Gillan singt, trifft er vor allem die hohen Töne nicht mehr so gut wir früher. Wenn er redet, trifft er den Ton aber besser denn je.

Nicht nur mit Musikern, sondern auch mit Schauspielern führte ich fremdsprachige Interviews. Ich schätze mich glücklich, mich mit der Schauspielerin Isabella Rossellini, der Tochter von Ingrid Bergmann, unterhalten zu haben und mit dem Verpackungskünstler Christo. Auch einen der größten lebenden Schriftsteller, John Irving, konnten wir für »Leute« gewinnen. Er verriet mir, dass er den letzten Satz eines Romans bereits kennen muss, bevor er mit dem Lesen beginnt.

Bisweilen sind wir weit gereist, um spannende Gäste für die Sendung »Leute« zu treffen. Vor allem, um Prominente aus dem Sportbereich zu interviewen. Boris Becker habe ich in seinem Wohnzimmer besucht, also in Wimbledon, wo er nach seiner aktiven Karriere als Reporter für die BBC tätig war. Für mich bedeutete das: erst der Flug nach London, dann die Taxifahrt, dann warten in einer Kabine im Tennis-Mekka. Man glaubt ja erst, dass es wirklich klappt, wenn er, der Gast, da ist. Und er war schließlich da, guter Dinge dazu. Wir haben uns nicht nur über seine Tennishöhepunkte unterhalten, sondern auch über seine Schauspielkarriere:

»Ich hatte ein, zwei kleine Nebenrollen und würde mich noch nicht als Schauspieler bezeichnen«, bekannte Becker.

Mich interessierte sein eigenes Urteil über seine Rollen: »Da gibt es Werbespots, in denen Sie mitgespielt haben und da gibt es ›666 – trau keinem, mit dem du schläfst‹. Ist das ein guter Titel?«

Seine Antwort war durchaus humorvoll: »Die Aussage kann ich nur unterstreichen.«

»Sie haben mit einigen der prominentesten und besten deutschen Schauspielern zu tun gehabt, mit Armin Rohde und Jan Josef Liefers zum Beispiel. Wie war die Zusammenarbeit, wurden Sie da akzeptiert?«

»Ich habe mich eigentlich sehr über die Freundschaften, die ich mittlerweile geschlossen habe, gefreut. Gerade über die mit Jan Josef Liefers. Am Anfang war alles ziemlich schwierig, weil ich noch nie bei einer Kinoproduktion, bei einem wirklichen Film mitgemacht habe. Natürlich war ich ziemlich aufgeregt, aber Jan hat mich wunderbar geführt. Ich habe ihm meine Ängste mitgeteilt, und er hat gesagt: ›Wenn du anfängst zu spielen, dann hast du sowieso verloren. Sei so wie du bist, deswegen wurdest du ja gecastet.‹ Das habe ich dann gemacht und hatte am Ende auch richtig großen Spaß daran. Eigentlich war ich traurig, dass es dann so schnell vorbei war.«

»Wie läuft das bei Werbespots ab? Ich habe gelesen, Sie können da auch zum Teil kreativ mitwirken. Der Spruch ›Ich bin drin‹ im AOL-Spot – ist der wirklich von Ihnen?«

»Mittlerweile sollte man verstanden haben, dass man Becker nicht nur benutzen kann, sondern dass ich zumindest auch ein Wörtchen mitreden möchte. Der Spruch ›Ich bin drin‹, der kam von mir. Das ist ja auch das Wichtigste oder die Botschaft. Wie der Werbespot rüberkommt, dass ich keine Puppe bin oder dass ich keine x-beliebige Person bin, sondern dass ich leibhaftig da bin und auch an das Produkt oder die Message oder die Firma glaube. Sonst würde ich das ja nicht vertreten. Wenn ich ein, zwei schlaue Sätze dazu sagen kann, mache ich das gern.«

Nach der Aufzeichnung des Gesprächs sagte Boris Becker dann auch brav unseren Werbespruch auf. Ich hatte ihm diesen etwas erweitert, damit er noch Reklame in eigener Sache unterbringen konnte: »Hallo, hier ist Boris Becker. Eins gehört gehört: SWR1. Und eins gehört gesehen: mein Showkampf gegen Carl-Uwe Steeb auf dem Weißenhof in Stuttgart.«

Mit unserer Sendung »Leute« waren wir vor allem aber viele Jahre lang bei sportlichen Großereignissen wie den Olympischen Spielen, Fußball-, Leichtathletik-, Welt- und Europameisterschaften vor Ort. Finanzierbar sind solche aufwändigen Produktionen für einen Sender wie den unsrigen aber nur in Kooperation mit einem Partner. Dieser Partner war in der Regel Mercedes Benz. Der Konzern richtet während solcher Veranstaltungen zum Beispiel Treffpunkte für Sportler, Promis und Journalisten ein – den »Daimler-Benz-Club« oder, wenn das Land beteiligt ist, den »Baden-Württemberg-Club«. Das Wirtschaftsunternehmen stellt die Logistik zur Verfügung und wird dafür im Radio genannt. Bei den Olympischen Spielen 1992 meldete sich »SDR3 Leute« beispielsweise aus dem »Daimler-Benz-Club in Barcelona«. Die zwei Wochen in Barcelona waren für uns eine wunderbare Zeit. Die Stimmung war großartig und das Wetter himmlisch. Aber unser Aufenthalt war auch mit Arbeit verbunden. Kollege Wolfgang Heim etwa musste jeden Tag eine »Leute«-Sendung allein stemmen, denn ich gehörte zu den Moderatoren der täglichen

ARD-Olympiawelle mit zum Teil sehr langen Schichten bis Mitternacht. In eine meiner vielen Schichten fiel der Olympiasieg des Tübingers Dieter Baumann über 5 000 Meter.

Trotz der vielen Arbeit hatte ich genügend Zeit, die Stadt zu besichtigen und zwischendurch Gelegenheit, die 100-Meter-Endläufe, ein Fußballspiel im »Camp Nou« oder den Goldmedaillengewinn von Boris Becker und Michael Stich im Tennisdoppel zu sehen. Auch in unserem Studio im internationalen Medienzentrum kamen viele erfolgreiche Sportler vorbei. Darunter eine 14-Jährige, die zwei Silber- und zwei Bronze-Medaillen gewonnen hatte: Franziska van Almsick.

Zwei Jahre später durfte ich eine weitere Stadt kennenlernen, deren Schönheit mir vorher nicht bekannt war. Chicago ist mit einer herausragenden Architektur, dem Chicago River und dem Michigan-See sowie diversen feinen Blues-Clubs gesegnet. Der Anlass für diesen Übersee-Aufenthalt war die Fußball-Weltmeisterschaft. Während der Vorrunde hatte Wolfgang Heim zusammen mit Christian Pitschmann, der später als Stadionsprecher des VfB Stuttgart Geschichte schrieb und heute Leiter des SWR-Studios in Karlsruhe ist, zusammen mit Programmchef Hans-Peter Archner die »Leute«-Mannschaft gebildet. Dann löste ich Wolfgang ab und sah nur noch einen Sieg der DFB-Elf, das 3:2 gegen Belgien. Schon bei diesem mühseligen Achtelfinalspiel weinte der Himmel. Ordner verteilten Regenjacken an die Zuschauer. Unter anderem auch an Trini Trimpop, Fußballfan und ehemaliger Schlagzeuger und Manager der Toten Hosen, den wir zufällig im Stadion trafen (die Hosen und Fußball – das ist ein unrühmliches Kapitel, vielleicht kann ich mich überwinden, später darauf zurückzukommen). Natürlich wurde er für »Leute« vernommen, ebenso wie Franz Beckenbauer, den wir als Kollegen mit eigener Sendung begrüßen konnten. Beckenbauer musste zugeben, dass es schwieriger sein kann Fragen zu stellen als Fragen zu beantworten.

Die meisten aktiven Spieler konnten wir damals leider nur kurz auf dem Trainingsplatz interviewen, so dass nicht immer typische »Leute«-Sendungen zustande kamen. Eine Sendung wäre fast völlig geplatzt, weil ein Kollege in Stuttgart überspieltes Material in den Papierkorb entsorgt hatte. Aber die Geschichte muss Wolfgang Heim dann einmal in seinen Memoiren erzählen. Er war dabei und er war ziemlich aufgebracht. Deutschland schied dann bereits im Viertelfinale mit 1:2 gegen Bulgarien aus. So blieb uns als Moderatoren noch eine Woche Freizeit. Grand Cayman ist tatsächlich ein Traum, vor allem wenn man in der Zeit das Buch »Die Firma« liest. John Grishams Krimi spielt nämlich in weiten Teilen auf dieser Insel.

1996, während der Fußball-Europameisterschaft, hatte ich das Vergnügen, ein weiteres legendäres Stadion von innen zu sehen: »Old Trafford« in Manchester. Die Vorrunde wollte »Leute« wieder vor Ort bestreiten. Das ganze Turnier zu begleiten, wäre für den Sender zu aufwändig gewesen. Den deutschen Sieg und das einzige Golden Goal der EM-Geschichte hätten wir also sowieso nicht miterlebt. Doch da war noch etwas anderes. Vermutlich erinnert sich niemand mehr daran, der nicht dabei gewesen ist. Aber wir haben die Bombe miterlebt. Erfreulicherweise mit genügend Abstand. Am Samstag, den 15. Juni um 11.30 Uhr zündete die IRA ihre mit 1 500 Kilogramm Sprengstoff bislang größte Bombe in einem Kaufhaus in der Innenstadt. Wegen einer Vorwarnung konnten mehrere 10 000 Menschen rechtzeitig evakuiert werden, über 200 wurden noch verletzt. Die gesamte Innenstadt blieb das ganze Wochenende über gesperrt. Christian Pitschmann und ich (wir bildeten wieder ein Team) standen an der Absperrung, als die Bombe hochging. Sie war laut, und ihr Qualm war weithin sichtbar. Christian telefonierte sofort. Der SDR und die gesamte ARD engagierten ihn als Reporter, weil kein anderer Journalist so früh vor Ort war wie er. Meine Aufgabe war es, bei den Polizisten vor Ort die neuesten Informationen abzufragen. Um den Explosionsort herum ist viel zu Bruch gegangen. Wenn nicht gerade Bomben hochgehen, ist Manchester aber eine überraschend hübsche und charmante Stadt.

Auch zwei Leichtathletik-Weltmeisterschaften begleiteten wir mit »Leute«. In Sevilla interviewte ich 1999 unter anderem die Stabhochspringerin Yvonne Buschbaum. Sie war als Juniorenweltrekordlerin mit großen Hoffnungen gestartet, aber früh ausgeschieden. Das Gespräch habe ich auch aus anderen Gründen in Erinnerung behalten. Derselbe Gast war Jahre später nämlich noch einmal bei mir in »Leute«. Da

Balian Buschbaum, früher Yvonne Buschbaum

trug sie oder besser er einen anderen Namen. Und zwar nicht einen anderen Nachnamen, wie das öfter vorkommt, wenn man heiratet, sondern einen anderen Vornamen. Und das kommt nur vor, wenn man das Geschlecht wechselt. Yvonne hieß jetzt Balian. Buschbaum ist der einzige Mensch, den ich einmal als Frau und einmal als Mann zu Gast hatte.

Ich höre Sie so gern

Mal ehrlich: über »Compliance« redet man doch lieber als über Bestechlichkeit. Zum einen ist es unverdächtig, von »Compliance« zu sprechen, weil kaum einer weiß, was das überhaupt heißt. Wer es weiß, spricht noch lieber darüber, weil »Compliance« im Prinzip das Gegenteil von Bestechlichkeit bedeutet: Das regeltreue Verhalten und die Einhaltung eines selbst verordneten Ehrenkodexes. Jedes bedeutende Unternehmen – zumindest jedes Unternehmen, das etwas auf sich hält oder das es nötig hat oder beides – hält sich inzwischen einen »Compliance-Beauftragten«, der das gesamte »Compliance-Managementsystem« überwacht. Wenn man so etwas hört, könnte man meinen, es steht schlimm um die Wirtschaft. Dabei hat sich doch ganz vieles schon zum Besseren gewendet. Bis zum Jahr 2002 konnten Schmiergeldzahlungen deutscher Firmen an ausländische Geschäftspartner noch von der Steuer abgesetzt werden. Das ist nun vorbei. Im »inländischen Geschäftsverkehr« ist es sowieso verboten. Anders sieht es in Sachen Bestechung allerdings aus, wenn man Abgeordneter ist. Zwar wurden 2014 die Regeln der Abgeordnetenbestechung verschärft, aber Deutschland ist nach wie vor eines der wenigen Länder, das korrupte Abgeordnete noch nicht entsprechend der Maßstäbe der »UN-Konvention gegen Korruption« bestraft. Sonst müssten unsere Volksvertreter sich womöglich überlegen, ob sie Einladungen von Lobbyisten oder Geschenke annehmen dürfen. Ein Schelm natürlich, der Böses dabei denkt. Nun sind gerade Journalisten gern solche Schelme, und das ist auch gut so. Sonst würden noch weniger schmutzige Geschäfte aufgedeckt. Investigative Journalisten machen hier einen guten Job. Nur haben auch solche Saubermänner (und -frauen) eine besondere Sorgfaltspflicht sich und ihrem eigenen Verhalten gegenüber. Wer seinen Finger in anderer Leute Wunden legt, sollte selbst nicht infiziert sein.

Wir brauchen keine Heiligen, und wer sich auf ein Bier einladen lässt, sollte dafür nicht ins Gefängnis müssen. Aber es bringt einen auf andere und manchmal auch gute Gedanken, wenn man sich ab und an Fragen stellt. Auch als Journalist. Ich habe das nicht immer getan, aber manchmal. Dann etwa, wenn das Unternehmen Daimler den Sender bei Sportevents im Ausland unterstützte. Selbst bei längerem Nachdenken habe ich aber nichts Verwerfliches daran gefunden. Eine Grauzone ist der Bereich Event-Sponsoring aber sicher. Jeder einzelne von uns Redakteuren, Moderatoren, Reportern oder Journalisten wird in unterschiedlichsten Situationen immer wieder in Versuchung geführt und muss vor sich selbst rechtfertigen, was er annimmt und was nicht. Ein Beispiel aus den 1980er Jahren: damals war ich mit Kollegen für eine Reisereportage unterwegs. Nicht nur die entstandene Reportage, sondern auch die Reise selbst wurde bezahlt, also Flug und Hotel. Als »Gegenleistung« wurden die edlen Spender in unserem Reisebericht erwähnt. Es gab keine Mauscheleien, alles war redaktionell besprochen und juristisch abgesichert. Ich glaube auch, wir haben fair und unbeeinflusst berichtet. Es ist aber richtig, dass so etwas bei SWR1 heute nicht mehr möglich ist. Wir verzichten aus Gründen des journalistischen Ethos freiwillig auf solche

Arten der Unterstützung, um der Gefahr, aus Gefälligkeit zu freundlich zu sein, aus dem Weg zu gehen. Die Gefahr lauert auch andernorts. Darf ich mich von einem Sterne-Koch nach einer »Leute«-Sendung für den Preis eines Trinkgelds bewirten lassen? Und warum gibt es überhaupt Journalistenrabatte, zum Beispiel für Autos? Sind wir Medienmacher so arm dran, dass wir wie Schüler oder Rentner verbilligte Angebote brauchen, um uns etwas leisten zu können? Oder sind wir einfach so nette Leute, dass man uns gern beschenkt, ohne etwas dafür bekommen zu wollen? Einmal habe ich – auch das ist schon sehr viele Jahre her – eine Kundenkarte geschenkt bekommen, mit der ich 15 Prozent Rabatt auf alle Artikel eines Kaufhauses bekam. Vermutlich die Vergünstigung, die auch ein Mitarbeiter erhielt. Nach zwei Jahren seltener Nutzung habe ich die Karte zusammen mit einem freundlichen Anschreiben zurückgeschickt. Ich argumentierte, die Vergünstigung sei »nett gemeint«, ich wolle auch nichts unterstellen, aber »aus Gründen persönlicher Hygiene« wolle ich lieber darauf verzichten.

Neulich war ich auf dem Stuttgarter Wochenmarkt, also auf dem Marktplatz, um mir Spargel zu besorgen und eine Flasche Wein dazu. Jochen Mayer, Winzer aus Großheppach, ist dafür eine gute Adresse. »Soll ich zum Spargel den Riesling nehmen oder den Weißburgunder?«, fragte ich ihn um Rat. »Heute ist es nicht so heiß«, meinte er, »da empfehle ich Ihnen den Riesling Kabinett.« Den nahm ich dann auch. »Macht sechs Euro«, sagte Mayer. Und setzte dann nach: »Ach, sagen wir fünf – ich höre Sie so gern.« Dieses Angebot habe ich angenommen.

Der lebendigste Club mit der besten Musik

PAUL ging es nicht immer gut, wer könnte das schon von sich sagen. Aber gestorben ist »er« letztendlich eines natürlichen Todes. Unsere Veranstaltungsagentur PAUL-musik hatte sich einfach überlebt. Da PAUL aber ein durchaus zufriedenes Dasein geführt hatte, konnte er auch loslassen und ohne Groll gehen. Irgendwann hatte die Band Fehlfarben also Recht, als sie sang: »Paul ist tot«. Aber erstmal entwickelte PAUL sich prächtig und stellte seine Eltern, also uns als Gründer, vor die Frage: Wollt Ihr nicht noch mehr für mich tun, mehr für mich da sein? Nicht nur die von uns organisierten Konzerte in der »Mausefalle« waren gut gelaufen, wir hatten auch dafür gesorgt, dass das »Gustav-Siegle-Haus« bei den von uns organisierten Veranstaltungen ausverkauft war. Außerdem bestanden ja gute Verbindungen zu neuen, durchaus erfolgversprechenden Bands wie BAP, den Toten Hosen oder Ideal. Die Überlegung lag also nahe, ob wir größer ins Veranstaltergeschäft einsteigen wollten. Das hätte aber für mich oder Werner Heitmann oder Hermann Stange bedeutet, den Beruf zu wechseln. Wir wollten jedoch lieber Journalisten bleiben.

Doch die Frage nach einem größeren Engagement im Veranstalterbereich stellte sich uns später noch einmal. Dann noch konkreter. Wir hatten in Kooperation mit einem Stuttgarter Galeristen ein Konzert mit der Gruppe Palais Schaumburg veranstaltet. Dem Galeristen gefiel unsere Location, die »Mausefalle«, und die Zusammenarbeit mit uns so gut, dass er sich vorstellen konnte, sich als stiller Teilhaber an einer Übernahme des Lokals zu beteiligen. Wir entwickelten daraufhin ein Konzept für einen Jugendkulturtreff mit der »Mausefalle« als Veranstaltungsraum und den Räumlichkeiten der »Nathalie-Bar« als Café und traten in Verhandlungen mit der Stadt. Denn von vornherein war klar, dass öffentliche Subventionen nötig sein würden, um das Projekt zu stemmen. Das galt auch für einen eventuellen Deal mit Werner Schretzmeier, mit dem wir ebenfalls kurz über eine Zusammenarbeit gesprochen hatten. Wir errechneten einen jährlichen Zuschussbedarf von 60 000 Mark sowie einmalig 250 000 Mark für Ablöse an den Pächter und die Renovierung. Die Korrespondenz lief über den Referenten des Stuttgarter Oberbürgermeisters Manfred Rommel, einen gewissen Dr. Wolfgang Schuster. Alles schien zu passen. Der Pächter und der Besitzer der »Mausefalle«, eine Brauerei, waren einverstanden mit unserem Konzept. Ein Anwalt entwarf einen Pachtvertrag, ein Architekt plante die Umbaumaßnahmen. Die Auflagen des Baurechtsamts waren erfüllbar, das Kulturamt unterstützte unsere Pläne. Der Zuspruch aus dem Gemeinderat kam aus allen Fraktionen, und Oberbürgermeister Manfred Rommel brachte den Beschlussantrag persönlich ein: »Ich bin der Meinung, dass die Stadt Stuttgart dieses Projekt unterstützen sollte.« Innerlich richtete ich mich bereits auf einen zusätzlichen Halbtagsjob als Geschäftsführer ein.

Dann schlug das Amt für öffentliche Ordnung zu. Es stellte neben anderen Mängeln vor allem fest, dass die Lüftungsanlage in der »Mausefalle« nicht den Anforderungen der DIN-Norm mit der Nummer 1946 entspreche. Das tat sie zwar schon seit Jahren nicht, aber jetzt wurde es wichtig. Erste Schätzungen für eine neue Entlüftungsanlage beliefen sich auf eine halbe Million Mark. Die wollte niemand bezahlen. Unser Projekt wurde unter großem Wehklagen der Presse begraben.

Erstaunlicherweise ließ man uns noch ein paar Monate weitermachen. So konnten wir noch großartige Bands wie Blurt und UK Subs präsentieren, Kevin Coyne und Ton, Steine, Scherben (damals gemanagt von einer gewissen Claudia Roth, die später im Bundestag bekannt wurde) und die Neonbabies (gutes Konzert, leider hatte Inga Humpe Liebeskummer). Andy Goldner (Fucking gute Bürgerband) produzierte »Schwabesäkel International«, ein Stuttgart-Festival mit 12 Bands. Nach der Gruppe Unknown Gender aus New York war dann Schluss mit der »Mausefalle«. Am 9. September 1982 verabschiedete die »Stuttgarter Zeitung« den »lebendigsten Club mit der besten Musik«. Und Joe Bauer schrieb in den »Stuttgarter Nachrichten« zornig: »Eine wichtige Durchgangsstation der deutschen Musikszene wird geschlossen. Sollen die Leute in Zukunft von ihrem Taschengeld doch nach Hamburg oder sonstwohin fahren!«

Die »Mausefalle« war zwar zugeschnappt, aber PAUL noch nicht müde. Das Konzert mit der Band Rip Rig and Panic, die von Neneh Cherry begleitet wurde, brachten wir noch in einer Diskothek unter. Dann bot das »Maxim« uns an, bei ihnen weiterzumachen. Der Laden war ähnlich groß wie die »Mausefalle« und lag auch mitten in der Stadt – also ließen wir dort unter anderem King Kurt, Gun Club und Anne Clark auftreten. Und – wieder einmal – auch Die Toten Hosen. Am 26. September 1985 begann dann unsere wirklich letzte Etappe als Veranstalter in der »Röhre«, einem sehr speziellen Club, sollte er doch ursprünglich ein Autotunnel werden. Wir blieben unserem Stil treu, mussten uns aber die Location mit drei anderen, sehr unterschiedlichen Veranstaltern teilen. Die Punkfestivals liefen gigantisch, Größen wie Arturo Lindsay, Front 242 und Bill Laswell waren am Start. Aber die Zeit des Aufbruchs in der Musikszene war vorbei, Leute wie wir wurden überflüssig. PAUL verabschiedete sich. Endgültig.

Wir unterhalten uns doch nur

Sarah Neef brachte es auf den Punkt. Ich hatte der jungen Frau angeboten, unser Gespräch für SWR1 »Leute« aufzuzeichnen, es müsse nicht immer live sein. Da sagte sie: »Wir unterhalten uns doch nur«. Ich hatte Sarah damals entgegenkommen wollen. Weil sie taub ist, gehörlos geboren wurde. Sie hat nie jemanden sprechen hören, auch sich selbst nicht. Aber sie spricht fünf Sprachen. Die Gebärdensprache gehört nicht dazu. Sie liest von den Lippen ab. Zwei Stunden habe ich in dieser damaligen Live-Sendung also mit einem Gast gesprochen, der mich gar nicht hören kann. Jahre später habe ich Sarah Neef noch einmal eingeladen. Die Unterhaltung mit ihr wurde für mich zu einer nachdrücklichen Erfahrung.

Oft müssen wir Hunger und Elend, Kriege und Katastrophen in »Leute« thematisieren, und oft sprechen wir dabei über tragische persönliche Schicksale. Nie vergessen werde ich, was Klaus Weiß erlebt und in unserer Sendung erzählt hat. Sein Sohn Patrick hatte einen Autounfall verursacht, bei dem sein zweiter Sohn Daniel ums Leben gekommen war. Anders als bei anderen Gästen hatten wir Klaus Weiß nicht für »Leute« angefragt. Er hatte sich selbst in Absprache mit der Verkehrspolizei an uns gewandt. Wie schon auf dem »Landes-Tag für Verkehrssicherheit« geschehen, wollte Weiß sich an die Öffentlichkeit wenden, um junge Menschen eindringlich vor den Folgen unvorsichtiger Fahrweise zu warnen. In unserer Sendung sprach Klaus Weiß über den Tag, der sein Leben so dramatisch verändert hatte, über den Unfall seiner Söhne.

»Es ist schwierig, wie soll ich das sagen? Wenn man die Nachricht vom Tod seines Kindes kriegt, fällt zunächst einmal die ganze Welt zusammen. Man kann sich gar nicht vorstellen, was da in einem so vorgeht. Trotzdem macht man immer weiter. Also, ja, mein erster Gedanke war, wir müssen sofort zum Krankenhaus fahren zu Patrick.«

Er schluckte laut hörbar.

»Dann sind wir dahin gefahren und haben den Patrick in den Arm genommen.«

Er seufzte.

»Dem Patrick ist ein Stein vom Herzen gefallen, dass man ihn quasi nicht gescholten hat oder angeschrien oder wie auch immer. Ja, das war für Patrick mal das Wichtigste.«

Ich fand diese Reaktion bemerkenswert: »Es war auch Ihnen klar: Er hat zwar Schuld an dem Unfall, aber ist er nicht nur schuldig, sondern auch Opfer?«

»Es passiert immer so viel. Jedem, der Auto fährt, muss klar sein, dass etwas passieren kann. Klar, die Konstellation, die wir haben, ist wohl die ungünstigste, die es gibt. Aber ich bin froh, dass wir es so gut geschafft haben, so wie wir heute dastehen.«

Man sagt immer, das Schlimmste, was Eltern passieren kann, ist, dass sie ein Kind verlieren. Dass es noch schlimmer geht, zeigt das Schicksal von Klaus Weiß. Ein solches Schicksal ist kaum auszuhalten. Vor Herrn Weiß und seiner Familie habe ich bis heute den allergrößten Respekt.

Niemand weiß, wie er in Extremsituationen reagiert, im positiven wie negativen Sinne. Marianne Bachmeier übte Selbstjustiz, sie erschoss den mutmaßlichen Mörder ihres

Kindes. Acht Schüsse im Gerichtssaal. Sie wurde wegen Totschlags, nicht wegen Mordes verurteilt. Nach drei Jahren kam sie wieder frei. Ihre Tochter wurde durch Marianne Bachmeiers Tat nicht wieder lebendig. Auch der Mann, der ihr Kind wahrscheinlich umgebracht hatte, war jetzt tot. Das Gespräch mit Frau Bachmeier fiel mir schwer.

Was tust du, wozu bist du imstande, um zum Beispiel dein Überleben zu sichern? So lautete die Kernfrage in der Sendung mit Dr. Roberto Canessa. Canessa ist Arzt, Herz-spezialist, und stammt aus Uruguay. Am 13. Oktober 1972 stürzte über den Anden das Flugzeug ab, in dem er mit sei-ner Rugby-Mannschaft saß. In den Bergen lag Schnee, und es war kalt. Lange wurden Canessa und seine Mannschaft nicht gefunden. Nach 72 Tagen aber konnte er mit einem seiner Kameraden auf abenteuerliche Weise Hilfe holen. 16 der 45 Flugpassagiere überlebten – weil sie das Fleisch ihrer toten Freunde gegessen hatten. »Zunächst fanden wir die Idee abstoßend«, berichtete Robert Canessa im Gespräch mit mir. »Irgendjemand sagte: ›Ich glaube, wir werden hier zu Monstern, zu Ungeheuern. Wir drehen durch. Ich habe den Gedanken, dass man zum Überleben vielleicht die To-ten aufessen müsste.‹« Vier, fünf Tage lang hätten sie dieses schwierige Thema besprochen. Ihr Körper hätte sie regelrecht dazu gedrängt, darüber nachzudenken. Sie brauchten ja Nah-rung! Eindringlich schilderte mir Dr. Canessa, wie er und die anderen Überlebenden jeden Tag ihre Gürtel ein Loch enger schnallten, wie sie magerer wurden und letztendlich auf dem Weg waren zu sterben. Es war kalt, es lag Schnee, es war windig. »Wir wussten, wir müssen uns Zeit erkaufen, um zu überleben. Es kam der Tag, da schnitten wir aus einem der toten Freunde ein Stück heraus und aßen es«, erzählte er weiter und teilte mir auch seine Gedanken von damals mit: »Ich dachte, wenn ich selbst tot wäre und anderen auf diesem Weg helfen könnte zu überleben, so würde ich das tun«. Es fiel ihm schwer, die Situation auf dem Berg zu beschreiben: »Ich fühle mich entsetzlich. Ich habe mit Gott gehadert und ihn gefragt, warum er mich einer solchen Prüfung unterzieht, ob ich ein solch schlechter Mensch war, dass er mich so auf die Probe stellt. Ich habe mir aber auch gedacht, dass bei mir zuhause meine Eltern um mich weinen würden, weil sie dachten, dass ich tot bin. Meine Mutter, dachte ich, könnte den Gedanken nicht ertragen, dass ihr Sohn gestorben wäre. Ich war bereit, alles zu essen. Das Flugzeug, den Schnee, egal. Nur um zu überleben. Für meine Mutter. Für uns war eigentlich nicht das Schlimmste, dass wir uns der Toten bedienen mussten, sondern es gab Schlimmeres.« Ich wollte wissen, ob alle mitgemacht hätten. »Ja«, sagte er.

Wir unterhalten uns doch nur. Manchmal fällt es schwerer, manchmal leichter. Mal ist die Sendung »Leute« unterhaltsamer, mal informativer – hoffentlich aber meistens interessant. Dass dieses einfache Grundprinzip ein Radioformat, noch dazu eines mit so langer Sendezeit, jetzt schon über 30 Jahre, trägt, hätte am 7. Januar 1985, als die erste Sendung ausgestrahlt wurde, niemand gedacht. Weder Erfinder Herbert Borlinghaus noch sein Team, zu dem auch Wolfgang Heim und ich als Moderatoren gehörten. Aber da waren wir nicht die einzigen, denn anfangs nahm jeder, der jemanden kannte, von dem er meinte, der könne etwas erzählen, ein Gespräch auf. Und die meisten dieser Mitschnitte wurden auch ausgestrahlt. Nun ja, es fehlte »Leute« vielleicht ein wenig an Struktur, an einer Linie. Jedenfalls wurden nach gut zwei Jahren Überlegungen, das Format einzustellen, immer lauter diskutiert. Wolfgang Heim und ich hatten in dieser Situation den Wunsch angemeldet, Verantwortung zu übernehmen. Wir wollten die Chance für noch einen Versuch. Die Sendung sollte ab sofort klareren Kriterien unterliegen und strengere Maßstäbe an Gäste und Moderatoren stellen. Programmchef Hans-Peter Archner unterstützte uns darin und hielt uns den Rücken frei, denn nicht bei allen Kollegen machten wir uns mit dieser Rettungsaktion beliebt.

Die erste Krise der Sendung wurde überwunden. »Leute« wurde ein fester und unumstrittener Bestandteil der neuen Marke »Radio für den Wilden Süden«. Aber als diese Marke dann auf der Kippe stand, wackelte auch unser Gesprächsformat wieder. Die Fusion SDR und Südwestfunk SWF war politisch beschlossen und durchgesetzt worden. Ein Anachronismus (zwei öffentlich-rechtliche Anstalten in einem Bundesland – der SWF in Baden-Baden und der SDR in Stuttgart) wird abgeschafft, sagten die einen. Hier soll ein großer schwarzer Block mit der dann zweitgrößten ARD-Anstalt hinter dem WDR entstehen, sagten die anderen. Das muss sich nicht widersprechen, sagten die meisten. Die Umsetzung dieser Zusammenlegung von zwei Sendern gestaltete sich in der Praxis erwartungsgemäß schwierig, die Folgen für Hörer und Macher waren unübersehbar beziehungsweise unüberhörbar. Intern überlagerte die Standortfrage die Inhalte. Die Funkhäuser in Stuttgart, Mainz und Baden-Baden wollten gleichrangig behandelt werden. Das gelang durch die Schaffung von sechs Radioprogrammen, obwohl es eigentlich nur vier gab. Zwei wurden verdoppelt. Stuttgart bekam die beiden Landesprogramme SWR1 Baden-Württemberg und SWR4 Baden-Württemberg und Mainz eben SWR1 Rheinland-Pfalz und SWR4 Rheinland-Pfalz. Dafür durfte

Baden-Baden SWR2 und SWR3 für beide Bundesländer ausstrahlen. Unschwer zu erkennen, dass in dieser Konstellation kein Platz mehr war für das »Radio für den Wilden Süden«. Das hatte zwar eine unglaublich starke Hörerbindung und ein einmaliges Gemeinschaftsgefühl zwischen Machern und Hörern geschaffen, aber der Schwarzwaldelch, das Maskottchen des SWF, hatte einfach so viele Fans, dass er keine bedrohte Tierart werden durfte. Da halfen auch die zahlreichen Hörerproteste nichts. Auf jeden Fall waren sie aber hilfreich dabei, die »Leute«-Sendung zu erhalten. Völlig klar war, dass unser Zwei-Stunden-Format einem von Baden-Baden dominierten Programm ein zu großer Klotz am Bein sein würde. Weder Länge noch Moderationsstil passten. Das Renommee der Sendung war jedoch offensichtlich inzwischen so groß, dass neben den Stammhörern auch Medienkritiker und Presse Alarm schlugen, als bekannt wurde, dass »Leute« möglicherweise sterben könnte.

Josef-Otto Freudenreich etwa fragte in der »Stuttgarter Zeitung«, ob sich im Hörfunkprogramm des Süddeutschen Rundfunks ein Kahlschlag anbahne. Die Sendeanstalt mache jedenfalls auch vor ihrem stärksten Baum nicht halt: der Sendung »Leute«, die zum Besten gehöre, »was die Stuttgarter zu bieten haben.« Die »Frankfurter Rundschau« titelte: »Ein Aushängeschild soll in die Rumpelkammer.« Politiker von Günther Oettinger bis zu Fritz Kuhn forderten den Erhalt. Ein gewisser Dr. Dieter Zetsche von Daimler-Benz, den ich wenige Tage zuvor als Gast in »Leute« begrüßt hatte, schrieb einen Brief an den Intendanten des SDR, Hermann Fünfgeld. Darin bekannte er, Fan der Sendung geworden zu sein. Der Brief endete mit den Worten: »In Erwartung, dass sich diese Sendung auch nach der Verschmelzung der beiden

Sendeanstalten SDR und SWF weiterer Erfolge freuen darf, verbleibe ich mit freundlichen Grüßen«. Über den Zuspruch und letztendlich auch den Erhalt unserer Sendung haben wir uns gefreut. Der nicht aufzuhaltende Niedergang des »Wilden Südens« aber war bitter.

In »Leute« zeigt mancher sein wahres Gesicht

So bitter der Tod des »Wilden Südens« war, so gewagt war sein Anfang. Nicht nur der »Leute«-Sendung fehlte vor der Fusion von SDR und SWF die Struktur. Das gesamte dritte Hörfunkprogramm – »Südfunk 3«, »Radio 3«, »Südfunk Stuttgart« (oder welchen Namen auch immer Hörer und Macher sich gerade nicht merken konnten) – hatte zu wenig Wiedererkennungswert und keine Alleinstellungsmerkmale. Wir waren, glaube ich, nicht schlecht, aber, ehrlich gesagt, auch nicht richtig gut. Zu beliebig. Der SDR3 war zwar ambitioniert gestartet, war individueller als die konkurrierende Popwelle SWF3 und hatte dadurch zunächst auch Hörer gewonnen. Aber das hielt nicht lange. Die Hörer liefen uns weg. Wir mussten also etwas unternehmen. Vorsichtig wurde am Programm gefeilt, etwas gröber am Personal. Die Leitung wurde ausgetauscht, Hans-Peter Archner und Matthias Holtmann übernahmen. Während Archner für das Wort verantwortlich zeichnete, tat Holtmann das für die Musik. Nun musste nur noch aller Welt mitgeteilt werden, dass wir das Radio neu erfunden hatten. Dafür wurden Profis engagiert.

Die Werbeagentur war kreativ. Die Skepsis war groß. Die Wellenleitung mutig. Der Erfolg war enorm. Mit einem neuen Slogan sollten wir die Herzen unsere Hörer im Sturm erobern: »SDR3 – Radio für den Wilden Süden!« Als die Agentur der Senderleitung diesen Spruch präsentierte, blieben die Münder zunächst offen, wurden Stirne gerunzelt und Köpfe geschüttelt. Baden-Württemberg, das »Ländle« war beschaulich, seine Bewohner fleißig und brav. Man ging sonntags in die Kirche und aß danach selbstgemachte Spätzle. Viele »Ländlesbewohner« waren clever – aber waren sie auch wild? Vielleicht war Selbstironie der Schlüssel zum Ganzen? Der erste Schritt zum Erfolg war also womöglich der Überraschungseffekt des Slogans. Er zeigte: das Programm wagt etwas, das ihm keiner zutraut. Als die Agentur dann noch das neue Jingle, also die Erkennungsmelodie für den Slogan vorspielte, waren alle überzeugt: »SDR3 – peng – Radio für den Wilden Süden!« Das »Peng«, also der Schuss, war dem Song »Wild Wild West« der Gruppe Escape Club entnommen und klang super und offensiv. Auch die Entwürfe für Plakat- und Postkartenmotive, die die Agentur vorlegte, waren sehr anschaulich, frech und politisch überhaupt nicht korrekt. Ein Cowboy, vielleicht aber auch Revolverheld oder Desperado war da zu sehen. Er spielte mit seinem Colt. Der Text dazu lautet: »Unsere Interviewer kriegen wirklich jeden zum Sprechen. SDR3 – Radio für den Wilden Süden.« Ein anderes Motiv zeigte ein Schwein, das den Betrachter mit blauen Menschenaugen ansah. »In ›Leute‹ zeigt mancher sein wahres Gesicht. SDR3 – Radio für den Wilden Süden«, war darauf zu lesen.

Solche Slogans verpflichteten uns Radiomacher dazu, das vorgegebene Image inhaltlich mit Leben zu füllen. Der »Wilde Süden« durfte nicht brav, anbiedernd oder langweilig daherkommen. Natürlich mussten wir auch in Zukunft (wie immer) korrekt, neutral und ausgewogen berichten. Aber wir durften auch kommentieren und Meinungen präsentieren. Wir mussten nicht in 40 Sekunden die Welt erklären, sondern konnten uns die Zeit nehmen, die nötig war. Ein (zugegebenermaßen besonders extremes) Beispiel für die neuen Möglichkeiten des Programms war unsere Berichterstattung von den Ereignissen auf dem Platz des Himmlischen Friedens. In der Nacht vom 3. auf den 4. Juni 1989 war die Situation dort eskaliert. Noch heute wissen wir nicht, wie viele hundert, eher tausende, Menschen in Peking ums Leben gekommen sind. Ich moderierte am Sonntag, den 4. Juni, die Sendung SDR3 Aktuell und sprach live mit unserem Korrespondenten in Peking. Es war klar, dass die sonst für solche Beiträge üblichen drei Minuten nicht ausreichen würden. Wir sprachen fast eine Viertelstunde miteinander. Niemand hat sich darüber beschwert. Der größte Hammer aber, der unser neues Motto lebendig werden ließ und das Programm SDR3 endgültig vor der schon damals drohenden und von Ministerpräsident Lothar Späth betriebenen Fusion von SDR und SWF vorläufig rettete, war die Mutter aller Hörerhitparaden, die »Top 1000X«, von der noch später die Rede sein wird.

Ein sicher wichtiger Schritt war auch die Gründung des »SDR3 Club Wilder Süden«. Er sollte ein Instrument dafür sein, Hörer an den Sender zu binden, ein wildsüdliches Heimatgefühl entstehen zu lassen und eine familiäre Zusammengehörigkeit zwischen Machern und Hörern zu schaffen. Statt der wie bisher einseitigen Radiokommunikation sollte ein gegenseitiges Gespräch entstehen. Radiohörer und Radiomacher sollten miteinander in Kontakt kommen und gemeinsam Radio gestalten. Interaktives Radio. Michael Schlicksupp, der bei »Sport im Dritten« im SWR-Fernsehen bekannt geworden und dann bei SDR3 gelandet war, leistete mit mir die Pionierarbeit hierzu. Wir entwickelten die »Wildcard«, eine Mitgliedskarte für den »SDR3 Club Wilder Süden«. Wer Mitglied werden wollte, musste folgenden Antrag unterschreiben: »Ja, ich will Mitglied im ›SDR3 Club Wilder Süden‹ werden und gebe deshalb mein

Mitgliedskarte für den »SDR3 Club Wilder Süden«

Ehrenwort, immer SDR3 zu hören, die Ozonschicht nicht mehr zu schädigen und jeden Tag eine gute Tat zu vollbringen.« Ich bin sicher, dass in meinem ersten Entwurf auch noch stand: »Ich gebe mein Ehrenwort, keine korrupten Politiker zu wählen.« Danach sollten die potentiellen Mitglieder noch ankreuzen, ob sie SDR3-Stammhörer waren, lieber einen anderen Sender hörten oder dass uns das gar nichts anginge. Alle Clubmitglieder bekamen das »SDR-Magazin« zugeschickt, in dem der Club mit Hinweisen auf alle Sendungen und alle Clubaktivitäten auf eigenen Seiten vertreten war. Eine Club-Kolumne hatten wir auch. Unter der Rubrik »SDR3 InTeam« schrieb »Herr Schmidt«, also Thomas Schmidt, regelmäßig Sinniges und Unsinniges. Wie etwa in diesem Auszug aus der Ausgabe vom April 1994: »Stefan Siller auf der Flucht: Er bereitet gerade klammheimlich den Umzug in das Steuerparadies Andorra vor. Siller, geschätztes Jahreseinkommen mehrere Millionen Lire, liebäugelt dort mit einem mehrere Quadratmeter großen Wochenendhaus, das sich bei Bedarf durch eine Reihe von Untergeschossen noch ausbauen ließe. Stefan gegenüber InTeam: ›Jetzt fehlen mir nur noch die Traumgagen, wie Gottschalk oder Harald Schmidt sie verdienen, denn sonst lohnt sich das ja nicht, vor der Steuer zu fliehen.‹ Er argumentiert halt immer streng logisch, der Siller.«

Zusätzlich zum Club und zum Magazin erfanden wir die »Freie Republik Wilder Süden« und produzierten den passenden Autoaufkleber dazu. Wir kamen den Hörern entgegen, indem wir Clubhäuser mitten in den Städten des Sendegebiets gründeten. Dort produzierten wir Sendungen und verkauften Merchandising-Artikel. Wir gewährten Mitgliedern des Clubs Vergünstigungen bei Veranstaltungen, arrangierten exklusive Treffen mit Stars und boten ihnen besondere Reisen, sogenannte »Wilde Touren« an. Weil wir keinen elitären Club darstellen, sondern einfach nur möglichst viele Mitglieder gewinnen wollten, erhoben wir keinen Mitgliedsbeitrag. Stattdessen suchten wir uns Sponsoren und Unterstützer, die wir beim »Württembergischen Sparkassen- und Giroverband« und bei einem örtlichen Reiseunternehmen (»Hetzel-Reisen«) fanden. Auch diese Verhandlungen führten Michael Schlicksupp und ich. Schnell und von ganz alleine war klar, wer von uns in diesem Spiel der »good guy« und wer der »bad guy« war: Schlicksupp mimte den »Netten« …

Schon nach einem Jahr war der »SDR3 Club Wilder Süden« mit über 80 000 Mitgliedern (Stand Mai 1994) der größte Radioclub Deutschlands. Unter den Mitgliedern fanden sich zahlreiche Promis wie Peter Ustinov, Peter Frampton, Wolf Biermann und Wolfgang Fierek. Das habe ich gerade noch einmal in der Diplomarbeit unserer damaligen Praktikantin Anke Bornträger nachgelesen, die sie unter dem Titel »Der SDR3 Club als Marketing-Instrument einer öffentlich-rechtlichen Rundfunkanstalt« an der »Fachhochschule für Druck und Medien« in Stuttgart vorgelegt hat.

Damals war Michael Schlicksupp bereits offizieller Manager des Clubs, ich dagegen habe mich nach der »Geburtshilfe« für den »Wilden Süden« wieder ganz dem Journalismus gewidmet.

Geschichte wird gemacht

Am 8. November 1989 war Gerhard Rein unser Gast in »Leute«. Rein war damals Korrespondent des SDR in Ostberlin. In der DDR gärte es, aber es gab sie noch. Erich Honecker war zurückgetreten und durch Egon Krenz ersetzt worden. Jeder wusste, dass es so nicht weitergehen konnte. Aber es wusste auch niemand, *wie* es weitergehen sollte. Kurzerhand entwarf ich in meiner Sendung eine Zukunftsvision, um darüber mit Rein ins Gespräch zu kommen:

»Herr Rein, folgendes Szenario: die Mauer wird abgerissen, die SED löst sich auf, macht eine neue Partei, es gibt freie Wahlen, und dann wird die Verfassung geändert. Ist das realistisch?«

»Vielleicht haben Sie einen Volltreffer gelandet, Herr Siller. Tatsächlich ist das vorstellbar!«

Gemeinsam spannen wir an der Geschichte weiter.

»Welche Alternativen gibt es auf Dauer?«, fragte ich.

»Es gibt natürlich die Alternative, dass die SED ihren Machtanspruch zurücknimmt und dass sie die Oppositionsgruppen und -parteien anerkennt. Dass es zu einem Runden Tisch kommt und dass alle politischen Kräfte gemeinsam in dieser Krise der DDR eine neue, noch nicht dagewesene Regierung bilden und dann die DDR retten, die jetzt vorfindliche DDR retten und das politische Gebilde DDR retten.«

»Was ist die DDR dann noch, was macht die DDR dann noch aus?«

»Die DDR macht dann aus, dass sie ökonomisch anders strukturiert ist als der Westen, dass die großen Produktionskräfte nicht in privater Hand sind. Dass das soziale Netz, das ja ohne Zweifel vorhanden ist in der DDR, freilich auf einem ganz niedrigen Niveau, erhalten bleibt. Dass das, was die DDR-Menschen prägt, erhalten bleibt. Das ist ja nicht alles negativ. Es gibt auch ein paar Dinge, die die DDR so prägend auf die Menschen niedergebracht hat. Ich meine, man kann das nur in Schablonen sagen und ganz plakativ: unter Freunden ist der Zusammenhalt in diesen kleinen Netzen doch stärker als in der Bundesrepublik. In den Familien, im Freundeskreis existiert ein Zusammenhalt, für den ich hier im Westen keinen Vergleich sehe. Das hat die DDR mit ihren Repressionen bewirkt, aber das ist 'was ganz Positives. Unter der erstarrten ideologischen Sprache der DDR existiert vielleicht eine zweite Kultur und vielleicht noch eine dritte Kultur der kompetenten nachdenklichen Leute, die viel wissen, die auch etwas wollen und die möglicherweise noch einmal auf deutschem Boden den Versuch machen, eine demokratische sozialistische Gemeinschaft zu realisieren!«

»Das ist der demokratische Sozialismus, der von vielen als Träumerei bezeichnet wird, als Utopie.«

»Es ist in dieser Phase vielleicht eine Utopie. Aber wenn ich schildere, was in den Oppositionsgruppen in Leipzig, in Dresden, in Ostberlin vor sich geht, da herrscht eine Aufbruchstimmung, die nicht in Richtung Bundesrepublik weist. Auch wenn uns das schmerzen mag. Sie weist, was die Köpfe der Bewegung angeht, in Richtung DDR. Der bürgerliche Rest der DDR-Gesellschaft, die Intellektuellen, die Künstler, die nachdenklichen Arbeiter, die wollen eigentlich die DDR als sozialistisches Land nicht aufgeben. Nein, sie wollen, dass zum ersten Mal der Sozialismus in der DDR verwirklicht wird.«

»Ist das denn die Mehrheit?«

»Das ist die Minderheit, ganz eindeutig. Die Mehrheit der DDR-Bevölkerung denkt vermutlich anders. Aber die führenden politischen Kräfte, die sich jetzt zeigen, denken daran, es müsse eine politische Alternative zur Bundesrepublik geben. Es wäre auch ganz sinnvoll. Denn was wir jetzt erleben, sind alles noch, Herr Siller, die Folgen des letzten Krieges. Der Geburtsfehler der DDR war, dass das System von oben aufoktroyiert wurde.«

»Das war bei uns auch nicht anders«, gab ich zu bedenken.

»Nein, wir haben sozusagen die Freiheit geschenkt bekommen. Wir konnten seit 1949 doch weitgehend selbst bestimmen, wohin es geht. In der DDR ist das System aufgezwungen und nie akzeptiert worden. Im Unterschied zur Bundesrepublik wurde es eigentlich immer nur mit stiller Wut akzeptiert. Jetzt hat das Volk die Chance selbst zu verwirklichen, was wir vor vierzig Jahren verwirklicht haben.«

Rein stellte im Verlauf des Gesprächs sogar die These auf, dass sich auch in der Bundesrepublik einige Menschen über diesen zweiten Versuch freuen würden. Sie könnten – so seine Idee – in einem neuen Sozialismus ihren eigenen Traum verwirklichen. Doch Gerhard Reins Vision sollte sich nicht bewahrheiten.

Am Abend des auf unser Gespräch folgenden Tages war die Mauer offen und wenige Monate später die SED aufgelöst und in eine neue Partei umgewandelt. Es gab freie Wahlen und eine neue Verfassung. Die DDR trat der Bundesrepublik bei. Die Überlegungen, ein neues sozialistisches Experiment zu wagen, waren nicht mehrheitsfähig. Der Wunsch nach

Reisefreiheit, der D-Mark und blühenden Landschaften war größer. Die Enttäuschung danach war es bei vielen Menschen allerdings auch. Am Tag nach der Maueröffnung analysierte Klaus Bölling, der nicht nur Regierungssprecher unter Helmut Schmidt, sondern auch Ständiger Vertreter der Bundesrepublik in Ostberlin war, die neue Lage.

Wir reagierten in »Leute« oft sehr schnell auf aktuelle Ereignisse wie den Mauerfall, auf politischen Wandel, auf Naturkatastrophen, auf Wahlen, Rücktritte, geklonte Schafe und Skandale. Erinnern Sie sich noch an Karl Otto Meyer vom Südschleswigschen Wählerverband (SSW)? Er lebte nach den Landtagswahlen vom 13. September 1987 in Schleswig-Holstein gefährlich. Nach der Barschel-Affäre hatte die CDU schwere Verluste erlitten. Die SPD war stärkste Partei geworden und hatte 36, CDU und FDP zusammen aber 37 Mandate errungen. Meyer, für die dänische Minderheit als Abgeordneter in den Landtag wiedergewählt, wollte aber weder Barschel noch (nach dessen Rücktritt) einen anderen CDU-Mann zum Ministerpräsidenten wählen. Daraufhin hatte er Drohungen erhalten und verkündet, er müsse sich bewaffnen. Am 1. Oktober 1987 war er uns aus Kiel als Gast in »Leute« zugeschaltet.

»Herr Meyer, habe Sie sich schon Ihre Pistole gekauft?«, stieg ich in unser Gespräch ein.

»Nein, ich habe nur einen Waffenschein beantragt. Wenn die Drohungen aufhören, werde ich vielleicht diesen Waffenschein nicht benutzen. Ich wünsche nur alle Vorkehrungen durchzuführen, damit ich mit Garantie zur Landtagssitzung erscheinen und meine Stimme abgeben kann. Die Drohungen kommen ganz klar von der rechten Seite. Ich darf ›den roten Verräter nicht in den Sattel heben‹ hieß es darin. Ich bin selbst ein Verräter, der über die Grenze gehen soll, zurück nach Dänemark. Als ob ich Ausländer wäre. Mir und meiner Familie will man ›das Fell über die Ohren ziehen‹. Meine Frau kriegt zu wissen: ›Ihr Mann ist in Lebensgefahr!‹«

Neun Tage nach meinem Gespräch ging es Karl Otto Meyer gut. Uwe Barschel dagegen wurde tot in der Badewanne eines Genfer Hotels aufgefunden.

Immer wieder wird Geschichte gemacht. Anders als es im großartigen Song »Ein Jahr« der Gruppe Fehlfarben heißt, geht es dabei nicht immer voran. Aber egal ob vor oder zurück, in jedem Fall sollten die Medien die neuen Entwicklungen begleiten. Die Medien schreiben dann zwar immer noch keine Geschichte. Aber wenn sie gut sind, machen sie Geschichte und Geschichten, Menschen und Machenschaften besser verstehbar, Wahrheit und Wirklichkeit besser erkennbar, Lug und Trug besser durchschaubar. Davon bin ich inzwischen überzeugt, und diese Erkenntnis hat mich mit meinem Beruf versöhnt. Ich wollte zwar, wie gesagt, immer Journalist werden, hatte aber immer wieder Zweifel am Sinn dieses Berufs. »Wofür bekommst du eigentlich Geld?«, habe ich mich oft gefragt. »Du kannst keine Autos bauen, nicht mal reparieren, kein Bier brauen und kein Dach decken und erst recht kein Herz verpflanzen.« Nur Fragen stellen. Aber irgendjemand muss doch genau das tun, es muss irgendjemanden geben, der fragt: »Wer hat Ihnen das Geld gespendet, warum schicken Sie Soldaten in den Krieg, warum verhungern jedes Jahr Millionen Menschen, wer hat Ihnen erlaubt, Menschen zu foltern, warum halten Sie nicht, was Sie versprochen haben?« Und irgendjemand muss Wissenschaftler, Korrespondenten, Politiker, Fachleute zu Wort kommen lassen. Menschen, die sich auskennen, aus eigener

Anschauung berichten, gängige Informationen ergänzen, sie hinterfragen oder richtigstellen können. Es braucht Journalisten, denen auffällt, dass Politiker immer ein Gewissen haben, aber oft keine Erinnerung. Dass sie immer nach »bestem Wissen und Gewissen« handeln, auch wenn sie sich nicht mehr genau erinnern, worum es ging. Der Kanzlerin geht es meiner Meinung nach noch heute so, und Wolfgang Schäuble ging es 1992 wohl ähnlich. In diesem Jahr musste sich der damalige Fraktionsvorsitzende der Union vor dem Schalck-Golodkowski-Untersuchungsausschuss zu angeblichen oder verschwundenen Briefen des ehemaligen Devisenbeschaffers der DDR befragen lassen. Am 5. Februar 1992 konnte ich ein Gespräch mit Schäuble aufzeichnen, das dann am 7. Februar ausgestrahlt wurde. Ich thematisierte unter anderem die Vorwürfe, Schäuble habe im November vor dem Schalck-Untersuchungsausschuss nicht die Wahrheit gesagt. Schäuble hatte vor dem Untersuchungsausschuss auch auf mehrmaliges Nachfragen den privaten Charakter der Briefe betont, die er von Schalck-Golodkowski erhalten hatte. Nun war die handschriftliche Kopie eines solchen Briefes aufgetaucht, die Schäuble angeblich nicht kannte, aus der aber hervorging, dass der Charakter durchaus kein privater war. In diesem Brief wurden die Beteiligungen der »KoKo« (Kommerzielle Koordinierung) erwähnt. Man hatte Wolfgang Schäuble vorgeworfen, der Bundesrepublik Millionenschaden zugefügt zu haben, weil er das nicht erzählt habe. Schäuble wies auch im Gespräch mit mir zurück, die Unwahrheit gesagt zu haben. Er habe die Briefe nicht mehr, aber sie seien nach seiner Erinnerung alle an ihn persönlich gerichtet und auch handschriftlich gewesen. Ich versuchte, seiner Erinnerung mit gezielten Fragen auf die Sprünge zu helfen:

»Aber Sie können im Prinzip nicht ausschließen einen solchen Brief bekommen zu haben? Sie haben nur zumindest keine Erinnerung mehr daran.«

»Ich habe ja gesagt, ich kann es nicht ausschließen. Das habe ich auch im Untersuchungsausschuss gesagt, dass ich auch einmal einen Brief mit einem solchen Inhalt bekommen habe. Aber mehr weiß ich eben nicht. Ich sage: die Briefe waren an mich persönlich gerichtet, sie waren handgeschrieben, sie hatten für mich wirklich den Charakter nach meiner Erinnerung, dass es Briefe an mich als Person und nicht an den Bundesinnenminister oder als Amtsträger gewesen sind. Und ich habe das ja lang und breit im Untersuchungsausschuss beschrieben. Und jetzt wird behauptet, es gebe da einen Zettel oder ein Konzept oder eine Abschrift. Da ich es bisher nicht gesehen habe, kann ich auch relativ wenig dazu sagen. Ich sage nur schon vorsorglich: auch die Tatsache, dass es in den Akten des Untersuchungsausschusses oder des Bundesnachrichtendienstes eine solche angebliche Abschrift gibt, heißt ja nun um Himmels willen nicht, dass ich einen solchen Brief bekommen habe. Aber mehr kann ich, solange ich das Ding nicht gesehen habe, solange es mir niemand gezeigt hat, eben auch dann wirklich nicht sagen. Sonst würde ich ja nur gerade anfangen, mehr zu sagen, als ich weiß, und das wäre dann nicht die Wahrheit, und ich möchte gerne bei der Wahrheit bleiben. Ich möchte allerdings auch wirklich nicht haben, dass mir von irgendwelchen Leuten aus irgendwelchen vordergründigen Motiven unterstellt wird, ich hätte nicht die Wahrheit gesagt. Im Übrigen füge ich dann hinzu, die Behauptung, es sei dadurch Schaden für die Bundesrepublik Deutschland entstanden, ist in mehrerer Hinsicht schon komisch. Zum einen gab es ja zu dem Zeitpunkt, um den es offensichtlich geht, nämlich im Juni 1990, noch die DDR. Das heißt, die Bundesrepublik Deutschland war damals weder für die ›KoKo‹ noch für das SED-Vermögen zuständig. Zuständig für die Sammlung von Informationen über die damalige DDR war ausschließlich im Bereich der Bundesrepublik, wenn ich das richtig erinnere, der Bundesnachrichtendienst, und *ich* bin es gewesen, der, da ich gehört habe, Schalck sei bereit, sein Wissen den zuständigen Behörden zur Verfügung zu stellen, gesagt hat, ich würde doch dringend anregen, dass der Bundesnachrichtendienst sich mit Schalck in Verbindung setzt. Das ist dann ja auch geschehen. Und wenn nun Schalck sein Wissen dem Bundesnachrichtendienst übermittelt hat, kann ja ein Schaden von daher gar nicht eingetreten sein. Das ist ja offenbar die Behauptung, die ja auch in diesem Nachrichtenmagazin, das diese Kampagne gegen mich mit betreibt, gestanden hat.«

Ich versuchte, nicht locker zu lassen: »Nochmals eine Nachfrage in diese Richtung. Sollten Sie tatsächlich einen solchen Brief erhalten haben, an den Sie keine Erinnerung mehr haben, dann ist für Außenstehende doch schwer vorstellbar, dass Sie einen Brief mit einer solchen Brisanz unter Umständen gar nicht mehr im Gedächtnis haben.« Schäuble aber blieb dabei: »Wissen Sie, ich lehne es jetzt wirklich ab, weiter über einen Brief zu spekulieren, von dem ich sage, ich habe keine Erinnerung, ich habe ihn nicht, und ich habe bisher das, was da als Notiz oder was auch immer in der Welt herumgeistert, nicht gesehen. Ich habe ja gesagt, man möge mir das Ding zeigen, und dann kann ich ja darüber spekulieren, was ich dann möglicherweise gemacht hätte oder auch nicht, wenn ich einen solchen Brief bekommen hätte.« Das Gespräch setzte sich in ähnlicher

Weise fort. Ich wollte mich nicht weiter im spekulativen Bereich aufhalten, hakte aber noch einmal nach: »Haben Sie Verständnis dafür, dass es viele Leute, auch einfache Wahlbürger, stört, dass Politiker in vielen Ausschüssen und bei vielen Aussagen so oft den Satz ›daran kann ich nicht erinnern, ich habe keine Erinnerung daran‹ gebrauchen?« Schäuble berief sich auf seine langjährige Erfahrung als Jurist und Anwalt und meinte unter anderem, dass er immer skeptisch gegenüber denjenigen sei, die ganz genau wissen, was vor Jahr und Tag geschehen sei. »Deswegen muss ich Ihnen leider sagen, die Behauptung oder das, was Sie jetzt insinuieren, so andeuten – die Politiker würden sich immer auf ein schlechtes Gedächtnis berufen – das weise ich auch zurück. Ich finde es ein Stück weit auch mir gegenüber unverschämt, wenn Sie das so ganz freundlich zur Kenntnis nehmen wollen.« Ich nahm es zur Kenntnis, machte ihn aber darauf aufmerksam, dass sich meine Frage auch auf frühere Aussagen in Parteispendenprozessen bezog. In diesen Parteispenden-Untersuchungsausschüssen ging es zum Beispiel um Summen von 50 000 Mark und mehr. An solche Summen, so sagte ich zu Schäuble, »könnte ich mich sehr wohl erinnern, aber manche Politiker eben auch nicht«. Doch auch diese Bemerkung brachte unser Gespräch nicht unbedingt voran. Vielleicht lag es daran, dass wir uns nicht gegenübersaßen, sondern nur per Leitung verbunden waren. Vielleicht war das aber auch besser so. Genau 22 Jahre später habe ich Wolfgang Schäuble als baden-württembergischen Spitzenkandidaten der CDU für die Bundestagswahl noch einmal in »Leute« interviewt, Auge in Auge. Er konnte sich sicher nicht mehr an unser damaliges Gespräch erinnern (glaube ich wirklich), und ich habe während der Sendung auch nicht daran gedacht. Für beide Seiten, so schien es, war die Atmosphäre diesmal sehr locker.

Zu den Politikern, die Deutschland hervorragend vertreten haben, gehört für mich Alt-Bundespräsident Richard von Weizsäcker. Er ist immer glaubwürdig blieben und hat in angemessener Form Stellung bezogen. Über Parteigrenzen hinweg, deutlich, ohne verletzend zu werden. Zum »Tag der Deutschen Einheit« am 3. Oktober 2000 hatte ich Gelegenheit zu einem Gespräch mit ihm für »Leute«. Darin habe ich von Weizsäcker auch auf zwei CDU-Politiker angesprochen, die gerade heftig in der Kritik standen. Beide wegen Parteispenden und schwarzer Kassen. Es handelte sich um Hessens damaligen Ministerpräsidenten Roland Koch und um Ex-Bundeskanzler Helmut Kohl, der sich weigerte, die Namen der Spender zu nennen, weil ihm sein Ehrenwort wohl wichtiger war als Recht und Gesetz. Von Weizsäcker reagierte auf meine Frage eher zurückhaltend, aber bestimmt: »Ich habe mich bisher nicht dazu geäußert und werde das auch in Zukunft nicht tun. Was ich für notwendig halte, ist: wer in einem Amt ist, muss zeigen, dass er ein Mindestmaß von ethischen Grundlagen als Bestandteil eines legitimen Machtanspruchs einhalten muss, und daran fehlt es gelegentlich. Und das andere ist: selbstverständlich sind Verfassung und Recht für alle gültig, und sie sind wichtiger als der Maßstab, den ich mir vielleicht in einem ganz verständlichen persönlichen Verhältnis zu jemandem gemacht habe. Und dass das bisher nicht geklärt ist, ist natürlich in der Tat ein Schaden. Ich meine gar nicht speziell und nicht nur für eine Partei, sondern für das Zutrauen zum Funktionieren für Politik. Bitte, wir Politiker sind ja auch keine besseren Menschen als die, die uns gewählt haben. Trotzdem sind wir exponiert und infolgedessen ist es legitim, dass man darauf schaut, ob wir uns auch anständig verhalten.« Danach lachte von Weizsäcker.

Schröder lachte auch. Beim Fototermin für unser Archiv und beim Autogramme geben. Er hatte gerade seine Autobiografie geschrieben. In solchen Situationen ist es leichter, Promis in die Sendung zu bekommen. Schröder gab und gibt kaum Radiointerviews, aber zu uns kam er. Und zwar am 9. November 2006. Das freute uns. »Vielen Dank für ein interessantes Gespräch«, schrieb er in unser Gästebuch – noch bevor das Gespräch überhaupt angefangen hatte.

Natürlich wollte ich ihn auch nach Putin fragen. Doch wie spricht man ein solches Thema an, wenn man der fünfzigtausendste Frager ist? Also versuchte ich es andersherum:

»Ist George W. Bush ein lupenreiner Demokrat?«

»Ja sicher ist er Demokrat, gar keine Frage. Ich habe mich mit ihm über Inhalte von Politik gestritten, aber werde doch nie die demokratische Substanz der amerikanischen Gesellschaft, der handelnden Politiker, in Frage stellen. Das trifft auch auf den Präsidenten zu.«

»Hat er nicht sein Land mit Unwahrheiten in den Krieg geführt?«

»Ja, das ist eine Frage der Interpretation. Ich will mal unterstellen, dass das, was ihm an Informationen zugänglich gemacht worden ist, zwar offensichtlich in zentralen Fragen nicht der Wirklichkeit entsprach, von ihm aber geglaubt worden ist. Dann ist das etwas anderes, als wenn man bewusst etwas Falsches in die Welt setzt.«

»Sie werden immer wieder auf Putin angesprochen, Ihren guten persönlichen Freund, den Sie einen lupenreinen Demokraten genannt haben. Würden Sie nicht sagen, dass in Russland die Menschenrechte noch nicht so weit sind, wie man das in einer Demokratie eigentlich erwarten darf?«

»Er würde es selber so sehen, dass der Demokratisierungsprozess noch längst nicht abgeschlossen ist. Mir liegt daran, das Land fair zu beurteilen. Und fair heißt zu wissen, dass das Land in seiner Geschichte Demokratie nie kennengelernt hat. Die wirklich historische Leistung Putins ist die Wiederherstellung des Staates als Garant für den Demokratisierungsprozess.«

Schröder gehörte übrigens zu den Promis, die von SWR-Oberen empfangen werden, auch ohne dass sie aktuell eine wichtige Position bekleiden. Ein Altbundeskanzler ist auf jeden Fall noch wichtig genug, um von Intendant, Landessenderdirektor(in) oder Programmchef begrüßt zu werden. Einem Peer Steinbrück wurde diese Ehre zuteil, als er Kanzlerkandidat war. Zwei Jahre später wurde er schon nicht mehr persönlich von oberster Stelle empfangen. Steinbrück war bei unserem zweiten Gespräch zwar noch genauso intelligent, spannend und geradlinig wie beim ersten, doch war er zu diesem Zeitpunkt eben nur noch Bundestagsabgeordneter und Buchautor. Als er am 8. März 2013 unser Gast in »Leute« war, weil er Kanzler werden wollte, hatte er schon ein paar Dinge gesagt, die seine »klare Kante«, seine deutliche Einstellung zeigten. Dinge, die in der Sache zwar richtig sind, ihn aber angreifbar werden ließen. Steinbrück hatte zum Beispiel darauf aufmerksam gemacht, dass einige Sparkassendirektoren mehr verdienen als die Kanzlerin. Damit hatte er völlig Recht. Aber wenn man selbst die Position des Regierungschefs anstrebt, bezieht man nach so einer Äußerung in der Presse Prügel. Auch ich nutzte seine Vorlage, um in die Sendung einzusteigen:

»Darf ich Sie gleich fragen, warum Sie unbedingt einen Job wollen, den Sie für unterbezahlt halten?«

»Ha, das ist ja gleich die Überfallfrage.«

»Ich wollte nur sagen: ich rede auch gern Klartext!«, konterte ich.

»Ich habe ja nicht in eigener Sache geredet!«

Es gibt Politiker, mit denen ich mich gern unterhalte. Steinbrück gehört dazu. Mit ihm kann man geradeheraus reden, er nimmt es nicht übel. Wie gesagt: Zwei Jahre später war er wieder bei uns. Noch immer war er nicht Kanzler. Sonst wäre er wahrscheinlich auch nicht noch einmal zu uns gekommen. So wichtig sind wir mit »SWR1 Leute« dann eben doch nicht. Trotzdem waren fast alle bei uns in der Sendung zu Gast, die man gemeinhin als »wichtig« bezeichnet, nur befanden sie sich zum Zeitpunkt der Sendung nicht immer auf dem Höhepunkt ihrer Karriere. Die meisten Kanzler beehrten uns, aber eben entweder vor oder nach ihrer Kanzlerschaft. Helmut Schmidt war nur *nach* seiner Kanzlerschaft unser Gast, und zwar mehrfach. Ende November 1998 kam er ins Haus der Wirtschaft in Stuttgart, um dort im Rahmen einer größeren Veranstaltung sein aktuelles Buch vorzustellen. Um ihn zu interviewen, musste ich also mit meinem kompletten Equipment dorthin. Vor Ort baute ich mein Aufnahmegerät auf, richtete die Mikros ein (beide aktiv mit eigener Stromversorgung), testete alles und wartete auf Schmidt. Da erhielt ich die Information, wir müssten den Raum wechseln. Also packte ich alles wieder ein und baute alles wieder auf. Und dann kam Schmidt tatsächlich. »Auf der Suche nach einer öffentlichen Moral« hieß sein Buch. Ich fragte ihn, warum er nach *einer* Moral suche, ob es mehrere gebe oder ob er froh sei, wenn sich überhaupt eine finde.

»Ich wäre froh, wenn es eine gäbe, ja«, bestätigte er.

»Sind Sie da nicht so sicher?«

»Nein, ich bin nicht ganz sicher. Jedenfalls besteht ein großer Unterschied zwischen der Moral, von der wir uns wünschen, dass es sie für Politiker, für Manager, für Ärzte, für Rechtsanwälte und so weiter und so fort auf der einen Seite geben sollte. Und zwischen der tatsächlichen Wirklichkeit auf der anderen Seite, der Wirklichkeit der Politiker oder Manager. Sie haben ganz Recht, es hätte auch heißen können: auf der Suche nach *der* öffentlichen Moral.«

Im Verlauf der Sendung kamen wir auch auf Kompromisse und Notlügen zu sprechen. In der Politik seien sie, so Schmidt, »tägliches Brot«. Kompromisse seien aber prinzipiell nicht unmoralisch, sondern von der Moral geradezu geboten, etwa bei gegenläufigen Interessen. »Um einen fairen Ausgleich zu finden, muss man einen Kompromiss der Interessen suchen, und der ist möglicherweise sehr gerecht und deshalb moralisch gerechtfertigt«, betonte Helmut Schmidt. Auf unserer weiteren Suche nach einer Definition von öffentlicher Moral hob der Altbundeskanzler aber weniger auf Kompromisse als auf das Verantwortungsbewusstsein ab. Eine Tugend, die für sein Gefühl allgemein nicht genug verbreitet war.

»Insbesondere die Funktionseliten in der Gesellschaft, die Manager, die Politiker, die Richter, die Anwälte, die Ärzte, die Journalisten, die sind zum Teil heute sehr häufig der Versuchung erlegen, ihre Mitverantwortung für die Entwicklung der Gesellschaft insgesamt oder für die Entwicklung unseres Vaterlandes nicht genug zu spüren. Es gibt unter den Funktionseliten leider ein bisschen zu viele Personen, denen das eigene Wohl so ausschließlich am Herzen liegt, dass sie das öffentliche Wohl nicht so recht vor Augen haben.«

Helmut Schmidt war ein Mann, der wusste, dass er ein begehrter Gesprächspartner und sein Rat gefragt war. Dass er viel Erfahrung hatte, dass er viel richtig gemacht hatte, dass er klug war. Das führte zu Selbstbewusstsein. Auf viele wirkte er darum wahrscheinlich arrogant. Das finde ich nicht. Es stimmt auch nicht, dass er ausschließlich und andauernd raucht. Nein, zwischendurch nahm er auch einmal eine Prise Schnupftabak. Aber ansonsten rauchte er Kette. Immer.

Leider nahm der durchaus anspruchsvolle, aber insgesamt doch sehr angenehme und positive Frühabend, an dem ich das Gespräch mit Helmut Schmidt aufzeichnete, dann eine plötzliche und unangenehme Wende. Als ich mir meine Aufnahme anhörte, musste ich feststellen, dass ich Mist gebaut hatte. Beim zweiten Aufbau hatte ich ein Mikrofon nicht eingeschaltet. Ausgerechnet das wichtigere, das von Helmut Schmidt. Seine Stimme war kaum hörbar, weil sie nur über das Mikrofon aufgezeichnet wurde, das vor mir stand. Natürlich ließ sich mit viel Nachbearbeitung noch ein Ergebnis erzielen, bei dem Schmidt gut zu verstehen war. Aber ich ärgerte mich und schämte mich in Grund und Boden. Einen solchen Anfängerfehler hätte ich anderen übelgenommen. Erst recht bei einem solch prominenten Gesprächspartner wie einem Ex-Kanzler. Jetzt hatte ich ihn selbst gemacht. Peinlich.

Mit Helmut Kohl gibt es nur wenige gute Interviews. Über viele wirklich spannende Themen redet er nicht gern. Er kann bei bestimmten Fragen auch sehr unwirsch werden. Und das, worüber er gerne spricht, ist nicht immer spannend. Helmut Kohl war nie bei uns. Natürlich hätten wir ihn interviewt, wenn es sich ergeben hätte, aber wir haben uns nicht sehr intensiv darum bemüht. Auch die Kanzlerin war zu Gast in unserer Sendung, jedoch bevor sie in ihr höchstes Amt gewählt worden war. Am 28. Oktober 1991 wurde Angela Merkel uns als »Ministerin für Frauen und Jugend« und als stellvertretende Vorsitzende der CDU aus einem Studio des Westdeutschen Rundfunks in Köln per Leitung zugeschaltet. Angela Merkels Vater war Pfarrer, sie lebte mit ihrer Familie in einem Pfarrhaus in Templin und bezeichnete ihre Erziehung als »kirchlich geprägt«. Darauf sprach ich sie an:

»Dann war es ja gut möglich in der ehemaligen DDR, dass man Kontakt zu oppositionellen Kreisen bekam, weil die ja viele Wurzeln in der Kirche hatten. War das bei Ihrer Familie auch so?«

»Ja, das war auch so. Mein Vater ist Studienleiter in einer Weiterbildungseinrichtung der evangelischen Kirche gewesen und hat dadurch mit sehr vielen Pfarrern Kontakt gehabt. Es kam schon häufiger vor, dass man bestimmte Schriften las und dass man zum Beispiel Lesungen von Rainer Kunze zu hören bekam. Davon habe ich als Tochter natürlich auch profitiert.«

»Hatte Ihre Familie infolge dieser Tätigkeiten Kontakte zur ›Stasi‹ beziehungsweise umgekehrt? Hat die Staatssicherheit Kontakte zu Ihrer Familie gesucht?«

»Also, ich erinnere mich aus meiner Kindheit an ein Vorkommnis, als mein Vater Schriften von Sacharow an Kollegen verteilt hatte. Das spielte sich dann immer so ab, dass die Verkehrspolizei von Templin anrief und sagte, mein Vater möge wegen eines Verkehrsdeliktes zur Polizei kommen. Meine Mutter war da immer etwas aufgeregt, da er ja auch einen nicht immer, sage ich mal, den Verkehrsregeln angemessenen Fahrstil hatte. Und dann saßen immer zwei Zimmer weiter die Herrschaften von der Staatssicherheit. Das Ganze war dann nur so ein Vorwand. Bei diesen Sacharow-Papieren war es eben so, dass die ›Stasi‹ davon Kenntnis erhalten hatte, und es wurde dann gefragt, wie viel er davon hat, und er sollte die abliefern. Also insofern gab es schon Kontakte. Es gab vor allen Dingen auch sehr viele Gespräche, die mein Vater mit Menschen geführt hat, die von der Staatssicherheit befragt wurden. Da habe ich zum Beispiel eine eiserne Regel gelernt: Man muss zu denen nur sagen, dass man das anderen Leuten erzählt. Da war dann sozusagen die Geheimhaltungsvariante weg. Die haben dann sehr schnell von einem abgelassen.«

Mich interessierte dann auch die Geschichte der ehemaligen Wohnungsbesetzerin Merkel: »Ich habe gelesen, sie hätten einmal eine Wohnung besetzt. Stimmt das?«

»Ja, das stimmt«

»Wie kam es dazu und wie ging das vor sich?«

Merkel lachte: »Ja, das ging so, dass ich nach Berlin kam und eben schlechte Wohnungsmöglichkeiten hatte. Ich fühlte mich moralisch im Recht: Mir als Physikerin steht eine Wohnung zu. Nach dem Studium hatte ich auf dem Wohnungsamt in Berlin die Antwort bekommen, dass ich ja schon bei meiner Studienauswahl hätte überlegen können, dass ich da nicht in der Kleinstadt Templin arbeiten könne und ich in eine Großstadt müsse. Mir hätte beim Abitur schon klar sein müssen, dass man in der Großstadt keine Wohnung bekommt. Die Berliner hätten auch Kinder und bräuchten halt dafür die Wohnungen. Naja, daraufhin habe ich gedacht, dann habe ich doch das moralische Recht, mich selber um eine Wohnung zu kümmern und hab' das dann auf einem Hinterhof im Prenzlauer Berg auch getan. Tja, es hat auch geklappt.«

»Sie sind durch die Besetzung an eine Wohnung gekommen?«

»Ja!«

»Ah ja – wollen Sie das jetzt so als Beispiel für unsere jungen Zuhörer stehen lassen? Oder wollen Sie das relativieren?«

»Na, ich möchte das nicht relativieren. Ich möchte nur sagen, dass es unendlich viele leerstehende und nicht sanierte Hinterhäuser im Berliner Prenzlauer Berg gegeben hat. Es war eigentlich nicht einsichtig, warum man dort nicht einziehen durfte. Da die Wohnungsverwaltung ausgesprochen bürokratisch und träge reagierte und sich nicht einmal die Mühe gemacht hat, diese Wohnungen zu erfassen, fand ich, dass das so in Ordnung ist. Der Mensch muss ja irgendwo wohnen. Was soll man denn tun?«

Merkel hatte, wie sie berichtete, der kommunalen Wohnungsverwaltung für ihre besetzte Wohnung auch zwei Jahre Miete gezahlt. Doch die Wohnungsverwaltung hätte das Geld einfach angenommen und sich nicht darum gekümmert, dass in dem Haus jemand lebte, der dort eigentlich gar nicht hingehörte.

In die Kategorie »Kanzler« fällt Franz Beckenbauer nicht. Aber er ist ein Entscheidungsträger. Wenn nicht gar mehr. Beckenbauer ist mindestens »der Kaiser«, für manche sogar eine »Lichtgestalt«. Deswegen kann er wohl auch sagen, was er will – heute so, morgen so. Nur manchmal möchte er gar nichts sagen. Oder sollte es zumindest nicht. Das gilt beispielsweise für das Thema FIFA und die damit verbundenen Skandale. Als er zum zweiten Mal bei uns als Gast in »Leute« kam, war dieses Verfahren auch schon in der Schwebe. Klare Ansage des Managements vor der Sendung: keine Fragen zum Weltfußballverband! Warum haben wir uns darauf eingelassen? Erstens wegen des besonderen Formates dieser sehr speziellen Sendung: Beckenbauer war nur Teil einer Sendung mit insgesamt vier Live-Gästen der Veranstaltung »Stars and Cars« am 29. November 2014 vor dem »Mercedes-Benz-Museum«. Mercedes wollte sein erfolgreiches Sportjahr feiern, insbesondere die »Formel 1«, bei der Mercedes sowohl den Fahrerweltmeister als auch den Vizeweltmeister gestellt hatte. Außerdem hatten die Silberpfeile die Konstrukteurs-Weltmeisterschaft für sich entschieden. Der Konzern hatte uns mit unserer Sendung auf sein Gelände eingeladen und uns vier Gäste zugesagt: DTM-Star Pascal Wehrlein, Welt- und Vize-Weltmeister Lewis Hamilton sowie Nico Rosberg und eben Franz Beckenbauer, jeden für eine halbe Stunde. Für volle zwei Stunden Gespräch mit Beckenbauer hätte ich die Zusage, auf die FIFA-Skandale nicht einzugehen, nicht geben können. Und zweitens hatte ich mir vorgenommen, das Thema auf Umwegen trotzdem irgendwie anzusprechen. Damals hatte die FIFA die WM noch nicht auf den Winter verlegt.

Beckenbauer und ich unterhielten uns erst über das für die deutsche Nationalmannschaft erfolgreiche Fußballjahr 2014. Die Mannschaft war Weltmeister geworden. Dann sprachen wir kurz über den »FC Bayern München«, der den Titel als »Deutscher Meister« errungen hatte. Ohne dabei mein Versprechen zu brechen, versuchte ich mich dem heiklen Thema zu nähern:

»Wir können leider über ein wichtiges Thema nicht sprechen, weil Sie bei laufenden Verfahren jetzt nicht gern über die FIFA, ihre Skandale und das Thema Korruption reden möchten. Das halten Sie nicht nur bei uns so, sondern auch bei anderen Interviews. Aber die Frage sei mir gestattet: Würden Sie sich als Aktiver jetzt auf eine WM in Katar freuen?«

»Na, ich glaube, ich war einer der Ersten, der darauf aufmerksam gemacht hat, dass es bei diesen Temperaturen nicht möglich ist zu spielen. Im Sommer hat es in Katar so zwischen 40 und 50 Grad. Also, da Fußball zu spielen, ist nicht sehr ratsam. Deshalb habe ich damals auch erwähnt: um den ganzen Schwierigkeiten aus dem Weg zu gehen, spielt's halt im Winter! Im Winter hast du perfekte Bedingungen. Wie die FIFA sich entscheidet, was sie tun wird, das wird man irgendwann in nächster Zeit erleben.«

»Ja, aber irgendwie muss man ja auf die Idee gekommen sein, die WM dahin zu vergeben, zunächst mal auch im Sommer. Dass es da wärmer ist als hier, ist ja keine so ganz neue Erkenntnis.«

Beckenbauers Agent machte mittlerweile schon aufgeregte Handbewegungen, die offensichtlich signalisieren sollen: das ist vermintes Gelände, aufhören! Beckenbauer antwortet trotzdem ganz ruhig:

»Ja, aber das war eine ganz demokratische Entscheidung, das…«

»Na, das wissen die Leute noch nicht so genau!«, unterbrach ich ihn.

»Doch, doch, das waren 22 Stimmen aus dem Exekutivkomitee. Es waren fünf Bewerber, zum Schluss sind zwei übrig geblieben. Das waren die USA und Katar. Katar ist mit 14 zu 8 Stimmen durchgekommen – also eine demokratische Abstimmung, würde ich sagen. Vielleicht ist den meisten, die für Katar gestimmt haben, erst dann bewusst geworden, dass es im Sommer fast nicht möglich ist dort zu spielen.«

Nach meinem Gespräch mit Franz Beckenbauer wurde der Agent dann laut. Das sei unmöglich und gegen die Absprache, so gehe das nicht. Beckenbauer blieb ungerührt und meinte, das sei schon in Ordnung. Die nächsten SWR-Kollegen, die über diesen Agenten ein Gespräch mit Franz vereinbaren müssen, tun mir leid. Aber ich hoffe, sie können mich verstehen. Und mir vergeben.

Im Übrigen war diese Veranstaltung auch für einen Moderator mit der Erfahrung von mehreren tausend Sendungen ein wenig prickelnd. Ich saß an diesem 29. November 2014 in einem kleinen Glaskasten, in dem normalerweise ein Auto ausgestellt wird. Es gab dort keine Heizung, war arschkalt, und ich war weit entfernt von unserem Übertragungswagen. Eine Sprechprobe war nicht möglich, mit dem Simultandolmetscher für Lewis Hamilton konnte ich keine Rücksprache halten und Vorgespräche mit einem der erwarteten Stars waren gleich gar nicht drin. Ich war einfach nur voller Hoffnung, dass alle halbe Stunde ein Gesprächspartner bei mir abgeliefert würde. Es klappte alles wie am Schnürchen. Das Gespräch mit Pascal Wehrlein gleich zu Anfang lief gut. Er war mit seinen 20 Jahren schon unglaublich routiniert und clever. Wenn Selbstbewusstsein jemanden das entscheidende Quäntchen weiterbringt, wird er Formel-1-Weltmeister.

Möglicherweise ist es genau das, was Nico Rosberg gefehlt hat. Mit ihm sprach ich nach Wehrlein. Rosberg war höflich, freundlich, nett, klug. Dass wir knapp drei Jahre zuvor schon einmal eine ganze »Leute«-Sendung miteinander gestaltet hatten, wusste er vermutlich nicht mehr. Dass ich ihn gut fand und ihm seitdem die Daumen drückte, auch nicht. Aber er erinnerte sich, dass er mit Lewis schon einmal hier bei Mercedes war, mit 14 Jahren, als Kartfahrer. Damals waren noch Mika Häkkinen und David Coulthard die Formel-1-Heroen. Nun an ihrer Stelle zu stehen, machte ihn stolz. Dass er gegen Lewis verloren hatte, eher weniger.

Aber die Enttäuschung wich bei ihm offenbar allmählich der Erkenntnis, die Vizeweltmeisterschaft sei auch ein ehrenvoller Titel. Naja, jedenfalls versuchte er, sich und anderen das einzureden.

Lewis Hamilton wirkte gegen ihn deutlich lockerer. Er imponierte mir, im Rennen wie bei der Mercedes-Veranstaltung allgemein. Nicht nur, dass er direkt vor den Zuschauern und unserem Ministudio mit quietschenden Reifen auf engstem Raum eine 360-Grad-Drehung vollführte, in der Sendung schien er außerdem völlig ruhig und gelassen. Er scannte die Umgebung, erkundigte sich nach der Musik und danach, ob es eine Live-Sendung sei. Absprachen über mögliche oder unmögliche Fragen wurden nicht getroffen. Stattdessen unterhielten wir uns locker etwa darüber, welche Rolle der Fahrer und welche das Fahrzeug dabei spielt, wenn es darum geht, einen Titel zu erringen. Hamilton antwortete diplomatisch: »Ohne das Team geht es gar nicht, man braucht das richtige Auto, das richtige Paket. Man sagt ja immer, dass Team und Auto etwa 70 Prozent ausmachen und der Fahrer 30 Prozent. Und diese 30 Prozent, die zählen. Wir haben beide dasselbe Auto, Nico und ich, und man sieht ja das Ergebnis!« Zwei Männer, die als Jungs zusammen Go-Kart fuhren, waren durch den Beruf zu schärfsten Konkurrenten geworden – im selben Unternehmen. »Sie sind der erste Formel-1-Weltmeister mit dunkler Hautfarbe« setzte ich unser Gespräch fort. »In Deutschland muss man immer politisch korrekt sein, ganz vorsichtig sein, wie man das bezeichnet. ›Farbiger‹ Mensch darf man in Deutschland zum Beispiel nicht sagen, das gilt als diskriminierend. Wie sehen Sie das, wie würden Sie sagen: der erste mit schwarzer Hautfarbe, oder was wäre Ihnen am liebsten?« Hamilton selbst hatte offenbar noch nicht darüber nachgedacht, er zögerte mit seiner Antwort: »Keine Ahnung. Ich sehe da für mich keinen Unterschied. Gut, ich bin vielleicht der einzige Schwarze, aber das macht mich auch stolz. Ich komme aus der Karibik. Meine Familie kommt von den westindischen Inseln. Meine Mutter ist eine Weiße, also ich habe das Beste von beiden Seiten bekommen. Ja, das hilft mir schon ein bisschen bei den Mädels.« Danach lachte er. Die Stimmung war gelassen. Wir sprachen über Musik und entdeckten eine gemeinsame Leidenschaft: die Musik von Jimi Hendrix. Ich fand das ungewöhnlich, ist Lewis Hamilton doch viel jünger als ich. Ansonsten aber kam die Musik an diesem Tag etwas kürzer als sonst. Wenn man schon einen solchen Promi zu Gast hat, sollte man auch möglichst viel miteinander reden. Zum Beispiel darüber wie früh man damit anfangen muss, seine Karriere zu planen:

»Sie haben sehr früh gewusst, dass Sie Rennfahrer werden, in die ›Formel 1‹ wollten. Sie haben ihr Leben dem Weltmeistertitel gewidmet, waren mit 13 Jahren schon im McLaren-Förderprogramm. Kann man da überhaupt noch von einer normalen Jugend sprechen, oder war alles nur ausgerichtet auf dieses eine Ziel?«

»Ja, ich habe schon immer, als ich klein war, Autos geliebt. Ich glaube, als ich drei Jahre alt war, habe ich schon ein eigenes Lenkrad in Händen gehalten. Dann natürlich funkgesteuerte Autos, dann, als ich acht war, Go-Karts. Und ich habe natürlich alle Rennen im Fernsehen angeschaut. Andere gucken ›Superman‹ und wollen Superman werden. Ich habe ›Formel 1‹ angeschaut und wollte ›Formel-1‹-Fahrer werden. Der einzige Unterschied: ich *konnte* ›Formel-1‹-Fahrer werden. Superman wäre wohl etwas schwierig geworden.

Meine Familie hat mir dabei natürlich großartig geholfen. Das war einfach toll. Die beste Zeit meines Lebens war wahrscheinlich, als ich noch ein bisschen kleiner war und wir mit einem kleinen Truck zu diesen Rennen gekommen sind – und ich habe sie alle niedergefahren. Klar, wir waren die einzige Schwarzen, die da dabei waren. Die Leute haben uns immer ein bisschen krumm angeguckt und gesagt: ›He, was wollen denn die da?‹ Aber es war einfach cool. Es hat mich ein bisschen an das jamaikanische Bob-Team im Film ›Cool Runnings‹ erinnert.«

Zum Schluss überraschte mich Lewis Hamilton noch mit dem Bekenntnis, privat eher weniger schnell zu fahren. Auch Risikosportarten seien nichts für ihn. »Wenn Sie der Beste sein wollen, darf man außerhalb der Rennen wirklich kein Risiko eingehen. Weder beim Fahrradfahren noch beim Joggen oder Treppensteigen – da muss man überall aufpassen. Man braucht als Rennfahrer seinen ganzen Körper. Deswegen ist man sehr vorsichtig.«

One week, one team, one spirit

»Einige Leute halten Fußball für einen Kampf um Leben und Tod. Ich mag diese Einstellung nicht. Ich versichere Ihnen, dass es viel ernster ist!« Man muss Bill Shanklys Meinung nicht teilen, aber da ist etwas dran. Oder um Loriot zu variieren: »Ein Leben ohne Fußball ist möglich, aber sinnlos.« Das muss auch akzeptieren, wer kein Fußballfan ist. Fußballgefühle sind Gemeinschaftsgefühle, sie bedeuten Glück und Elend, grenzenlose Leere und überschäumende Freude, nicht enden wollende Diskussionen und stillschweigendes Einverständnis. Darum zollen Sie, liebe Leser, mir bitte Lob für mein Eingeständnis einer Katastrophe und haben Sie Verständnis dafür, dass ich die Details von unserem Kick gegen Die Toten Hosen (immer wieder die Hosen) verdrängt habe. Doch zunächst möchte ich Ihnen die Vorgeschichte dazu erzählen: Beim SWR beziehungsweise früher beim SDR gibt es eine sogenannte Betriebssportgemeinschaft (BSG), die unter anderem eine Fußballabteilung unterhält. Gegen einen Beitrag kann man als Mitarbeiter dort Mitglied werden. Die BSG zahlt den Sportlern die Miete für einen Sportplatz oder eine Halle, sofern sich so etwas finden lässt. Nachdem unser Fußballteam zunächst auf irgendwelchen Wiesen wie zum Beispiel im Kurpark Bad Cannstatt hinter dem Ball hergelaufen ist, haben wir im Stuttgarter Süden eine Heimstatt gefunden. Genauer einen Rasenacker. Später kickten wir auf einem kleineren Kunstrasenplatz mit einem angrenzenden netten Restaurant samt großer Terrasse. Die Wirtsleute dort waren freundlich, wechselten aber immer mal wieder. Kurzum: eigentlich war es einfach so, dass es im Sender ein paar Leute gab, die gerne kickten und danach eine »dritte Halbzeit« pflegten, also nach dem Sport ein Bier tranken. Das ist auch heute noch so. Dreißig Jahre war ich Mitglied der Mannschaft. Kein unverzichtbares, aber ich gehörte dazu. Mit versierter Balltechnik nicht gerade gesegnet, versuchte ich, der Mannschaft mit Einsatz zu dienen und mir die Lunge aus dem Leib zu rennen. Zunächst als Stürmer und dann in der Abwehr. Das hat meistens viel Spaß gemacht. Unser Kader verjüngte sich im Laufe der Zeit. Mein Körper nicht. Und so beschloss ich, mit meinen sechzig Jahren nicht mehr 20-Jährigen hinterherzulaufen. Zusammen mit unserem langjährigen Kapitän Hans Kremer gab ich mein Abschiedsspiel.

Davor aber habe ich nicht nur jeden Dienstagabend mit meinen Kollegen gekickt, sondern auch Spiele gegen andere Freizeitmannschaften oder andere Sender ausgetragen. Zum Beispiel gegen den Hessischen Rundfunk (HR). Daran kann ich mich noch gut erinnern, weil ich damals ein Tor geschossen habe.

Um an einem Turnier der »Bavaria-Studios« in München teilzunehmen, hatten wir sogar einen Wochenendausflug unternommen. Wir waren am Samstagnachmittag angereist, die Spiele fanden sonntags statt. Die Stärke unserer Mannschaft lag in der dritten Halbzeit, also beim feucht-fröhlichen Feiern nach getaner Ertüchtigung. Die Möglichkeit zu diesem gemütlichen Zusammensein bot sich in München schon *vor* den Spielen. Was soll ich sagen? Auf jeden Fall lief nicht alles ganz im Interesse einiger Beteiligter. Eine

Live-Band sorgte für so gute Stimmung, dass der Gesang bald nicht nur von der Bühne ertönte, und ein ansonsten eher ruhiger Kollege erwies sich beim Song »Fürstenfeld« als sehr textsicher. Zumindest, was den Refrain anging. Die Schilderung vom Rest des Abends und der Nacht überspringen wir besser. Betonen will ich jedenfalls, dass unsere Mannschaft am nächsten Morgen pünktlich und vollzählig zum Eröffnungsspiel antrat. Ich darf auch verkünden, dass wir die Null gehalten haben. Leider nicht nur hinten, sondern auch vorn: Ergebnis also 0:0. Auf dieses Ergebnis können wir im Nachhinein aber durchaus stolz sein, haben wir es doch gegen den späteren Turniersieger erzielt – den WDR! Später, als der Restalkohol sich verflüchtigt hatte, konnten wir im Spiel allerdings nicht mehr so gut mithalten. Nicht zuletzt allerdings, weil sich einer unserer Gegner mit einem Ex-Nationalspieler Verstärkung in die Mannschaft geholt hatte: Ich durfte gegen Helmut Haller spielen.

Haller war nicht der einzige Promi, gegen den ich beim Fußball auf dem Feld stand. Auf unserem Acker in Kaltental, um das jetzt schnell hinter mich zu bringen, spielte ich gegen Campino, Trini und Breiti, Kuddel, Andi und Co. – ja, gegen Die Toten Hosen. Viele Stammspieler unserer Mannschaft hatten am Turniertag keine Zeit. Allen voran Wolfgang Heim, unser sicherer Torwart. Leider habe ich nicht verdrängt, dass Trini mich »getunnelt« hat. Nicht vergessen habe ich auch, dass unser Team von den Hosen zweistellig eingetütet wurde. Positiver sind die Erinnerungen an ein anderes Fußballereignis mit den Hosen. Zur Weltmeisterschaft 1990 in Italien hatten sie ihren Hit »Azzuro« als Hymne neu aufgenommen und sich als Marketing-Gag ausgedacht, mit einem Radiosender zusammenzuarbeiten. Dieser Sender sollte in seinem Morgenmagazin Songs der Band spielen. Zu jedem Song gabs eine Quizfrage. Aus den richtigen Einsendungen zu diesen Fragen wurde dann ausgelost, wer von den Hörern, die sich beteiligt hatten, zusammen mit einem Moderator zu einem WM-Spiel nach Italien eingeladen wurde. Der Sender ihrer Wahl hieß damals SDR3, der Moderator war ich. Das Quiz lief über ein paar Wochen, das Hörerecho war groß. Mit einer Hörerin, deren Karte aus dem Stapel der Einsendungen gezogen worden war, flog ich für zwei Tage nach Mailand. Zusammen sahen wir uns das Spiel gegen Kolumbien an, das mit einem ziemlich jammervollen 1:1 endete. Die anschließende Fête im Hotel war dann recht gemütlich. Für den Fahrer, der uns am nächsten Tag zum Flughafen bringen sollte, wohl zu gemütlich. Er holte uns zu spät am Hotel ab. Wir kamen darum erst kurz vor Abflug unserer Maschine am »Malpensa Airport« an. Der Fahrer machte sich wieder vom Acker. Und wir blieben am Boden. Weil wir zu spät dran waren, hatte man inzwischen nämlich Passagiere eingecheckt, die auf der Warteliste für den Flug von Mailand nach Stuttgart standen. Die Gewinnerin des Ratespiels und ich verbrachten also den Tag auf dem Flughafen. Erst abends konnten wir gen Stuttgart fliegen. Trotz dieser Verzögerung der Heimreise habe ich die Zeit in Mailand genossen, immerhin war ich so einmal im wunderbaren »Giuseppe-Meazza-Stadion«. Ich bin überhaupt sehr dankbar, dass ich im Rahmen meiner Arbeit einige wichtige Fußballstadien besuchen konnte. Im »Bombonera« in Buenos Aires, dem Stadion der »Boca Juniors«, sah ich während einer Familienreise ein Spiel zusammen mit meinen Söhnen. Das Stadion ist wahnsinnig steil, die Statik überraschend stabil. Die Zuschauer unterziehen sie bei jedem Spiel durch dauerndes Hüpfen einem Stresstest. Die dazugehörige Lautstärke der Fanrufe schüchtert jeden Gegner ein. Auch ein Spiel im legendären »Maracanã« in Rio de Janeiro durfte ich erleben. Tomi Aders, toller Korrespondent und mein guter Kumpel, hatte Karten organisiert, als ich ihn besuchte.

Ein Genuss sind für mich nicht nur solche besonderen Stadien, sondern auch die Erinnerungen an das Spiel gegen einen anderen Punker, den Geiger Nigel Kennedy. Er spielt nicht nur wunderbar Violine, sondern auch mit Inbrunst Fußball, wenn ich das mal so vorsichtig ausdrücken darf. Wir haben Nigel ein Tor erzielen, sein Team aber nicht gewinnen lassen. Der Wirt unseres Sportheims war trotz der prominenten Gäste nicht so von diesem Spiel begeistert, denn die Musiker und ihre Crew waren mit einem riesigen Truck angereist, der weiteren Besuchern des Restaurants keine Parkplätze mehr ließ. Jede Menge Parkplätze frei waren allerdings, als wir gegen ein weiteres englisches Team, gegen die Band Depeche Mode, spielten – in der Stuttgarter »Schleyer-Halle«. Die Jungs hatten durchaus was drauf und brachten auch britische Härte und Leidenschaft mit. Sie schonten sich nicht, obwohl sie abends fit und gesund auf der Bühne stehen mussten. Ich schoss mal wieder ein Tor – und Millionen konnten es sehen. Das Spiel wurde nämlich im Fernsehen übertragen. Die damalige Musiksendung »Formel 1« zeigte Ausschnitte unseres kleinen Fußballerwettkampfes.

Die eindeutige Krönung nicht nur meiner Fußballerkarriere war tatsächlich ein Länderspiel. Mit etwas gutem Willen kann man es jedenfalls so bezeichnen. Die Idee dazu wurde in der »Leute«-Sendung vom 22. Februar 2005 geboren. Dazu eingeladen hatte ich Klaus Bader, der aus Weil im Schönbuch stammt und damals in Ulan Bator, der Hauptstadt der

Mongolei, arbeitete. Bader braute dort Bier, das »Khan Bräu«. Natürlich nach deutschem Reinheitsgebot. Mitten in Ulan Bator betrieb er einen Biergarten, etwas weiter außerhalb hatte er zudem eine große Hotelanlage aufgebaut, das »Hotel Mongolia«. Um sein Bier unter die Leute zu bringen, hatte er sich in Sachen Marketing einiges einfallen lassen. Er war zum Beispiel Protagonist der baden-württembergischen Imagekampagne »Wir können alles. Außer Hochdeutsch«. Genau dadurch war ich auch auf ihn aufmerksam geworden. Neben seinem Mitwirken an dieser Kampagne hatte der kluge Geschäftsmann Bader sich außerdem noch etwas ausgedacht, um Touristen ins Land und in seine Hotelanlage zu locken. Er bot Fußballreisen an, deren Höhepunkt ein Spiel gegen die mongolische Nationalmannschaft war. Als Bader mir davon erzählte, war mir sofort zweierlei klar: Das wäre eine tolle Sache für unsere Mannschaft, aber das wird sowieso nichts. Wir kriegen so viele Individualisten, vom Tonmeister über den Journalisten bis hin zum Doktor der Physik, nie unter einen Hut. Wer würde schon einen Teil seines Urlaubs opfern? Bekämen wir überhaupt alle zur selben Zeit frei? Von den Kosten ganz zu schweigen, musste doch jeder Spieler diese selbst tragen. Nicht dass irgendjemand denkt, wir als Mannschaft eines öffentlich-rechtlichen Senders hätten damals vorgehabt, Gebührengelder zu verschleudern!

Die Planung für unsere Reise hat dann eine Weile Zeit in Anspruch genommen, aber es hat geklappt. Wir haben es getan. Anderthalb Jahre später, am 10. September 2006, fanden sich zumindest neun Kicker und ein paar Begleiter mit Pass und Visum ausgerüstet pünktlich am Berliner Flughafen »Tegel« ein. Alle waren wir gespannt auf das fremde ferne Land. Und durften gleich erfahren, dass es gar nicht so fremd und fern war. Sportreporter Philipp hatte kurz vor unserer Abreise im Café des Literaturhauses einen Mongolen getroffen und ihm erzählt, dass wir in seine Heimat reisen wollten. Er wusste sofort: »Ihr fahrt zum Klaus!« Am Flughafen in Ulan Bator wurden wir unter anderem von einem gewissen Hurrle abgeholt. Er rannte sofort auf meinen Sohn Sven zu, der auch dabei war und rief: »Dich kenne ich aus Berlin!« Hurrle studierte zu dieser Zeit dort und arbeitete gelegentlich in Ulan Bator für Klaus Bader als Fahrer. Seitdem weiß ich, was Globalisierung bedeutet.

Ulan Bator oder, wie der Mongole es ausspricht »Ulaanbaatar«, ist mit einer Durchschnittstemperatur von minus 4 Grad Celsius die kälteste Hauptstadt der Welt. Es kann trotzdem richtig warm werden, 30 Grad Celsius beispielsweise – mittags in der Sonne. Als wir frühmorgens in Ulan Bator landeten, lag die Temperatur allerdings um den Gefrierpunkt, was unseren Kapitän Thomas nicht von seiner üblichen Fußbekleidung abhielt. Er betrat mongolischen Boden mit Flipflops. Auf dem mongolischen Fußballplatz trug er selbstverständlich richtige Kickstiefel. Einen Wimpel hatte er auch mitgebracht: »Freundschaft ist eine runde Sache« stand darauf. Eine eigene Hymne gehörte nicht zu unserer Ausstattung. Aus irgendwelchen mir heute unerfindlichen Gründen wollten wir uns aber vor dem Spiel nicht nur im Kreis aufbauen. Sondern unbedingt auch singen. Gemeinschaftsgefühl und so. Haben wir dann gemacht: »So ein Tag, so wunderschön wie heute ...« schmetterten die einen lauthals in den blauen mongolischen Himmel, die anderen verschämt leise gen Boden. Wir spielten im größten und bekanntesten Stadion des Landes, im »Naadam-Stadion«. »Naadam« ist der Name des Nationalfests der Mongolen, zu vergleichen ist es mit den Olympischen Spielen. Bei der Veranstaltung, die immer Mitte Juli stattfindet, messen sich die Mongolen in drei traditionellen Sportarten: Ringen, Bogenschießen und Pferderennen. Für diese Disziplinen ist das Stadion wohl eher ausgestattet als für Fußball. Da wir nur zu neunt in diese Arena angereist waren, wurden wir durch einen Spieler aus der Ukraine, einen Engländer und einem US-Amerikaner verstärkt. Naja, vielleicht eher ergänzt. Zumindest konnten wir auf diese Weise auch mal einen Spieler auswechseln. Eine Viertelstunde immerhin hielt unser internationales Bollwerk gegen die mongolische Nationalmannschaft, dann landete ein abgefälschter Ball in unserem Tor. Noch in der ersten Halbzeit ging die Heimmannschaft 2:0 in Führung. Erfreulicherweise meinte sie, damit genug für die mongolische Ehre getan zu haben. Nach der Pause trafen die Mongolen nicht mehr. Wir allerdings auch nicht. Und das, obwohl wir sehr diszipliniert waren: Bier gab es dieses Mal erst nach dem Spiel, »Khan Bräu« vom Fass. Direkt am Spielfeldrand gezapft. Ein so knappes Ergebnis gegen eine Nationalmannschaft, damals die Nummer 181 der FIFA-Weltrangliste, konnte sich durchaus sehen lassen. Natürlich musste ich später bei Matthias Holtmann in »SWR1 Guten Abend Baden-Württemberg« von unserem Aufenthalt in der Mongolei und von unserem Fußballspiel berichten.

In den Tagen nach unserem Match gingen wir auf Reisen. Kultur, Landschaft, Nomaden, Pferdeherden, Schafe, Karakorum. Tempelanlagen, Ausgrabungsstätten, Kehlkopfgesang, Schamanentanz. Was für Eindrücke! Noch heute glaube ich, dass in dieser unendlichen Weite der Erfinder der Entschleunigung wohnen muss. Unterwegs hat unsere komplette Mannschaft auch in einer Jurte irgendwo im

Nirgendwo übernachtet. Jurten finden sich in der Mongolei
überall auf dem Land. Nomaden bewohnen sie und empfangen gerne auch Touristen. Die runden Zeltbauen stehen aber
auch in den Städten, selbst in »Ulaanbaatar«. Meist findet
man sie in den Gärten, direkt neben den festen Behausungen
– Jurten sind im Winter einfach wärmer als diese Plattenbau-
ten. Während es bei unserem Landausflug draußen arschkalt
wurde, kamen wir also im Inneren einer derartigen Jurte ins
Schwitzen. In der Mitte des Zeltes brannte ein ordentliches
Feuer, ein hübsches Mädchen kam immer wieder vorbei,
um Holz nachzulegen. Unser Hausherr reichte uns Stuten-
milch. Die ist nicht jedermanns Geschmack. Man kann sich
diesem Willkommenstrunk aber auch schlecht entziehen.
Der Gastgeber schenkt, bevor der Becher an den nächsten
Besucher weitergereicht wird, selbst nach. Wer will, wer kann
da schon ablehnen?

Auch die schönste Reise geht einmal zu Ende. Keiner von
uns wollte die Erlebnisse, die wir in der Mongolei gemacht
hatten, missen. Zum Glück hatten wir zahlreiche Erinnerungen im Gepäck. Und zwei Geheimnisse, die uns über
unseren Besuch in der Fremde hinaus beschäftigten: Gibt es
Enchtuul, die berühmte mongolische Schauspielerin, die mit
dem Reiseveranstalter und Bierbrauer Klaus Bader verheiratet sein soll, wirklich? Wir bekamen sie *nie* zu Gesicht. Wie
den Bericht des mongolischen Fernsehens über unser Spiel
gegen die Nationalmannschaft im »Naadam-Stadion«. Wurde es in der Mongolei je ausgestrahlt? In der »Landesschau«
des SWR lief auf jeden Fall ein guter Beitrag über das Spiel.
Sportredakteur und Abwehrrecke Philipp Sohmer hatte ihn
mit Kameramann Bernhard Stegmann fachmännisch und
emphatisch zusammengestellt. Und Martin Wachter, wun-

derbarer Mensch, gute Seele, Mentor der Reise und Verleger, hat für die Teilnehmer unseres »Mannschaftsausfluges« ein exklusives Buch herausgebracht. Es trägt den Titel »One Week. One Team. One Spirit« und wird uns immer an Martin erinnern, der am 6. April 2008 verstorben ist.

Das Leben ist zu kurz, um schlechten Wein zu trinken

Martin Wachter, der unsere Mannschaft in die Mongolei begleitete, lernten wir zwei Jahre vor dieser Reise kennen. Wir, Wolfgang Heim und ich, hatten die Idee, ein Buch zu unserer »Leute«-Sendung herauszugeben. Infos zu Gästen, wichtige Zitate, Meinungen der Moderatoren zu den Gesprächen und vor allem Fotos unserer Gäste sollten darin zu finden sein. Wir schätzten die Porträts des Stuttgarter Fotografen Frank Paul Kistner, der schon für den SWR gearbeitet hatte und so fragten wir ihn, ob er die Fotos zu unserem Buch beisteuern könnte. Schnell wurden wir uns einig. Frank sollte uns einige Monate begleiten, ins Studio kommen, in aller Kürze die Atmosphäre erspüren und in den Gesprächspausen, manchmal auch kurz vor oder nach der Sendung, unsere Gäste fotografieren. Er hatte also nie viel Zeit für seine Porträts, konnte keine eigenes Equipment aufbauen und, ja, störte natürlich manchmal auch den Kontakt zwischen Gast und Moderator. Wie arrangierten uns, nahmen aufeinander Rücksicht und waren vor allem begeistert von den Aufnahmen. Fast alle Persönlichkeiten, die fotografiert wurden, waren mit einer Veröffentlichung einverstanden. Alphabetisch sortiert, von Barbara Auer bis Rolf Zacher, fanden 55 Gäste der Sendung »Leute« Platz im Buch. Den Porträts stellten wir Zitate aus den Gesprächen in der Sendung gegenüber, die wir für die Abgebildeten be-

sonders typisch und auch so für erwähnenswert hielten. Ein
»Wir predigen immer noch Wachstum, Wachstum, damit
wir mehr Arbeit haben – das ist dummes Zeug!« von Kurt
Biedenkopf, dem ehemaligen CDU-Generalsekretär und
Ministerpräsidenten von Sachsen-Anhalt beispielsweise.
Oder ein Statement der Schauspielerin Nina Hoss: »Von
meinen Eltern habe ich den Mut zum Rebellieren geerbt.
Dass man sagt, was man denkt.« Donna Leon, Bestseller-
autorin und geistige Mutter von »Commissario Brunetti«
bewies (absichtlich oder nicht?) Einfühlungsvermögen mit
uns und unserem Job: »Ich werde einfach nicht wütend oder
ärgerlich. Ich führe ein sehr friedliches Leben – ich arbeite
ja nicht beim Radio.«

Nun galt es nur noch, einen Verleger für das Buch zu
finden. Fotograf Frank Paul Kistner brachte uns auf Martin
Wachter, mit dem er bekannt war. Martin betrieb neben seinem Verlag eine technische hochwertige Druckerei und war
von unserem Vorhaben angetan. Wir einigten uns mit dem
SWR, und so kam im September 2005 unser Prachtband unter
dem Titel »SWR1 Leute« auf den Markt. Die Buchpremiere
fand zusammen mit einer großen Fotoausstellung der Porträts von Frank Paul Kistner im Foyer des SWR statt. Obwohl
dort schon namhafte Künstler wie Tomi Ungerer ausgestellt
hatten, war unsere Ausstellung die bestbesuchte Vernissage
des Senders. Im Anschluss an die Schau im SWR gingen die
großformatigen Schwarzweiß-Porträts auf eine lange Tour-
nee. Sie führte durchs schöne »Ländle«, von Tauberbischofs-
heim bis Badenweiler. Als Botschafter Baden-Württembergs
wanderte die Ausstellung auch in die Landesvertretungen in
Berlin und Brüssel, wo die zuständigen Minister für Bun-
des- beziehungsweise Europaangelegenheiten, Wolfgang

Reinhart und Willi Stächele freundliche Worte für das Buch, die ausgestellten Bilder und die Autoren fanden.

Die Vernissagen waren allgemein gut besucht und in der Regel mit solchen und ähnlichen Lobhudeleien verbunden. Lecker waren sie obendrein, denn die Winzergenossenschaften aus dem Kaiserstuhl waren auf die Idee gekommen, sich bei diesen Events neue Käuferschichten zu erschließen. Und sponserten die Ausstellungstour. Das gefiel uns und den Gästen. Der Marketinggesellschaft der Weingenossenschaft wiederum gefiel unser Buch und wie gut es ankam. Deshalb klopfte sie vorsichtig bei uns an und fragte, ob wir uns vorstellen könnten, auch die Winzergenossenschaften mit einem solch gelungenen Verbund von anschaulichen Fotografien und unterhaltsamer Information in einem Buch vorzustellen. Schmackhafte Grundlage all unserer Beratungen war der Stoff, um den es sich im Buch drehen sollte: Weiß-, Grau- und Spätburgunder, Müller-Thurgau, Silvaner und wie die edlen Tropfen alle heißen. Diese Weine sollten zusammen mit ihren Produzenten vorgestellt werden. Uns war klar, dieses Projekt würde zeitaufwändig werden, verbunden mit vielen Wochenenden am Kaiserstuhl. Aber Martin, der Verleger, hielt ein solches Produkt in seinem Programm für passend, und zumindest Frank und ich waren auf den Geschmack gekommen. Wir freuten uns auf unsere Recherchen, auf leckere Kostproben, die wunderschöne Landschaft und auf möglichst viele Charakterköpfe.

Bernd Herzig war einer davon. Wir lernten das Urgestein, damals noch Vorstandsvorsitzender der »Winzergenossenschaft Achkarren im Kaiserstuhl«, in Achkarren kennen. Herzigs Familie lebt seit dem Dreißigjährigen Krieg in diesem Ortsteil im südlichsten Teil der heutigen Gemarkung

Vogtsburg. »Mächtig der Schädel, die Augen blitzen, in sein Gesicht ist das halbe Leben eingraviert, und die andere Hälfte erzählt er uns«, so habe ich den Mann, der nach dem Motto »Ich bin zufrieden« lebt, beschrieben. Mit Karlheinz Bieler war auch ein Nachtwächter unter den Protagonisten unseres geplanten Buches, und das ist keine Beleidigung. Im Jahr 2001 hatte Bieler zwischen den historischen Häusern im überaus malerischen Städtchen Burkheim eine alte Tradition wieder aufleben lassen. Im Jahr 2006 haben wir ihn als Nachtwächter um 22 Uhr live am »Torhäusle« an der Stadtmauer erleben dürfen. »Horcha, was ich Eich will saga«, rief er, blies in sein Horn und sang: »Die Glock hat zehni geschlaga, han Sorge zuo Fir un Leacht, dass us Gott un Maria bhiet! Jetzt stand ich uff dr Wacht, Gott gibt uns alla a guite Nacht!« Im Jahr 1504, als Nachtwächter zum ersten Mal in einer Stadtverordnung erwähnt wurden, klang der alemannische Dialekt wahrscheinlich genau so. Das »Torhäusle« hat in dieser Zeit vielleicht genauso ausgesehen wie bei unserem Besuch damals, ebenso die Tracht unseres Nachtwächters, sein Umhang, sein Hut, seine Stiefel, das Horn, die Lampe und die Lanze. Nur hätte der Nachtwächter damals seinen Spruch ausgerufen, um die Bevölkerung zu beruhigen, der es vor der Dunkelheit graute. Karlheinz Bieler dagegen unterhielt damit die Touristen, die das romantische mittelalterliche Städtchen besuchten.

In Oberrotweil begegneten wir sogar dem kurpfälzischen Sokrates. Und zwar in der Gestalt von Arno Landerer, damaliger Weinbaumeister und Vorsitzender des Winzervereins am Kaiserstuhl. Landerer war weise wie der griechische Philosoph und obendrein ausgestattet mit einer sokratischen Liebe zu Weinfässern. Während bei der Hälfte der

Oberrotweiler Winzerfamilien die Nachfolge noch ungeklärt war, begann sein Sohn eine Winzerlehre. »Die Erde ist die eigentliche Mutter des Jahrgangs, der Rebstock der Vater, und sein Schicksal ist das jährliche Wetter« – diese (Familien-)Weisheit eines Weinbauers gab uns Arno Landerer zum Abschied noch mit auf den Weg.

So gut das Buch bei unseren Genossenschaften und den Winzern selbst ankam – bei der Pressekonferenz zur Vorstellung führte es zu einem kleinen Eklat. Der Vertreter des »Badischen Winzerkellers« war sauer, dass er nicht porträtiert worden war. Dabei hatte die Marketinggesellschaft, die auch für diesen Winzerkeller zuständig ist, vorgeschlagen, die dreizehn selbstvermarktenden Genossenschaften vorzustellen, den »Badischen Winzerkeller« aber mit einem Porträt der Kellermeisterin zu berücksichtigen. Die Genossen kamen wohl untereinander nicht richtig klar, darunter hatten wir jetzt zu leiden. Und wenn die größte deutsche Weinerzeugerkellerei querschießt, leiden Stimmung und Buchabsatz. Eine Anerkennung von höchst kompetenter Stelle tröstete uns über diesen Umstand hinweg. Wir wurden von einer internationalen Jury mit dem »Gourmand World Cookbook Award« für das beste deutsche Wein- und Spirituosen-Fotobuch, das »Best Wine And Spirit Photography Book in Germany« geadelt. Leider war die Auszeichnung nur mit einer Urkunde dotiert. Wir jubelten trotzdem: »Wir sind Oscar!«

Ich war 'ne Schlampe!

»Trimedial« ist das neue Zauberwort der Medien, auch das von SWR1. Es meint die Präsenz und Zusammenarbeit eines Programms in Hörfunk, Fernsehen und Internet. Darüber können wir bei »Leute« nur schmunzeln. Wir waren die erste Radiosensendung, die regelmäßig als »Leute Night« vom SWR-Fernsehen übernommen wurde. Unser Format gibt es im Radio, als Podcast zum Anhören *und* Ansehen in der Mediathek und in Form von Pressetexten, Fotos, Ankündigungen und Nachbereitungen auf unserer Homepage. Wer will, bekommt regelmäßig per Mail unseren Newsletter zugeschickt, und über Mails direkt ins Studio können sich Hörer zur laufenden Sendung äußern. Auf »SWR Info« wird die Sendung »Leute« kompakt wiederholt. In »SWR1 Leute der Woche« bieten wir die Zusammenfassung aller Sendungen, die in einer Woche liefen. Intensiver lässt sich ein Programm nicht ausschlachten. Oder sagen wir besser: nutzen.

Die Idee, unsere Radiosendung auch vom SWR-Fernsehen aufzeichnen zu lassen, kam schon Mitte der 1990er-Jahre auf. 1997 wurde unser Hörfunkstudio für Fernsehaufnahmen ausgerüstet. Das war der erste konkrete Schritt zur Bimedialität. Hörfunk und Fernsehen wurden miteinander verkoppelt. Kollegin Christiane Praetorius von der Fernseh-Abteilung »Familie/Jugendprogramme« trieb die Überlegungen 1997 voran. Zu einem Zeitpunkt also, als die Fusion von SDR und SWF zum SWR bereits beschlossene Sache war, das Ende von SDR 3, dem »Radio für den Wilden Süden« besiegelt war und die Zukunft von »Leute« in den Sternen stand. Christiane mahnte darum an: »Programmliche Selbstläufer – Glanzlichter gar – sollten wir uns auch und gerade erhalten, wenn aus zwei alten Unternehmen ein neues wird. Hinzu kommt ein weiteres, unschätzbares Plus von ›Leute‹: Die Moderatoren sind als fragende und zuhörende Gesprächspartner glaubwürdig. Und welcher Talker aus dem inflationären Wust der Medien-Quasselei kann das schon von sich sagen? Sie geben, ohne sich selbst in den Vordergrund zu spielen, genau die Impulse, die den Gast begreifbar fürs Publikum machen, die ihn mit bislang unbekannten Facetten vorstellen, aus der Reserve locken. Diese Meisterschaft der Gesprächsführung sollte erhalten, gepflegt, fortentwickelt, weitergegeben und ins Fernsehen transportiert werden.« Alle nur denkbaren Varianten standen zur Debatte. Die Übernahme des zweistündigen Formats mit Musikpausen oder die Übernahme nur der Gesprächsteile. Auch eine wöchentliche Best-of-Ausgabe und ein reines Fernsehformat wurden für den Fall diskutiert, dass für »Leute« im Radio kein Platz mehr sein sollte. Die schwierigste Frage war von Anfang an die des Sendeplatzes. Sollte eine eventuelle Fernsehsendung zeitgleich mit dem Radiobeitrag vormittags von 10 bis 12 Uhr, zur Mittagszeit oder abends ausgestrahlt werden? Übrig blieb dann tatsächlich nur die Nacht, ohne feste Anfangszeit (mal um 1.00 Uhr, mal um 1.20 Uhr) und ohne feste Länge (mal 120 Minuten lang, mal 45). Wenn die Zeit abgelaufen war, riss die Sendung einfach ab. Nachdem man sich geeinigt hatte, »Leute« sowohl als Radio-, als auch als Fernsehformat zu realisieren, wurde das Studio mit kleinen Kameras ausgestattet, die ferngesteuert waren. Kameramann, Maskenbildnerin, Aufnahmeleiter und Aufnahmeleiterin saßen auf dem Flur – hinter Gittern, um die Fluchtwege freizuhalten. Die Zusammenarbeit zwischen Hörfunk- und Fernsehteam klappte auf Anhieb prima und wir lernten nette neue Kolleginnen und Kollegen kennen. Am 30. September 2002 war »Leute« zum ersten Mal nicht nur zu hören, sondern auch zu sehen.

Wolfgang und ich waren natürlich dankbar für die Erweiterung und das neue Format. Aber ich muss zugeben, dass unsere Vorfreude unterschiedlich ausgeprägt war. Wolfgang war vor allen Dingen stolz auf die Fernsehbeteiligung und sah sie als Imageverbesserung, während ich durchaus auch skeptisch war, ob wir unsere angenehme und lockere Gesprächsatmosphäre würden halten können. Ich befürchtete, dass sich die Atmosphäre ändern würde, weil unsere Gäste erst in die Maske mussten und vor allem in Sachen Medien eher unerfahrene Gäste sich beim Gespräch von den Kameras beobachtet fühlten. Ich gebe zu, meine Ängste waren übertrieben. Vielleicht haben wir es aber einfach auch nur ganz gut hingekriegt. Dazu kommt, dass Fernsehen immer noch eine besondere Faszination ausübt. »Ich bin im Fernsehen« klingt für viele einfach reizvoller als »ich bin im Radio«. Und das gilt nicht nur für unbekannte Gäste. Ich erinnere mich da an einen Wissenschaftler, den ich eingeladen hatte. Er hatte dem Termin zugestimmt, doch er wollte aus einer anderen Stadt zugeschaltet werden. Der zeitliche Aufwand nach Stuttgart zu kommen war zu groß. Also erklärte ich ihm, dass wir dafür Verständnis hätten und uns darauf einlassen könnten, dass die Fernsehausstrahlung aber dann wegfiele, weil die nur in unserem Studio in Stuttgart möglich sei. Worauf er sofort erwiderte: »Dann buchen Sie mir mal ein Hotelzimmer, ich komme.« Ein paar Gästen schien es tatsächlich wichtiger zu sein, von 20 000 bis 30 000 Zuschauern gesehen als von fast einer halben Million Radiohörern gehört zu werden. Ihnen kam es darauf an, ihrer Biografie einen weiteren TV-Auftritt hinzufügen zu können. Aber das waren die Ausnahmen.

Unsere schlechten Sendeplätze blieben keine Ausnahme. Nicht nur unsere Zuschauer waren damit unzufrieden, auch Peter Boudgoust, der Ende 2006 zum neuen SWR-Intendanten gewählt worden war. Er bekannte sich als »Leute«-Fan und mahnte bei der Fernsehdirektion verlässlichere und frühere Sendeplätze an. Der Direktor sah jedoch keine Möglichkeit. Sein Nachfolger auch nicht. In der Folge lief »Leute Night« noch unregelmäßiger, noch später und noch seltener. Nur etwa zwei Drittel der Hörfunksendungen wurden 2015 fürs Fernsehen aufgezeichnet. Obwohl wir ein exklusives Format boten, waren wir nur Lückenfüller. Ein für Zuschauer, Gäste und Macher höchst unbefriedigender Zustand. Der wird nun beendet. Allerdings nicht in unserem Sinne. Im Sommer 2015, ich arbeitete gerade an diesem Buch, beschloss die Fernsehdirektion, »Leute Night« im SWR-Fernsehen einzustellen. Nötige Sparmaßnahmen waren die offiziellen Gründe. Die greifen, meine ich, bei einem ungeliebten Kind besonders schnell. Schon vor dieser Entscheidung hatten wir Überlegungen forciert, jede »Leute«-Sendung mit automatischen Kameras zumindest zuverlässig ins Internet zu bringen, immer nachmittags nach der Sendung. Möglich wäre auch ein Live-Stream von »Leute« im Netz. Bei Erscheinen dieses Buches könnte das schon Realität sein. Bereits ausgesprochen gut genutzt wird unser Podcast-Angebot. Fast 10 000 Abonnenten wollen das reine »Leute«-Interview kompakt in einer halben Stunde hören, und zwar dann, wenn es ihnen am besten passt. Beim Joggen etwa oder auf dem Weg zur Arbeit. Nur »SWR Wissen« kann von allen Angeboten des Südwestrundfunks mit noch höheren Zahlen glänzen. Überrascht war ich allerdings, als Jochen Enderlin aus der Online-Redaktion neulich berichtete, welche »Leute«-Sendung insgesamt am häufigsten abgerufen wurde. Kein Schauspieler, kein Politiker, kein Star, überhaupt keine bekannte Nase machte das Rennen – sondern Lisa Müller aus Illingen. Am 5. Juni 2013 habe ich mit ihr gesprochen. Ihre Erlebnisse lagen da knapp drei Jahre zurück. Lisa Müller hatte im Alter von 14 Jahren damit angefangen ihren Körper Männern anzubieten, ihn an Freier zu verkaufen, also als Prostituierte zu arbeiten. Freiwillig. Mit 18 war sie kaputt, stieg aus. Und schrieb ein Buch mit dem Titel »Nimm mich, bezahl mich, zerstör mich!«. Dieses Buch hatten wir zum Anlass genommen, Lisa Müller in die Sendung einzuladen. Zu Anfang bat ich die junge Frau, sich unseren Hörern einfach nur vorzustellen:

»Ich bin eigentlich ganz normal, außer dass ich mich prostituiert habe zwischen 14 und 18«, begann sie. »Ansonsten bin ich ein ganz normales Mädchen vom Dorf.«

»›Nimm mich, bezahl mich, zerstör mich‹ haben Sie Ihr Buch genannt. Das ›zerstör mich‹ – wann kam Ihnen das in den Kopf? Angefangen haben Sie das ja wahrscheinlich nicht, um sich zerstören zu lassen.«

»Nein, ich wurde mit der Zeit einfach zerstört. Und deshalb bin ich ausgestiegen. Weil meine Psyche kaputt war.«

Das Buch, so Lisa Müller, habe ihr geholfen, mit ihren Depressionen umzugehen. Die Hilfe eines Therapeuten hatte die 18-Jährige bis dato nicht angenommen. Stattdessen bezeichnete sie das Buch als ihren Therapeuten. »Ich muss sagen, ich habe das Buch gelesen, es ist sehr drastisch und deutlich geschrieben«, gestand ich damals in der Sendung. »War es nötig, dass Sie in dieser Deutlichkeit beschrieben haben, was Sie alles mit Ihrem Körper haben machen lassen?« Sie antwortete mir sehr selbstbewusst, dass sie so deutlich habe werden müssen, um zu beschreiben, was sie dabei empfunden hatte. Im Laufe der Sendung erzählte sie mir auch davon warum sie sich überhaupt prostituiert hatte. Selbstbestätigung und auch Geld gehörten mit zu ihren Hauptbeweggründen.

»Selbstbestätigung ist ja eigentlich nichts Schlimmes. Man kann sich schon freuen, wenn man vom anderen Geschlecht, das man begehrt, auch als begehrenswert empfunden wird«, bemerkte ich.

»Aber dafür muss man nicht mit jedem schlafen.«

»Das glaube ich auch. Warum dachten Sie damals, dass Sie das müssten?«

»Weil ich jung, naiv, dumm war. Weil alle anderen mir das vorgelebt haben.«

»Und wann sind Sie auf die Idee gekommen, dass man seine Selbstbestätigung vielleicht auch irgendwo anders herkriegen kann, als mit jedem Jungen ins Bett zu gehen?«

»Nachdem ich aufgehört hab'.«

»Das hat dann ja ein paar Jahre gedauert.«

»Ja, richtig, das hat ein paar Jahre gedauert. Aber es hat funktioniert, und ich bin froh, dass es zumindest jetzt anders ist.«

Wir haben dann darüber gesprochen, was dazu geführt hat, ihren Körper zu verkaufen, sich zu prostituieren. Wie sie überhaupt auf die Idee gekommen ist. Ein Grund dafür war der Film »Natalie – Endstation Babystrich«.

»Der Film hat eine ganz große Rolle gespielt. Ich war

zehn oder elf Jahre alt, als ich den gesehen habe. Damals habe ich schon gewusst, ich möchte das irgendwann mal machen. Der Film hat auf mich so einen Reiz ausgeübt, weil ich einfach gesehen hab', wie schnell man Geld verdienen kann mit seinem Körper. Und natürlich auch das Verbotene hat mich gereizt. Ja, und dann vergingen die Jahre, und der Gedanke war immer da.«

Lisa war nie drogenabhängig, brauchte das Geld nicht für den nächsten Schuss, sondern für Kleidung und Partys. »Kemal« nennt sie in ihrem Buch den Mann, von dem sie zum ersten Mal Geld nahm.

»Ich war auf einer Party mit einer Freundin und zwei Kumpels in Pforzheim. Die Kumpels mussten was erledigen, und wir haben gewartet. Und da saß ein Mann auf einer Bank. Mit dem sind wir ins Gespräch gekommen. Er hat mir Komplimente gemacht. Ich hab' ihm meine Handynummer gegeben. Die Tage darauf hat er mich mit SMS bombardiert. Irgendwann hab' ich gedacht: okay, gut. Dann schreibe ich ihm einfach, wir treffen uns zum Sex. Aber eben für Geld, und darauf ist er eingegangen.«

Hundert Euro hatte Lisa Müller für das erste Mal bezahlten Sex bekommen. Sie wusste damals nicht, was sie verlangen kann und hatte einfach diesen Preis genannt. Passiert ist es auf einem Feldweg irgendwo bei Illingen im Enzkreis.

»Haben Sie dann gedacht: das hat ja gut angefangen, da mache ich jetzt einen Job draus und spare mir ein bisschen Kohle an?«

»Am Anfang habe ich das natürlich *nicht* gedacht und auch kurz ein schlechtes Gewissen gehabt. Aber dann habe ich mich recht schnell entschlossen weiterzumachen. Ich war in einem Chat angemeldet. Einem ganz normalen Jugend-

Chat, wo auch meine Freundinnen waren. Da haben die Männer mich ganz offen angeschrieben, ob ich ihnen für Geld einen blasen möchte. Meine Freundinnen haben solche Nachrichten auch bekommen, aber die haben sie gelöscht. Und ich habe sie angenommen.«

Zwei Jahre lang ging das so, zwei bis drei Mal die Woche, manchmal mehr. Lisa Müller hatte Stammkunden, die den Betrag bezahlten, der ihnen gerade in den Sinn kam: 100 Euro, 200 Euro, 300 Euro. Erst später bestimmte sie die Preise selbst. Peinlich oder unangenehm seien ihr die Treffen währen der ersten zwei Jahre als Prostituierte nie gewesen. »Irgendwann lernt man sich wegzubeamen. Man ist dann zwar da, aber irgendwie doch nicht, und deshalb ist es irgendwann egal. Das ist, wie wenn ich Kaffee trinke«, beschrieb sie ihre Empfindungen. Diese Methode sei so lange gut gegangen, bis der Ekel kam. Vor sich selbst und auch vor den Männern. Sie habe das aber gleich wieder weggeschoben und nicht auf ihren Körper gehört, weil sie ja Geld verdienen musste. Mit 16 Jahren begann Lisa dann sogar Anzeigen zu schalten. Sie bot sich und ihren Körper in Erotikportalen an – dort, wo sich auch professionelle Prostituierte tummelten. Plötzlich konnte sie sich vor Angeboten nicht mehr retten. »Es war abnormal, mein Postfach war innerhalb weniger Stunden voll«, erinnerte sie sich. Der Text, mit dem sie für sich warb, war knapp gehalten: »Junge W. sucht großzügige Treffen.« Wie jung sie war, erzählte sie den Freiern sofort nach dem ersten Kontakt oder beim Treffen selbst.

»Es gab welche, die haben ganz gezielt nach so jungen Mädchen gesucht, und es gab welche, denen hat es einfach nichts ausgemacht. Es hat mich keiner weggeschickt, wenn er erfahren hat, wie alt ich bin. Aber es gab Männer, die haben mir mehr bezahlt, wenn ich ihnen meinen Ausweis gezeigt hab'. Weil die das angemacht hat, dass ich minderjährig war.«

»Hat sich keiner abschrecken lassen, weil das verbotenes Terrain war oder weil sich das nicht gehört? Moral und Ethik soll es ja auch geben. Aber bei den Leuten wohl nicht?«

»Nee, bei den Männern von damals nicht.«

»Was waren das für Leute?«

»Die meisten hatten ziemlich hohe Berufe. Anwälte, Ärzte waren dabei, Unternehmensberater waren einige. Die mussten sich das ja auch leisten können. Es war wirklich nicht gerade billig.«

»Die haben freiwillig von sich erzählt, was sie von Beruf sind und so?«

»Ja, das haben die oft erzählt. Manchmal habe ich auch nachgefragt. Aber das Ekligste fand ich eigentlich, wenn sie mit mir Sex hatten und danach von ihrer Familie erzählt haben. Von ihren Kindern, die so alt sind wie ich oder sogar älter.«

Lisa Müller traf sich mit ihren Freiern im Auto oder in der Wohnung der Kunden. Und das in einer Kleinstadt. Ich fragte Lisa, ob keiner Bescheid gewusst habe, ob es keine Gerüchte gab, zumal sie auch schon früher einen eindeutigen Ruf im Ort hatte.

»Ich war 'ne Schlampe – das war ich, und so hat mich jeder gesehen. Ich fand das sogar toll in der Zeit.«

»Sie fanden es mit 14 gut, eine Schlampe zu sein?«

»Ja, weil mein Selbstbewusstsein nicht wirklich da war. Und 'ne Schlampe muss toll aussehen und besonders toll sein. So war das in meinem naiven Kopf damals.«

»Also war das für Sie kein Schimpfwort, für das Sie sich

geschämt haben, sondern Sie waren stolz, es so weit gebracht zu haben?«

»Ja, ich war stolz darauf, richtig. Auf meinen Beruf war ich stolz. Heute kann ich es mir nicht mehr vorstellen, aber damals war es so.«

Den Absprung schaffte sie erst, als ihre Psyche nicht mehr mitmachte, sich die Depressionen einstellten und sie Angst vor Menschen bekam. Und dieses Mal hörte sie auf ihren Körper. Ein Freund unterstützte sie beim Ausstieg aus dem Milieu. Dann begann Lisa Müller nach und nach mit der Arbeit an ihrem Buch. Am Ende der Sendung warnte die junge Frau andere Mädchen davor mit dem Gedanken an Prostitution überhaupt nur zu spielen: »Das Risiko ist sehr, sehr hoch. Das ist es einfach nicht wert. Der Preis, den man zahlen muss, ist einfach viel zu hoch.«

Ein paar Hörer haben sich über Lisa und über uns beschwert, weil wir ihr ein Forum geboten haben. Andere haben sich mehr Gedanken gemacht: »Diese Empörungen sind sehr ernst zu nehmen, und es ist wunderbar, wie Sie gerade darauf geantwortet haben. Es ist ein Aspekt, der uns nicht weiterkommen lässt, dass wir die Schattenseiten in uns, wie in der Gesellschaft nicht ansehen können/wollen und daher oft Veränderung verhindert wird.« Am treffendsten war wohl diese Zuschrift: »Eine mutige Frau. Nicht sie ist peinlich, sondern die Männer, die sich auf so etwas einlassen.«

Wie kann man nur ...?

Auf dem Moderatorentisch unseres »Leute«-Studios stehen mehrere Bildschirme. Auf dem ersten können wir den Ablauf der Sendung verfolgen. Wir sehen, welche Musik gerade läuft und wie lange sie noch dauert, ob sie einen harten Schluss hat oder ausgeblendet wird, wie viele Minuten Werbung einge- spielt werden und so weiter. Wir besitzen anders als andere Sendungen beim SWR noch das Privileg einen Techniker zur Seite zu haben. Er fährt für uns die Musikstücke ab und öffnet uns die Mikros. Seit wir aus dem Fernsehstudio sen- den, geht das auch gar nicht mehr anders, aber auch schon früher haben wir das so gehalten, damit wir uns konzentriert den Gästen widmen können. In allen anderen Sendungen (außer »Stadion«) müssen sich die Moderatoren selbst um die Technik kümmern. Ein anderer Screen zeigt uns den Verkehrsservice, ein weiterer die aktuellen Meldungen des Tages und die »Mails ins Studio«. Wer auf unserer Home- page den Link »Mail ins Studio« anklickt, kann direkt mit uns in Kontakt treten. Diese Funktion wird zunehmend genutzt. Das zeigt uns, dass unsere Hörer sich mit unseren Inhalten auseinandersetzen.

Wenn Kollegen beim Fernsehen Rückmeldungen auf Ihre Sendung bekommen, dann müssen sie sich oft genug schrei- ben oder sagen lassen, dass die Krawatte nicht zum Hemd passt oder das Kleid schon vorige Woche getragen wurde. Äußerlichkeiten also. In fast allen Reaktionen auf Radiosendungen geht es dagegen um die Sache. Wenn es sich bei »Leute« nicht um »Aufregerthemen« handelt, trudeln vielleicht nur zwei, drei Mails ein. Bei sogenannten »Serviceangeboten« rund um die Themen »Gesundheit«, »Psychologie« oder »Partnerschaft« können es ein paar Dutzend sein. Wenn aktuelle, strittige Inhalte in den Gesprächen in unserer Sendung aufgegriffen werden, erreichen uns auch schon mal über hundert Zusendungen. Das Thema »Inklusion« am Beispiel des damals 11-jährigen Henry hat ein unglaublich großes Echo ausgelöst. Die Mutter des Kindes wollte ihren Jungen, der das Down-Syndrom hat, auf ein Gymnasium schicken. Es war ihr bewusst, dass er dort zwar die Anforderungen nicht im Entferntesten würde erfüllen können. Henry sollte aber unbedingt mit seinen Freunden aus der Grundschule in eine Klasse gehen. Viele Hörer fanden das richtig. Aber die große Mehrheit warf der Mutter vor, nicht im Interesse ihres Kindes zu handeln. Eine exemplarische Mail will ich hier wiedergeben: »Als Vater eines jetzt 27-jährigen Sohnes mit Down-Syndrom und langjähriger Elternbeiratsvorsitzender einer Sonderschule kann ich nur sagen: Ich habe immer erlebt, dass die Diskussion immer nur das Elternverlangen, selten aber das Kinderverlangen berücksichtigt. Natürlich ist Inklusion eine feine Sache, aber nur wenn die Rahmenbedingungen stimmen. Und das ist aufwändig. Ich bin jedenfalls froh, dass wir uns für die Sonderbeschulung und danach für die Arbeit in einer Behindertenwerkstatt entschieden haben. Das gipfelt im jeden Tag wiederholten Ausspruch meines Sohnes: ›Morgen wieder arbeiten.‹«

Wie bei Lisa Müller, der jungen Prostituierten, stößt bisweilen auch die Auswahl eines Gastes auf Widerspruch. Darf man einen Bankräuber einladen, einen Zuhälter, einen

Terroristen, einen Mörder? Welchem Verbrecher, welchem Menschen, der einen furchtbaren Fehler gemacht hat, dürfen wir die Gelegenheit geben, im Radio über seine Tat zu sprechen? Ist es gewaltverherrlichend, wenn wir einen Hooligan fragen, warum sich rivalisierende Gruppen prügeln? Machen wir Reklame für das Buch eines ehemaligen Bodyguards, wenn wir ihn erklären lassen, wie er ins kriminelle Milieu abgerutscht ist? Natürlich gibt es Grenzen. Es muss auf jeden Fall ausgeschlossen werden, dass menschenverachtenden Ansichten ein Forum geboten wird. Aber ich halte es fast immer für richtig, mit Menschen zu reden, um herauszufinden, wie es zu einer verschrobenen Ansicht, zu einer schlimmen Handlung gekommen ist. Was macht jemanden intolerant, was hat er für diffuse Ängste, warum fühlt er sich als Außenseiter? Was hat er daraus gelernt, welche Schlüsse können wir daraus ziehen? Wie kann man verhindern, dass jemand auf die schiefe Bahn gerät? Mehrere ehemalige Mitglieder der RAF (Rote Armee Fraktion) waren bei uns in der Sendung zu Gast. Klaus Jünschke saß 16 Jahre im Gefängnis und hat nicht nur bei uns in »Leute« glaubhaft und deutlich Gewalt und Terror abgeschworen. Günter Sonnenberg, der bei seiner Verhaftung einen Polizisten lebensgefährlich verletzt und selbst mit einer Kopfverletzung monatelang im Koma gelegen hatte, hinterließ bei mir dagegen einen eher zwiespältigen Eindruck und fand keine klaren Worte der Reue und Einsicht.

Mit unserer Sendung möchten wir auch über politische Konflikte aufklären und Hintergründe liefern. Das gelingt leider umso weniger, je eingefahrener die Meinungen bei den Zuhörern sind. Es gibt einige Dauerbrenner-Themen, die immer wieder beratungsresistente Ideologen auf den Plan rufen. Besonders heikel ist der Nahostkonflikt. Jede noch so vorsichtig formulierte Kritik an der israelischen Regierungspolitik, selbst wenn sie aus dem eigenen Land kommt, findet reflexartig wütende Kommentare. Auf Grund unserer Geschichte müssen wir besonders vorsichtig mit diesem Thema umgehen und Israel helfen, und dazu gehört, dass wir auf Missstände aufmerksam machen. Und die werden leider nicht weniger. Ich will Avi Primor zitieren, einen sehr erfahrenen, klugen und auf Ausgleich bedachten Mann, den ehemaligen Botschafter Israels in Deutschland. Er ist sicherlich nicht verdächtig, israelfeindlich zu sein. In der Sendung am 1. Februar 2013 sprachen wir über die Ängste Israels und über das würdelose Leben der Palästinenser in den besetzten Gebieten. Primor präsentierte auch einen konkreten Friedensplan, den er trotz der zahlreichen israelischen Siedlungen für umsetzbar hält:

»Schauen Sie, wenn Sie von Siedlungen sprechen, ist es ganz einfach. Es gibt 300 000 Siedler im Westjordanland. 250 000 leben in einem Siedlungsgebiet, in dem keine Palästinenser leben. Das könnten wir – und dem stimmen auch die Palästinenser zu – annektieren. Das heißt, es bleiben nur noch 50 000 Siedler verstreut über das Westjordanland. Für das annektierte Land, in dem 250 000 leben, müssten die Palästinenser Land aus dem Kernland Israel bekommen, und das hat man schon mehrfach ausgehandelt. Also, das ist durchaus machbar, wenn man nur den politischen Willen dazu hat.«

»Dann bleibt noch Ost-Jerusalem«.

»Ost-Jerusalem muss genauso palästinensisch werden wie andere palästinensische Teile. Schauen Sie, die einzige Teilung, die machbar ist, die haltbar ist, ist eine Teilung, die auf Demografie beruht. Also die Teile von Jerusalem, die von Israelis bewohnt sind – und das sind die größten Teile –, die sollen Israel bleiben. Ein Teil Jerusalems, wo die Palästinenser leben – und die leben nicht mit den Juden vermischt –, die haben den eigenen Teil im Osten. Dieser Teil verbindet sich sehr einfach mit dem Palästinenserstaat, soll Teil Palästinas werden. Das hat man auch schon mehrfach ausgehandelt.«

»Will das die Mehrheit der Israelis auch?«

»Die Mehrheit der Israelis will das. Vorausgesetzt, dass sie dafür Sicherheit bekommen, woran sie heute nicht glauben. Sie glauben nicht, dass die Palästinenser die Mittel zur Verfügung haben wie sie damals die Ägypter hatten oder die Jordanier, um uns Sicherheit zu gewährleisten. Und deshalb halten sie es für wünschenswert, aber leider nicht machbar. Und das kann man überwinden.«

»Wie kann man das überwinden? Wie kann Israel sicher sein, dass das Existenzrecht nicht mehr gefährdet ist ...«

»... und dass die Palästinenser in ihrem Staat auch moderat bleiben und nicht von Extremisten überholt werden und so? Dazu brauchen wir internationale Unterstützung. Jetzt skizziere ich Ihnen ein Szenario: Sollte Obama wirklich behilflich sein, würde er nicht nur die Kontrahenten zu Verhandlungen über die Siedlungen drängen, er würde etwas anderes machen. Er würde nach Israel kommen zum Staatsbesuch, was er noch nie getan hat. Er würde eine Rede vor dem israelischen Parlament halten und sagen: ›Kinder, jetzt muss man Frieden schließen, aber nicht Frieden verhandeln. Ihr habt genug verhandelt. Jetzt muss man die Verhandlungen in die Tat umsetzen. Und wir wissen genau, wie das aussieht, was das bedeutet, alles ist schon verhandelt. Ich als Präsident der Vereinigten Staaten übernehme vorübergehend die Verantwortung für eure Sicherheit nach der Räumung des Westjordanlandes. Das bedeutet, ich schicke eine kleine Armee in das Westjordanland, die im Einklang mit den Palästinensern, im Einklang mit der Bevölkerung und der Regierung für Sicherheit sorgt. Nicht als Beobachter, sondern eine Armee, die, wo es nötig ist, auch Sicherheit erzwingt. Und das wiederum auch im Einklang mit Israel.‹ Das könnte dann die Mehrheit der israelischen Bevölkerung überzeugen. Und dann ist alles machbar.«

Ich konfrontierte Avi Primor damit, dass ein deutscher Beobachter, Journalist oder Politiker das so hätte nicht sagen dürfen und man ihn einen Antisemiten geheißen hätte. Der ehemalige Botschafter Israels formulierte daraufhin einen Rat:

»Ich glaube, die Deutschen sollten ein bisschen kühner sein, weniger befangen. Deutschland ist für uns nach den Vereinigten Staaten der zweitwichtigste Freund in der Welt geworden und das Land, mit dem wir am meisten kooperieren. Deutschland ist für uns unentbehrlich geworden. Wenn wir diese Freundschaft aufrechterhalten wollen, dann müssen wir auch offen und ehrlich miteinander Dialog führen und nicht einer den anderen mundtot machen. So geht das nicht, das ist keine Freundschaft. Es bleibt dann oberflächlich.«

Das Gespräch mit Avi Primor hatte auch sein damals aktuelles Buch »An allem sind die Juden und die Radfahrer schuld« zum Inhalt. Primor erklärte mir, dieser Titel gehe auf einen Witz aus den 1930er-Jahren zurück. Natürlich erzählte er diesen Witz auch: »Naziraufbolde schlagen einen alten Juden auf der Straße nieder und fragen: ›Na Jude, wer ist an allem schuld, was schlecht ist, am Krieg und so weiter?‹ Der Jude weiß aber, mit wem er es zu tun hat, und er sagt: ›An allem sind die Juden und die Radfahrer schuld.‹ Da fragen die Nazis erstaunt: ›Warum die Radfahrer?‹ Da sagt er: ›Na ja, warum die Juden?‹« Die Hörerreaktionen auf diese Sendung und den Witz waren erfreulich positiv.

»Jahrhundertchance oder Milliardengrab« – unter diesem Titel veranstaltete SWR1 einen Aktionstag. Wahrscheinlich haben Sie ihn mitbekommen oder sofort erraten, was er behandelte: »Stuttgart 21«, das umstrittene Großprojekt der Deutschen Bahn. Nun ist »Leute« kein Streitformat, in dem sich zwei Anhänger unterschiedlicher Meinungen gegenseitig beharken. Das wollten wir auch in diesem Fall nicht ändern, darum ließen wir in zwei Sendungen unterschiedliche Haltungen zu Wort kommen, Befürworter und Gegner des geplanten Tiefbahnhofs. Ich durfte also in zwei Sendungen Bahnchef Rüdiger Grube und den Initiator des Widerstands, den damaligen Sprecher des »Aktionsbündnisses gegen Stuttgart 21«, Gangolf Stocker befragen. Nie haben wir während und nach einer Sendung mehr Mails bekommen. Ein schöner Erfolg. Ich möchte aber Erfolge auch gern daran messen, ob ich Menschen durch neue Informationen zum Nachdenken oder zum Überdenken ihrer Meinung gebracht habe – falls sie sich im Vorfeld schon eine gebildet haben. Das ist uns in diesem Fall, gemessen an den Reaktionen, kaum gelungen, lag aber wohl eher am Zeitpunkt. Die Lager hatten sich gebildet, die Standpunkte waren festgefahren und hatten sich im Laufe der Auseinandersetzungen und Demonstrationen verhärtet. Ideologen werden beratungsresistent.

Als Moderator stellt man sich erst einmal völlig infrage, wenn man ein negatives Echo auf die eigene Sendung registriert. Deutlich über hundert Mails landeten bereits während der Sendung mit Bahnchef Grube in unserem Postfach. Etwa

80 Prozent davon stellten mich in den Senkel. Um die Sache drehte es sich in den Zuschriften nur insoweit, als dass mir vorgeworfen wurde, bereits eine feste Meinung zu haben. Die falsche. »Wie kann man nur einen ausgewiesenen Gegner des Projekts eine solche Sendung moderieren lassen!«, lautete einer der Kommentare.

Zur Aufgabe eines Moderators gehört es, den Gesprächspartner zu hinterfragen, egal ob er eine feste Meinung zum Thema hat oder nicht und egal ob er eine andere Meinung hat oder nicht. Deswegen wurde ich im Laufe der Jahre schon als »Rechter« diffamiert und als »Kommunist« beschimpft. Grube durfte in unserem Gespräch über »Stuttgart 21« ausführlich die Vorteile des Projekts schildern, außerdem seine Sicht auf die Kritiker und das Thema »Kostenexplosion«. Aber natürlich musste ich ihn auch mit der Meinung derjenigen konfrontieren, die das Projekt für nicht sinnvoll und schlecht geplant, für ein Geschenk an Investoren, für zu gefährlich, nicht durchdacht und für zu teuer halten. Genau ein solches Vorgehen aber kommt bei Hörern oft als eigene Meinung an. Ist es aber nicht. In der zweiten Sendung konfrontierte ich dann Gangolf Stocker mit den vielen Argumenten der Befürworter, sowohl die den Zugverkehr betreffenden als auch die, die sich auf städtebauliche Aspekte bezogen. Das Echo der Hörer auf diesen zweiten Teil unseres Aktionstages war so niederschmetternd wie beruhigend. Diesmal hielt mich die große Mehrheit für einen unverbesserlichen Fan des Projekts: »Die Art und Weise, wie Herr Stocker interviewt wurde, lässt mich fast schon vermuten, dass die Pro-S21-Kampagne der Landesregierung schon begonnen hat. Der SWR scheint – leider – die Speerspitze dieser Kampagne darstellen zu wollen«, rügte uns eine Zuschrift.

Bei vielen Menschen im Land hat in den vergangenen Jahren ein Umdenken bezüglich des Projekts stattgefunden. Auch ich habe meine Einstellung hinterfragt, je mehr ich mich informiert habe. Schließlich habe ich sie völlig geändert. Zunächst war ich begeistert, dass die hässlichen Gleisanlagen verschwinden und unterirdisch verlegt werden sollten, um ein neues Wohnviertel mitten in der Stadt entstehen zu lassen. Dann schien es mir auch logisch, dass ein Durchgangsbahnhof schneller und praktischer sein müsse. Schließlich gefiel mir der architektonische Entwurf für den neuen unterirdischen Bahnhof von Architekt Christoph Ingenhoven. Den alten Bonatzbau dagegen fand ich schon immer hässlich. Dann schaute ich genauer hin, las ein paar Gutachten, und mir kamen immer mehr Zweifel an der Leistungsfähigkeit des neuen Bahnhofes. Zwar würden das bei einem Kopfbahnhof übliche Abkoppeln der Loks am einen Ende und das Ankoppeln eines neuen Triebwagens am anderen Ende des Zuges bei einem Durchgangsbahnhof wegfallen und die Züge würden nach einem Halt an der Station einfach weiterfahren. Aber wenn auf einmal statt der bisherigen sechzehn Gleise nur noch acht Gleise da sind, müssten die Haltezeiten schon extrem kurz ausfallen, damit der neue Bahnhof wirklich so viel an Zeit einspart, wie behauptet wird. Auch das Brandschutzkonzept erwies sich nach genauerem Hinsehen und Nachforschen schnell als untauglich. Und ob der neue Bahnhof ausreichend behindertengerecht ist, wird nach wie vor bezweifelt. Die Bahnsteige sind an manchen Stellen sehr schmal, Gleise und Bahnsteige weisen auf 400 Metern Länge einen Höhenunterschied von 6 Metern auf. Das sind 15 Promille. Erlaubt ist nach der Eisenbahn- und Betriebsordnung aber eigentlich nur ein Höhenunterschied von 2,5 Promille. Da wird also die Höchstgrenze nur ein wenig, nämlich um mehr als das Sechsfache überschritten – und trotzdem wird es so genehmigt!

Von den Kosten muss man gar nicht mehr reden. Wie vieles andere wurde das Ausmaß der Steigerungen nicht kommuniziert, auch nicht vor der Volksabstimmung. Diese führte die grün-rote Regierung wie versprochen durch, allerdings mit einer recht intelligenten Fragestellung. Weil nach dem Ausstieg der Stadt aus dem Projekt gefragt wurde, mussten die Gegner des Projekts mit »Ja« stimmen, die Befürworter mit »Nein«. Die Betreiber wurden, je mehr der Protest in der Bevölkerung zunahm, nicht müde ihr Bedauern darüber zu versichern, dass man nicht ausreichend kommuniziert und die Bevölkerung nicht mitgenommen habe. Dem kann ich natürlich im Grunde nur zustimmen. So gut und richtig es ist, die Karten auf den Tisch zu legen und mit den Menschen ein so großes Vorhaben zu diskutieren – bei »Stuttgart 21« wurde das meiner Meinung nach mit Absicht nicht gemacht. Sonst wäre das Projekt nämlich frühzeitig gescheitert. Dass die Proteste überhaupt so zunahmen, auch die Omas aus den besseren Wohngegenden auf die Straße gingen, der »Stuttgarter Wutbürger« geboren wurde, hat nichts mit Maschinenstürmerei, mit Technikfeindlichkeit oder Angst vor Neuem zu tun. Die Menschen hatten einfach nur begriffen, dass sie belogen worden waren, weil Investoren sich eine goldene Nase verdienen wollten. Als die Bahn dann noch behauptete, das Projekt sei so toll, dass sich andere Städte die Finger danach lecken würden, war das, finde ich, einfach nur dreist. Ja, auch »Frankfurt 21« und »München 21« wurden angedacht – und zügig verworfen: nicht sinnvoll und nicht finanzierbar!

Als Krönung der Menschenverachtung empfand ich den »Schwarzen Donnerstag« in Stuttgart, an dem Wasserwerfer mit einem solchen Druck (im wahrsten Sinne des Wortes) einige Gegner des Projekts »abschossen«, dass die Sanitäter im Dauereinsatz waren. Ein Demonstrant ist bei dieser Aktion fast vollständig erblindet. Er ist aber auch selbst schuld. Behauptete man. Er hatte nämlich, bevor er vom Wasserstrahl getroffen wurde, mit schwäbischen Molotow-Cocktails nach Polizisten geworfen. Also mit Kastanien. Der Polizeipräsident betonte gar, der Mann habe sich selbst in den Wasserstrahl gestellt. Wer also trägt die Verantwortung? Ministerpräsident Stefan Mappus saß am Vortag zwar mit den für den Einsatz Verantwortlichen zusammen – und weiß und kann bis heute für nichts.

Die Meinung des Moderators darf im Gespräch keine Rolle spielen. Obwohl er natürlich meistens eine hat. Mit meiner eigenen Meinung habe ich mich damals in den beiden Sendungen bewusst zurückgehalten. Um professionell zu agieren, also beide Positionen in dieser Streitsache darzustellen. Wenn ich am Ende von beiden Seiten, von Gegnern genauso wie von Befürwortern von »Stuttgart 21«, Prügel bezogen habe, tut das natürlich weh, aber ich kann nicht alles falsch gemacht haben. Und über die lobenden Mails (die gab es schließlich auch) freut man sich dann besonders. Ein Beispiel: »So stelle ich mir journalistische Arbeit vor. Sie waren gut vorbereitet, und ich hatte nicht den Eindruck, dass Sie in irgendeiner Weise parteiisch vorgegangen wären. Der Umgang war respektvoll und den jeweiligen Personen angepasst.« Genau so war es auch von mir gedacht.

Sie sind ja ein Krawalljournalist

»Wer war denn dein bester Gesprächspartner?« Diese Frage wird mir oft gestellt und sie ist verständlich. Ich kann sie aber nicht beantworten. Wenn man den einen hervorhebt, tut man dem anderen Unrecht. Außerdem gibt es verschiedene Arten von »guten« Gesprächspartnern. Gäste, die eine konträre Position einnehmen, empfinde ich nicht nur als Herausforderung; sie zu hinterfragen macht mir auch großen Spaß. Auf der anderen Seite freue ich mich auch auf Menschen, von denen ich weiß, dass sie einfach klug, unterhaltsam und witzig sind. Menschen, die einen bereichern, egal worüber man redet. Harald Schmidt gehört dazu, einer unserer Stammgäste. Eigentlich muss man sich auf eine Sendung mit ihm gar nicht vorbereiten. Man kann reden, worüber man will, es ist immer bereichernd. Nur ein Beispiel für seine Spontaneität: Wir sendeten live vom Flughafen in Stuttgart. Vor Publikum. Harald Schmidt sollte auch Hörerfragen beantworten, die er vorher aber nicht kannte. Ich las ihm eine vor: »Warum, fragt Michaela, sind Sie so frauenfeindlich?« Schmidt antwortete spontan und direkt: »Um diese Frage beantworten zu können, müsste ich erstmal wissen, wie Michaela aussieht.«

In bester Erinnerung sind mir auch die Gespräche mit Roger Willemsen. Ich weiß, er gilt vielen als arrogant und überheblich. Aber er ist einfach ein kluger Kopf, der zuhört und respektvoll ist. Willemsen ist außerdem ein toller Moderator, Bestsellerautor ist er sowieso. Als ich die Ankündigung

Immer ein spannender Gesprächspartner: Roger Willemsen

für sein gerade aktuelles Buch las, fragte ich mich manchmal, was das jetzt soll. »Der Knacks« hieß sein Werk. Als wir uns am 11. Dezember 2008 unterhielten war es soeben erschienen.

»Geht's gut?«, begann ich unser Gespräch ganz lapidar.

»Es geht sehr gut!«

»Sie machen immer so einen fröhlichen Eindruck.«

»Ich sitze gern hier«, warf er den Ball zurück.

»Ach, deshalb ...«

»Ich sitze und sehe, dass Sie sonniger sind, denn draußen wird der Tag nicht hell«, entgegnete er. Langsam wurde das Gespräch also poetisch.

»Ich habe gerade den Wetterbericht angesagt. ›Trüb‹ war dort das Stichwort.«

»Trüb ja, aber Sie sind so untrüb.«

»Ich danke Ihnen, aber das liegt an meinem Gegenüber.« Wir lachten beide.

»Wollen wir jetzt mit dem Schmalz aufhören?«, fragte ich Willemsen.

»Ist das Ranschmeißen de luxe?« fragte er nur.

»Okay, ich könnte das Gespräch jetzt gleich wieder völlig umdrehen und fragen: Haben Sie einen Knacks?«

»Ja. Sie haben ihn auch.«

»Ja, ich meine, ich habe Ihr Buch.«

»Sie haben mein Buch, aber was schlimmer ist, Sie haben das Phänomen, das in dem Buch beschrieben wird, selbst im Gesicht. Wir haben es alle.«

»Ich höre.«

»Sagen wir mal so: es gibt eine spezifische Form von Bedürftigkeit, von Notsituationen, von Kapitulation, von Resignieren – die frisst sich im Laufe der Zeit in das Gesicht ein. Auch in Ihrem, auch in meinem.«

»Was meinen Sie jetzt mit Resignationen und Notsituationen und Furchtbarem in meinem Leben?«

»Wenn ich Ihr Gesicht ansehe, könnte ich sagen, es ist nicht mehr getragen von den Idealen der Frühzeit. Sie haben sich bestimmt damit arrangieren müssen, bestimmte Träume ausgeträumt zu finden, die Sie vielleicht lieber nicht verraten hätten. Vielleicht haben Sie sie nicht verraten, aber Sie haben sich irgendwann von ihnen zurückgezogen. Darum strahlen diese Ideale nicht mehr so. Die Radikalität ist nicht mehr so forsch, wie sie mal war, und Sie sind nicht mehr so robust, wie Sie mal waren. Selbst die Vitalität hat sich langsam in Ermüdungsbruch übersetzt.«

»Ich gehe gleich!« rief ich aus, und wir lachten beide. »So wahr das ist, was Sie sagen, so wenig überraschend ist es für einen Wahrsager, dass jemand in meinem Alter schon ein paar Träume begraben hat. Das passt, glaube ich, immer.«

»Ganz recht. Das passt immer. Aber es lohnt sich vielleicht, genauer draufzugucken. Und vor allen Dingen, jetzt im Ernst gesprochen: Wenn man ein unkaputtbares öffentliches Bild bekommt von Menschen, die Hochleistungsmaschinen in ihren Berufen sind, die im Grunde durch bürokratische Schnittpunkte ihrer Biografie – da mal geboren, den und den Beruf ergriffen, von der und der Frau ergriffen worden, an der und der Krankheit erkrankt – das ist nicht unser Leben. Unser Leben ist dieses ›Irgendwas-hat-sich-irgendwann-irgendwie-verändert‹. Und dann waren wir nicht mehr das, was wir werden wollten.«

»Sie haben jetzt einiges aufgezählt – da kamen nach den Frauen gleich die Krankheiten. Ist Ihnen das aufgefallen?«

»Ja, das ist auch so miteinander verwachsen, dass man gar nicht mehr weiß, wo hört die Frau auf, und wo fängt die Krankheit an.«

»Mein lieber Freund, Sie sind heute aber gut drauf.«

»Krawallgebürstet? Nein, friedlich buddhistisch.« Roger Willemsen lachte.

»Gut, über Buddha können wir später auch noch reden. – ›Der Knacks‹ heißt Ihr überaus erfolgreiches Buch, seit vielen Wochen ist es in den Bestsellerlisten. Ich wäre nie auf die Idee gekommen und bin angenehm überrascht, dass es trotzdem geht, eine philosophische Abhandlung über das Leben mit dem Titel ›Knacks‹ zu bezeichnen. Wir kommen Sie darauf?«

»Zunächst einmal sei der Wahrheit die Ehre gegeben. Es gibt eine grandiose Erzählung von F. Scott Fitzgerald aus dem Jahr 1936, die trägt den Titel ›The Crack-Up‹, das wäre wörtlich übersetzt ›Der Knacks‹. Auf diese Erzählung beziehe ich mich da, wo ich über Bewegung von innen schreibe. Also über Veränderungen, die uns nicht von außen, sondern eben aus unserem heimlichen Menschen erreichen. Aber ›Der Knacks‹ ist deshalb besser als ›Der Bruch‹, weil der Bruch ein Vorher und Nachher hat. Weil der Bruch in die Tiefe geht, während der Knacks die Ausbreitung eines Haarrisses ist. Eine Patina, die sich langsam über unser Leben legt. Er geht nicht in die Tiefe, er geht in die Fläche. Er hat sich irgendwann eingestellt, er ist wie eine Falte, von der man auch nicht weiß: ist es Materialermüdung, die sich in diesem Gesicht abgebildet hat, haben sich irgendwann zwei Moleküle voneinander getrennt, so wie sich die Liebespaare im Bett irgendwann trennen und nicht mehr Händchen halten, sondern zu ihrer Seite gewendet schlafen – so etwas.«

»Also wird der Knacks von einem Moment zu einem Zustand.«

»Ganz recht, mit einem ›Irgendwann‹, ohne dass ich das Datum benennen kann, wann er sich ins Leben geschlichen hat.«

»In ›Knacks‹ geht es um Veränderungen, die Biografien, Menschen und Leben nachhaltig beeinflussen. Manchmal muss man Dinge, Menschen, Abläufe akzeptieren, wie sie sind. Begreifen sollte man sie sowieso. Manchmal muss man sie verändern. Es gibt diesen berühmten Spruch: ›Ich wünsche Dir die Kraft, Dinge zu verändern, die verändert werden müssen; die Geduld, Dinge zu ertragen, die nicht verändert werden können; und die Weisheit, zwischen beidem zu unterscheiden.‹«

»Also die letztere geht mir sicher ab«, gab Willemsen zu, »die erstere geht mir vielleicht weniger ab. Die Geduld geht mir manchmal ab. Ganz simpel deshalb, weil Geduld bestimmten Dingen gegenüber schon inhuman ist. Geduld Guantanamo gegenüber zu üben ist das inadäquate Verhalten. Es gibt ein einziges richtiges Verhalten Guantanamo gegenüber, und das ist Radikalität. Und Radikalität besteht auf sofortiger Veränderung. Alles andere ist Menschen gegenüber, die in diesem Moment gefoltert werden, während wir hier sitzen, einfach nicht tolerierbar. Insofern ist manchmal selbst Toleranz keine Tugend mehr, sondern falsch.«

»Was müssen wir außer Guantanamo noch verändern?«

»Es gibt eine ganze Reihe von Dingen, die inzwischen apokalyptisches Gepräge haben. Dazu gehört die Klimaerwärmung natürlich, dazu gehören Migrationsbewegungen, dazu gehört die absolute Verelendung großer Teile Afrikas, für die nichts getan wird. Das Wasser wird ein gigantisches Problem dieses Jahrhunderts werden – also ich weiß gar nicht, wo man ansetzen soll. Ich weiß kaum etwas, wo die Perspektiven nicht dramatisch sind. Es gibt ein Hilfspaket für Banken, aber es wird keines für das Klima geben.«

Nach Willemsens Buch »Der Knacks« kam »Momentum«. Nicht nur auf den Markt, sondern auch wieder in die Bestsellerlisten. Am 19. September 2012 haben wir uns aus diesem Anlass wieder miteinander unterhalten. Dieses Mal weniger über Biografien im Allgemeinen, sondern über seine eigene:

»Ich habe ein bisschen in Ihrer Biografie gewühlt und festgestellt, Sie sind gern zur Schule gegangen. Also ein bisschen länger als man unbedingt musste.«

»Ach so 'rum wenden Sie das, dass ich zweimal hängen geblieben bin und nur die letzte Gurke war – furchtbar. Ich war dumm, langhaarig und verpickelt. Der Zusammenhang mit den langen Haaren und den Pickeln war der, dass die langen Haare die generationsspezifischen Pickel zu kaschieren hatten. Es gab dann eine Wechselwirkung zwischen der ›Gardine‹ und der Hautoberfläche. Dermatologen wissen, wovon ich rede.«

»Ich habe in einem Interview von Ihnen nachgelesen, wie Sie das beschrieben haben: sie seien so unattraktiv gewesen, dass Ihnen nur die libidinös Unerlösten geblieben seien.«

»So wahr, so wahr. Und dass die Eltern ihre Kinder von der Straße geholt haben, wenn ich vorbeiging. Nein, so schlimm war es nicht. Aber ich musste schon darauf bauen, dass Frauen sehr stark affektiv an mir hingen, um vieles zu vergessen, glaube ich.«

»Warum sind Sie in der Schule zweimal hängengeblieben?«

»Blöd, also einfach faul, dumm, nichts getan. Das Gehirn ist nicht schnell genug mitgewachsen. Ich glaube, da gibt es keine Entschuldigung.«

»Naja, zwischen blöd und faul ist ja noch ein Unterschied.«

»Ja, es gibt so gute Entschuldigungen. Mein Vater starb, alle drei Kinder blieben in diesem Jahr hängen, das ist wirklich eine Belastung. Aber ich will mich nicht darauf rausreden, weil ich mir letztlich selber so ein bisschen als Rätsel gegenüberstehe. Es gab bestimmte klare Neigungen, das konnte ich auch richtig gut, aber ich hatte kein Mittelfeld, und da unten waren dann Mathematik, Physik und Chemie, und das ging schief. Als ich die letzte Mathematikarbeit schrieb, da habe ich nur noch in das Heft geschrieben: Die lange Nacht nimmt ein Ende. Das war 'ne sechs. Das musste das allerallerschönste Fräulein der Schule mir attestieren, und das hieß Fräulein Biersack. Fräulein Biersack konnte gar nicht gehen – sie schwebte nur. Wir waren alle in die verliebt, und ich hätte der so gern imponiert. Aber es war 'ne sechs.«

»Wie gehen wir jetzt damit um? Wir können den Kindern ja nicht sagen: ›Ist nicht schlimm, wenn Ihr sitzen bleibt. Aus Euch kann ja noch was werden so wie auch aus Roger Willemsen. Es wäre schon vernünftig, das irgendwie zügiger auf die Reihe zu kriegen und nicht so faul zu sein.‹ Oder was würden Sie den Kindern heute raten?«

»Heute würde ich sagen: ›Folgt Eurer Leidenschaft. Macht unbedingt die Dinge, die Ihr mit Enthusiasmus betreiben könnt. Ihr entwickelt eine unheimliche Stärke in dem Augenblick, wo Ihr für eine Sache brennt. Also verwendet viel Zeit darauf herauszufinden, wofür Ihr brennt. Und dann – zweite Regel – scheut den plötzlichen Abbruch, den Ausstieg, den Kurswechsel nicht in dem Augenblick, wo es sich nicht mehr fühlen lässt, was Ihr tut.‹ Also ich glaube, man muss beherzt auch durch das Berufsleben gehen.«

In diesem Fazit von Roger Willemsen habe ich mich wiedergefunden. Meine Neugier auf Menschen und das Leben hat es mir leicht gemacht, Fragen zu stellen und zuzuhören und dabei auch noch Spaß zu haben. Auch Unterhaltungen mit Politikern können einen solchen großen Spaß bereiten, jedenfalls wenn der Politiker ein Typ wie Stuttgarts Oberbürgermeister Manfred Rommel ist. Ihn hatte ich kurz vor Ende seiner letzten Amtszeit, am 5. Oktober 1996, zu Gast. Wir trafen uns auf dem Stuttgarter Fernsehturm vor einem Publikum, das viel zu lachen hatte.

»Herr Rommel, ich habe eben festgestellt, Sie gucken gar nicht so gern von oben runter. Das heißt, Sie sind ganz froh,

Manfred Rommel begeisterte mit seinem Witz die Zuhörer

dass Sie mit dem Rücken zum Fenster sitzen? 146 Meter hoch – ist Ihnen das nicht so angenehm hier?«

»Also, als Fensterputzer hier auf dem Fernsehturm wäre ich völlig ungeeignet. Da würde zunächst der Eimer runterfallen und dann ich.«

»Gut, die Reihenfolge ist noch in Ordnung. Aber wir haben Sie doch lieber als Oberbürgermeister, mittlerweile seit fast 22 Jahren. Fällt Ihnen der Abschied jetzt schwer, oder sind Sie noch gar nicht so weit, an den Abschied zu denken?«

»Ja, was soll ich dazu sagen?«

»Ja oder Nein zum Beispiel!«

»So eine Antwort bekommen Sie von einem Politiker nur, wenn sie falsch ist. – Halb hebt es mich, halb zieht es mich in den Ruhestand. Das ist schon ein Saugeschäft. Auf der anderen Seite habe ich schon immer die fatale Eigenschaft gehabt, mich für unentbehrlich zu halten. Ich kann mich noch gut erinnern, wie ich Bürgermeister in Stuttgart wurde. Da musste ich mein Amt als Staatssekretär im Finanzministerium aufgeben. Ich war überzeugt, dass danach das Land Baden-Württemberg finanziell zusammenbricht. Aber zu meiner bitteren Enttäuschung ist das nicht erfolgt. So wird es wohl auch mit meinem Amt als OB sein. Ich bin sicher, dass mein Nachfolger, den ich noch nicht kenne, dieses Amt auch mit großem Erfolg innehaben wird.«

»Wir haben uns eben, bevor die Sendung losging, mit den wichtigen Genussmitteln des Lebens beschäftigt. Was haben Sie da gesagt: ›Assugrin‹, dieser Süßstoff, ist das Letzte, was einem an angenehmen Dingen noch bleibt?«

»Ja, in meinem Alter muss man alle Dinge, die einem noch ein gewisses Wohlbefinden vermitteln, hoch schätzen. Und der Kaffee ist ja sonst ein bissle bitter.«

„Gut, Sie genießen ihn mit Assugrin und ohne Milch.«

»Nein, keine Milch.«

»Und Sie rauchen nicht. Aber Sie sind einer der wenigen Gäste, die mich beglückwünschen, dass ich noch rauche.«

»Ja, ich freue mich über jeden Raucher. Erstmal weil er die Rentenlast der Bundesrepublik vermindert ...« An dieser Stelle spendete das Publikum Beifall. »Und zweitens, weil er zum Tabaksteueraufkommen beiträgt. Also, die Raucher werden überall angegriffen, sind aber von einem hohen sozialen Nutzen. Man sollte ihnen mehr Toleranz entgegenbringen.«

»Danke, ich nehme das so an.«

»Ist auch so gemeint.«

»Was Sie vermisst haben, ist der ›Budder‹, also die Butter.«

»Der ›Budder‹ fehlt hier. Die unzufriedenen Gesichter, denen ich begegnet bin, als ich hier reingekommen bin, haben mir gleich gesagt: es gibt zwar Brezeln, aber keinen ›Budder‹.

Da hat der Süddeutsche Rundfunk wieder einmal gespart –
darum hat er ja auch einen ausgeglichenen Haushalt.«

Auf solch ein Thema musste ich ja eingehen: »Sie wissen
ja, warum wir sparen müssen – und dass wir sinnvoll sparen.
Sie sprachen den ausgeglichenen Haushalt an. Da gibt es ja
in der Provinz im gleichen ›Wilden Süden‹ einen Sender,
dem es nicht so geht, den SWF. Wahrscheinlich hat der zu
viel Butter rausgehauen.«

»Ja, also ich bin ja überzeugt, dass der SWF einen Butter
zur Verfügung gestellt hätte. Ich wollte vorher schon jemanden beauftragen, einen Butter auf private Kosten zu holen,
aber das ist doch a bissle weit bis Degerloch.«

»Ja, was ist Ihnen jetzt lieber: ein Sender, der Schulden
macht, aber Butter austeilt. Oder ein SDR?«

»Mir ist ein Sender ohne Butter mit ausgeglichenem
Haushalt lieber!«

Dass Zuhörer und Zuhörerinnen bei einem Gespräch
mit einem Politiker so viel lachen und sogar applaudieren
wie bei dem mit Manfred Rommel, kommt eher selten vor.

Das Gespräch mit Corinna Harfouch gehört eigentlich
nicht in diese Reihe, weil es ganz anders verlaufen ist als
das mit Roger Willemsen und Manfred Rommel. Auf der
anderen Seite gehört es aber *doch* hierher. Corinna Harfouch ist eine großartige Schauspielerin, und als sie zusagte,
auf dem Weg zu den Biberacher Filmfestspielen für die
Aufzeichnung eines Gesprächs im November 2005 zu uns
ins Studio zu kommen, habe ich mich gefreut. Natürlich
sprachen wir über ihren aktuellen Film. Die Hörer erfuh-
ren unter anderem aber auch, dass sie, die sie aus der DDR
stammte, keine Autogramme sammelt, keinen Computer
hat und auch nicht fernsieht. Dann stellte sich allerdings

heraus, dass Frau Harfouch andere Vorstellungen von einem Interview hatte als ich:

»Wollten oder sollten Sie einmal in die Kirche und in die Partei eintreten?«, fragte ich sie freundlich.

»*Was*? Was ist das denn?«. Sie klang entsetzt.

»Das ist ihre Biografie.«

Sie lachte.

»Sie wollten mal in die Partei und sollten mal in die Kirche – stimmt das?«, hakte ich nochmals nach.

»Das verstehe ich nicht, die Frage. In keinem Zusammenhang. Die Frage überrascht mich etwas.«

»Zu ihrem Film steht die Frage in keinem Zusammenhang. Aber es hat doch etwas mit Ihnen zu tun, und Sie sind zu Gast bei uns.«

»Ich bin doch nicht gezwungen, über alles Auskunft zu geben.« Ihr Ton war deutlich distanziert.

»Nö, Sie müssen nicht auf alles antworten.«

»Hm, genau.« Sie lachte.

»Dann präzisiere ich: wollten Sie in die Partei eintreten?«

»Was? Ich verstehe das jetzt nicht.«

»Ich habe viel über Sie gelesen, ich wollte mich ja anständig vorbereiten.«

»Wo steht denn so was?«

»In Artikeln, in Interviews, in Biografien.«

Sie lachte wieder. »So was kann man einem Wessi nicht beantworten, ganz ehrlich. Das macht keinen Spaß.«

»Und Kirche, wie ist es mit der Kirche?«

»In die Kirche sollte ich gehen. Ich sollte getauft werden, weil ich einen syrischen Mann heiraten wollte. Der syrische Staat meinte, das gehe nicht ohne eine Religion nachzuweisen. Und da ich ein atheistisches Elternhaus hatte und die mich nicht haben taufen lassen, hab' ich da zweimal einen Pfarrer gefragt, ob er mich taufen würde.«

Das Gespräch schien nun wieder in harmonischere Bahnen zu laufen. »Daher auch Ihr Name ›Harfouch‹, ein syrischer Name. Hat der eine bestimmte Bedeutung, kann man den übersetzen?«

»Mein syrischer Mann hat mir gesagt, das wäre ein sehr starker Name und würde bedeuten: Wirbelknochen vom Krokodil.«

»Vor mir sitzt jetzt also Frau ›Wirbelknochen vom Krokodil‹. Wie lange hat ihre erste Ehe gehalten?«

»Nicht lange, weil er musste halt zurück, der Nabil. Wegen der Armee. Und ich wollte unbedingt an die Schauspielschule. Da haben sich unsere Wege dann wieder getrennt. Ich möchte dieses Kapitel eigentlich streichen. Ich möchte einen Summton, summ …«

»Gestatten Sie mir eine Frage, die ich aus Neugierde gerne stellen würde, und Sie …«

»Was heißt hier Neugierde – Sie sind ja ein Krawalljournalist.«

»Finden Sie?«

»Ja, zum Beispiel Ihr ›da fragen wir nochmal nach‹. Sie haben es zwar schon irgendwo gesagt, aber jetzt sagen Sie es vor meinem Mikrofon nochmal.«

»Sie haben es unseren Hörern noch nicht gesagt. Wenn ich es schon gelesen habe, wissen es unsere Hörer doch noch nicht.«

»Okay.«

Wir haben die Situation dann irgendwie noch überstanden und konnten ruhig und gesittet weiterreden. Als ganz am Ende der Sendung die Rede auf Hitler kam, meinte ich, dass die Sendezeit nun vorbei und das jetzt kein so schöner Schluss sei. Da bot Corinna Harfouch an, noch ein Rilke-Gedicht zu rezitieren, die »Ernste Stunde«:

> »Wer jetzt weint in der Nacht,
> ohne Grund weint in der Nacht,
> weint über mich.
>
> Wer jetzt lacht in der Nacht,
> ohne Grund lacht in der Nacht,
> lacht mich aus.
>
> Wer jetzt geht in der Nacht,
> ohne Grund geht in der Nacht,
> geht zu mir.
>
> Wer jetzt stirbt in der Nacht,
> ohne Grund stirbt in der Nacht,
> sieht mich an.«

Rilkes Verse waren zwar nicht ganz korrekt wiedergegeben, aber ich empfand ihren Vortrag als einen versöhnlichen Abschluss. Corinna Harfouch war nicht die einzige, die eine Sendung lyrisch beendete. Norbert Blüm wählte Eduard Mörikes »Gebet«:

> »Herr! Schicke was Du willst,
> ein Liebes oder Leides;
> Ich bin vergnügt, dass beides
> Aus Deinen Händen quillt.
>
> Wollest mit Freuden
> Und wollest mit Leiden
> Mich nicht überschütten!
> Doch in der Mitten
> Liegt holdes Bescheiden.«

Ein anderes, weniger lyrisches Hobby verriet mir Jean-Claude Juncker, damals Premier von Luxemburg. Er war uns aus unserem Studio in Brüssel zugeschaltet und entpuppte sich als sehr sympathischer tiefenentspannter Gesprächspartner. Er findet seine Ruhe im Keller: »Ich bin gern blöd, starre auf einen Flipper und klimpere höchst pervers mit zwei Fingern irgendwo an der Seite des Kastens entlang. Das entspannt mich total.«

Dass unsere Gäste sich hobbymäßig dem Alkoholtrinken zuwenden, kommt öfter vor. Bei manchen wird aus dem Hobby dann eine Sucht. Vom einen Gast vermutet man das und vom anderen weiß man es. Etwa, weil er selbst dazu steht. Janosch tat es, und auch Udo Lindenberg kam diesbezüglich zu Wort. Am 4. Mai 1998 erzählte auch der Obdachlose aus der Sonntagabend-Serie »Lindenstraße« – so kennen ihn jedenfalls die meisten – von seiner Vorliebe für Alkohol. Hauptberuflich war er (leider ist er ja gerade verstorben) Übersetzer, dazu ein großartiger und kluger Unterhalter: Harry Rowohlt. »Sie sind bei uns zu Gast nicht zuletzt, weil Sie wieder auf Tour sind, um etwas vorzulesen, vorzusingen und vorzutrinken«, begrüßte ich ihn und er gab ganz offen zu: »Ja, meine Lesungen nenne ich intern immer ›Schausaufen mit Betonung.‹« Im Gespräch empfahl Rowohlt außerdem jedem, der ein Alkoholproblem hat, sich wie er bei seinen Lesungen für das ›Saufen‹ bezahlen zu lassen. Seit er das machen würde, würde er privat kaum noch trinken: »Weil ich dann den Eindruck habe, dass ich schwarz und umsonst arbeite.«

Beim Alkohol landete auch das Gespräch mit dem Schauspieler Ulrich Tukur. Er war vor der Ausstrahlung des Films »Rommel«, in dem er den Wüstenfuchs verkörpert, im In-

Charakterkopf Harry Rowohlt

terviewstress. Wir haben uns eine Stunde lang über diesen
Film über Erwin Rommel unterhalten, über Nazideutschland
und Mitläufer. Dann kündigte ich an, dass die zweite Stunde
andere Schwerpunkte setzen würde:

»Wir haben noch angenehmere Themen vor uns. Wein
zum Beispiel oder Italien oder den ›Tatort‹.«

»Wieso«, fragte Tukur, »haben Sie die Weiber ausgespart?«

»Und natürlich die Weiber«, antwortete ich. »Hören Sie
zu, noch eine Stunde mit Ulrich Tukur!«

Natürlich nahm ich Tukurs Vorlage im nächsten Gesprächsteil auf: »Was möchten Sie jetzt über Weiber erzählen? Ich lerne gern dazu.«

»Also ich gebe hier wirklich offen zu, aber bitte erzählen
Sie es nicht weiter: ich bin heterosexuell veranlagt!«

»Nee!«

»Ja! Ich hoffe, meine Eltern kriegen das nicht mit.« Wir lachten.

Dann fuhr er fort: »Ich hab' eine wunderbare Frau – ich habe wirklich im zweiten Anlauf eine Frau. Nicht nur, dass sie schön ist, sie hat eine Persönlichkeit, sie ist wagemutig. Sie ist mir überlegen ...«

»Sie ist Ihnen überlegen, und das freut Sie?«

»Na, das ist doch toll, wenn man eine Frau hat, die ein bisschen stärker ist als man selbst und die einen trotzdem liebt.«

Wir unterhielten uns noch eine Weile über seine Frau und die Ehe im Allgemeinen. Dann begann Tukur plötzlich *mir* die Fragen zu stellen:

»Sind Sie eigentlich verheiratet?«

»Nein, ich war mal verheiratet«, antwortete ich brav.

»Sie waren mal heterosexuell.«

»Ich bin immer noch heterosexuell, ich bin dem weiblichen Geschlecht treu geblieben.«

»Okay, also sind Sie geschieden. Glücklich oder unglücklich?«

Tukur hatte den Spieß umgedreht, ich antwortete ihm weiter: »Na, die Scheidung war richtig. Aber letztendlich ist man doch irgendwann mal enttäuscht. Ursprünglich heiratet man ja, weil man denkt, das hält das Leben lang ...«

»... das hab' ich auch gemacht ...«

»... und wenn man dann scheitert, ist das eigentlich blöd. Aber manchmal muss es halt sein.«

Irgendwann verteilte Ulrich Tukur dann (wie so viele unserer Gäste) noch Ratschläge an die Hörer: »Junge Menschen verbinden sich dann mal eher so vorschnell mit anderen Menschen und müssten eigentlich wissen, dass man das nicht tun soll. Ich kann nur jedem hier ganz deutlich zurufen: ›Warten mit dem Heiraten! Erstmal schauen, dass man sein Leben etwas auf die Schiene setzt. Heiraten und Kinderkriegen kann man immer noch, aber nicht zu früh!‹«

Offensichtlich hatte ich ihm aber immer noch nicht genug von mir erzählt. Er wollte mehr Details, vor allem meine Scheidung betreffend. Aber da blockte ich ab: »Das geht Sie gar nichts an jetzt. Gleich reden wir über Wein.« Und das taten wir dann auch. Ich hatte gehört, dass Tukur eigenen Wein anbaut. Aber er korrigierte mich: Sein Weinberg in der nördlichen Toskana, genauer seine drei Gewürztraminer-Reben, habe in drei Jahren keine einzige Traube hervorgebracht. Aber er genieße es trotzdem, Rotwein zu trinken. Vor allem den »Amarone«, einen Rotweincuvee, der aus fünf verschiedenen Reben besteht, die im nördlichen Valpolicella angebaut werden. Die Trauben dafür werden ganz spät im Jahr gelesen und haben dadurch einen hohen Zuckergehalt. Ein guter »Amarone«, so Tukur, sei sicher unter 40 Euro nicht zu kriegen. Ich dagegen schwärmte von »Barolo«, den Tukur »grauslich« fand. Zumindest der unter 85 Euro sei schrecklich. Um Ulrich Tukur vom Gegenteil zu überzeugen lud ich ihn zu mir ein. Im Keller hatte ich noch einige Flaschen »Barolo« liegen, die ich ganz gut fand. Auch solche unter 85 Euro. Tukur nahm die Einladung zwar an, aber es kam nicht dazu. Vielleicht irgendwann einmal.

Wenn man wie ich bestimmte Fragen sehr häufig gestellt bekommt, greift man bisweilen auf Standardantworten zurück. Wollte jemand wissen, wer bei uns in »Leute« bereits zu Gast war, habe ich schon oft geantwortet: »Unsere Gästeliste reicht von Harald Schmidt bis Helmut Schmidt.« Auch um zu begründen, warum Journalist mein Traumberuf ist, habe ich eine

Senta Berger flirtete während der Sendung mit Moderator Stefan Siller

Lieblingsantwort: »Wenn ich mich mit Senta Berger treffen möchte, lade ich sie ein und kriege auch noch Geld dafür.« So ist es. Senta Berger, ich bekenne es, finde ich großartig. Sie ist eine tolle Schauspielerin, eine wunderbare Persönlichkeit, eine kluge, offene und schöne Frau mit Ausstrahlung. In einer unserer Sendungen fing sie an, mit mir zu flirten. Klar war das nur gespielt. Aber ich habe natürlich mit Vergnügen mitgespielt. Wir unterhielten uns über ihre Biografie, als sie mich plötzlich auf meine Pflichten aufmerksam machte:

»Sie müssen den Verkehrsfunk, glaube ich, bedienen.«

»Die Entwarnung wegen des Falschfahrers, die können wir noch ein bisschen aufsparen.«

»Machen Sie doch die Entwarnung, dann bin ich auch ein bisschen ruhiger.«

Ich gab also die Entwarnung durch.

»So, jetzt habe ich Sie ganz rausgebracht...«, kommentierte Senta Berger.

»Sie möchten mich also ein bisschen aus dem Konzept bringen. Macht Ihnen das Spaß, insbesondere Männer aus dem Konzept zu bringen?«

»Also, ein bisschen flirten muss schon sein.«

Dafür revanchierte ich mich ein wenig später, indem ich sie fragte, wie man es schafft, jedes Jahr schöner zu werden.

»Ach, vielen herzlichen Dank. Jetzt haben Sie mich aber drangekriegt. Jetzt bin ich die Verwirrte. Vielen herzlichen Dank.«

Wer weiß, wo das alles noch endet!

»Ihr habt einen an der Waffel«, war noch einer der freundlicheren Kommentare. Auch der Gang zu einem Psychiater wurde uns empfohlen. »Was für eine Schnapsidee« hieß es allenthalben. Das stimmt nicht. Wir haben das schon oft gesagt, ich will es hier nur noch einmal klarstellen. Es war eine Bieridee meines Kollegen Thomas Schmidt und von mir. Der zehnte Geburtstag von SDR3 stand bevor. Dieses Jubiläum, da waren wir uns einig, hatte mehr verdient als ein fröhliches »Prösterchen«. Es sollte, es musste spektakulär gefeiert werden: mit einem Mammut-Event. Deshalb hatten Thomas und ich für den 21. April des Jahres 1989 ein »Arbeitsessen« vereinbart, das größtenteils aus einem Kasten leckeren herben Bieres bestand. Wie wir es schon in unserem Bestseller »Top 1000 X – Das Buch zur Show« beschrieben haben, wurde an diesem Abend Gigantisches geboren.

Ich hatte mich auf unser Arbeitsessen gründlich vorbereitet. Das heißt, ich war ins Archiv gegangen und hatte mir aus dem »Guinness-Buch der Rekorde« die Seite mit den Medienereignissen kopiert. Sinn und Zweck der ganzen Sache: Ich wollte herausfinden, mit welchen Mega-Aktionen andere Radiosender bereits Aufsehen erregt hatten. Davon erhoffte ich mir auch Inspirationen für *unsere* Jubiläumsfeier. Nachdem ich die Seiten studiert hatte erkannte ich: Die Idee, die ich mit mir herumtrug – nämlich die einer extralangen Radiosendung –, war nicht neu. Die Amerikaner hatten leider schon elendlange Radiosendungen in den Äther gejagt. Meldungen für Dauermoderationen wurden von der Redaktion des Guinness-Buchs darum schon gar nicht mehr angenommen. RIAS 2, ein Hörfunk-Programm aus West-Berlin, stand mit einem Rekord im Buch, der mir so unschlagbar nicht schien: mit der längsten Hitparade der Welt, die je im Radio gelaufen war. Auf Basis von Hörervoten hatte RIAS, der »Rundfunk im amerikanischen Sektor«, 1001 Titel in dreieinhalb Tagen gespielt, präsentiert von neun Moderatoren. »Das wäre doch gelacht«, dachte ich bei mir, »Thomas und ich senden in vier Tagen auch mindestens 1002 Titel!« Überraschenderweise war ich an diesem Tag nicht der Einzige, der sich das Rekordbuch vorgenommen hatte.

Der erste Gang unseres Essens war verputzt, wohl auch das zweite Fläschchen Pils geleert, als Thomas und ich feststellten, das wir beide dieselbe Idee gehabt, die gleichen Kopien gezogen und beide zu dem Schluss gekommen waren: »RIAS packen wir!« Mit jedem weiteren Fläschchen fanden wir unsere Idee natürlich immer fabelhafter. Irgendein Pils wurde uns dann aber auch zur »Flasche der Erkenntnis«. Mit unserer Idee könnte es Probleme geben. »Wir machen durch bis morgen früh, und das vier Tage lang!«, das würde bedeuten, dass sämtliche andere Sendungen für die Dauer unserer Aktion ausfallen müssten. Also vier Tage lang kein »Popcorner«, auch keine Sendungen von »Tip«, »Leute«, »Aktuell«, »Espresso«, »Treff«, »Plattenpost«, »POINT«, »Saloon« oder »Schlafrock«. Nachts könnte SDR3 darüber hinaus auch nicht wie sonst üblich das Programm eines anderen ARD-Senders übernehmen. Das hatte es beim SDR noch nie gegeben! Würden wir unsere Idee einer Mega-Hitparade tatsächlich durchsetzen können, müsste für unsere

Sendung das ganze Programm ausgehebelt werden. Wir würden den Kollegen quasi ihre Sendung wegnehmen. Solch ein Verhalten markiert nicht unbedingt der Beginn einer wunderbaren Freundschaft und sich selbst als Moderator so in den Mittelpunkt eines Großereignisses zu stellen, steigert auch nicht zwangsläufig die Beliebtheit. Nicht zu vergessen die hierarchischen Strukturen innerhalb eines öffentlich-rechtlichen Senders, die sich selten dadurch auszeichnen, Mut für Innovationen zu beweisen. Doch Programmchef Hans-Peter Archner, auch »Hanse« genannt, stand sofort hinter unserer Idee und leistete in den Führungsetagen ganze Arbeit. So lange, bis auch Programmdirektor Dr. Friedmar Lüke das Projekt absegnete.

Um möglichst viel Zeit für die Vorbereitung unseres Projekts zu haben, legten wir die Aktion in die letzte Ferienwoche. Am Montag, den 14. August 1989, wollten wir starten. »Aber nicht so früh«, bat ich. Möglichst viele Hörer sollten den Beginn unserer Sendung mitbekommen. Thomas hatte die rettende Idee: »Wir starten um 14.08 Uhr.« Datum gleich Uhrzeit. So konnte man sich die Zeit für den Startschuss seiner Meinung nach gut merken. Bis Freitag, den 18. August 1989 würde das gesamte Programm von SDR3 unserem Mammutprojekt gehören. Einen Namen für unser »Baby« hatten wir bis dato noch nicht. Auch hier hatte Thomas aber wieder die rettende Idee. Mehr Titel als RIAS 2 wollten wir auf jeden Fall spielen. Über 1001 Titel also. Natürlich konnten wir aber nicht wissen, wie viel mehr Titel wir auf Basis der Voten unserer Hörer zusammenbekommen würden. Alles über 1000 war eine Unbekannte. Das erkannte Thomas schnell und erfand die »Top 1000 X«. Der Titel war gefunden, wir konnten mit der Werbung für unsere

Autogramme schreiben beim Finale der »Top 1000 X«

Show beginnen und unsere Hörer dazu auffordern, über ihre Tophits abzustimmen.

Von diesem Tag an begann mein Dienst in der Redaktion jedes Mal mit einem Anruf bei unseren fleißigen Helfern, die die Postkarten mit den Hörerstimmen auszählten. »Wie viele Postkarten gab es heute?«, fragte ich ab. Ja, Postkarten. Schließlich schrieben wir das Jahr 1989. Da gab es noch keine Abstimmung über das Internet, der Postbote musste bemüht werden. »350, 500, 700, über 800, gestern waren es weit über 1000!« – mit jeder Postkarte, die im Sender landete, legte sich meine Nervosität und die Angst, es könnten sich nicht ausreichend viele Hörer und Hörerinnen beteiligen und wir damit nicht genügend Titel zusammenbekommen. Von wegen, unser Ding begann richtig Fahrt aufzunehmen! Sollten wir mit unserer ersten groben Schätzung richtig liegen, würden wir bis zum Ende unserer Hitparade, also am

Plötzlich waren wir prominent

Freitagnachmittag, etwa 1200 Titel spielen können. Dann kam Programmchef Hanse auf die Idee, das Finale der Hitparade auf die Sendung »ARD-Nachtrock« zu legen, die von 0.05 Uhr bis 5.00 Uhr lief. Diese Sendung wurde freitags vom SDR für den ganzen Sendebereich der ARD produziert. Die Endrunde der »Top 1000 X« wäre damit bundesweit zu hören. Andererseits, so überlegten wir, hören nachts mit Sicherheit nicht so viele Leute Radio. Ein Ereignis wie das Finale unserer Mega-Hitparade wäre damit eigentlich verschenkt. Warum also das Programm nicht noch weiter verlängern, bis Samstagvormittag zum Beispiel? Die Hörer beteiligten sich zahlreich genug, wir hätten also genügend Titel, um so lange zu senden.

Um eine aussagekräftige Hitparade zu bekommen, hatten Thomas Schmidt und ich beschlossen, dass der Titel mit der schlechtesten Platzierung auf mindestens 100 Stimmen

kommen müsste. Nur: welcher Platz war nun der letzte?
Unser Freund und Tontechniker Harald Schäuffelen, der in
seiner Freizeit unter anderem alte Musikboxen restauriert
und repariert, hatte einen Hauptgewinn für das Preisrät-
sel organisiert, das die »Top 1000 X« begleiten sollte: eine
»Rock-Ola« aus dem Jahr 1958. Diese Musikbox trug die
Modellnummer 1458. Harald plädierte bezogen auf diese
Nummer dafür, dass unsere Hitparade 1458 Titel umfassen
sollte. Thomas dagegen hatte sich auf 1501 Titel versteift.
Bei einer Zwischenauszählung hatte er nämlich entdeckt,
dass auf diesem Platz der Song »Herzlichen Glückwunsch«
der Gruppe Spliff lag. Da wir unsere Hitparade anlässlich
des Jubiläums von SDR3 mit dem letztplatzierten Titel beginnen wollten, wäre dieses Lied ein genialer Einstieg in
die Sendung. Harald, der über die genannten Qualitäten
hinaus auch ein perfekter Organisator und ein Meister der
Listen ist, hatte errechnet, dass wir ungefähr am Samstag,
den 19. August 1989, gegen 14 Uhr bei der Nummer Eins
unserer Hitparade angelangt sein müssten – wenn wir uns
an seine Vorgaben hielten. Eine dieser Vorgaben lautete,
dass wir diszipliniert, also nicht zu ausufernd moderieren
mussten. »Wenn ihr hinterher seid«, predigte uns Harald,
»dann müsst ihr Euch kürzer fassen. Wenn ihr mehr als zehn
Titel im Soll seid, dann müssen wir Maßnahmen ergreifen.«
Niemand ahnte zu diesem Zeitpunkt, wie viele Maßnahmen
tatsächlich innerhalb der knappen Woche ergriffen werden
mussten, in der wir mit der »Top 1000 X« auf Sendung waren.
    Doch zunächst war Programmchef Hanse wieder gefragt.
Er hatte die Genehmigung erkämpft, das Standardprogramm
bis Freitagnachmittag auszuhebeln. Jetzt wollten Thomas
Schmidt und ich fast einen ganzen Tag mehr für unser Vor-

haben beansprucht. Obwohl die Dienstpläne für diesen Tag bereits erstellt waren, schaffte es Hanse, für uns nochmals alles zu verschieben. Unsere neue, absolut letzte Deadline für die »Top 1000 X« lautete nun: Samstag 15 Uhr. Bis dahin mussten wir definitiv mit der Hitparade durch sein, denn die darauffolgende Fußball-Sendung »Stadion« galt im Sender zurecht als heilige Kuh, die nicht geschlachtet werden durfte. Doch allein mit der Verlängerung unserer Sendezeit war es nicht getan. Die logistischen Herausforderungen für unsere ehrgeizige Jubiläumsausgabe wurden immer größer. Unsere Hörer beteiligten sich in einem so unglaublichen Ausmaß, dass der Berg an Karten, der ausgezählt werden musste, immer größer wurde. Und damit auch die Songs, die ihrer Platzierung zugeordnet werden mussten, immer mehr wurden. Permanent überprüften wir also die Platzierungen, die sich aufgrund der Hörerstimmen ergaben. Besser: es war nötig sie zu überprüfen. Denn leider, so stellten wir fest, hatten unsere Hörer beispielsweise ihre Stimme für den Titel »Layla« mal für die Version von Eric Clapton, mal für die Version der Band Derek and the Dominos abgegeben. Der Song war so dann auch von uns ins System eingegeben worden und war demzufolge nicht so hoch platziert, als wenn er unabhängig vom Interpreten von uns verbucht worden wäre. Auch die Bee Gees machten einige Plätze gut, nachdem die Stimmen zusammengezählt worden waren, die für »Night Fever« und »Saturday Night Fever« abgegeben worden waren.

Immer wieder entstand so eine neue letzte, allerletzte und endgültige, am 10. August 1989 – vier Tage vor Beginn der Hitparade –, sogar die ultimative Liste. Vom 11. August an suchten wir die Schallplatten der Bands und Hits zusammen, die gespielt werden sollten. Nicht alle fanden wir leider auf Anhieb. Jede Menge besonders langer Songs hatten Eingang in die »Top 1000 X« gefunden. Natürlich wollten wir sie in voller Länge spielen, obschon uns das mit unserem Zeitplan in die Bredouille bringen konnte. Parallel zu dieser Arbeit produzierte unser Team jede Menge Jingles, um die Hitparade zu bewerben, die nach unserer persönlichen Zeitrechnung mittlerweile die »größte Hitparade der Welt« war. Der Countdown lief. »Noch 24 Stunden, dann beginnt die größte Hitparade der Welt«, so klang es am Tag vor der Hitparade aus dem Radio. Stündlich wurde auf das Großereignis hingewiesen.

Am Freitag vor Beginn der Weltrekordhitparade ersetzten Thomas Schmidt und ich die aktuellen Wasserstandsmeldungen durch den momentanen Stand unseres Blutdrucks. Wir beschworen damit nicht unser bevorstehendes schreckliches Ende, sondern wollten die Hörer einfach nur an unserer Gesundheit oder besser an unserem zu befürchtenden körperlichen Verfall während der Mega-Hitparade teilnehmen lassen. In unserem »Buch zur Show«, das damals kurz nach den »Top 1000 X« erschien, habe ich den Start der Hitparade im Kapitel »Fight for your right to party« so beschrieben: »14. August 1989 kurz vor Elf. Im Radio läuft das Jingle ›noch drei Stunden bis zur Hitparade‹. Thomas und ich sind schon in der Redaktion. Wir sind nervös. Wir machen schon lange Radio und moderieren schon jahrelang. Zum ersten Mal haben wir beide aber wieder weiche Knie. Kurz vor Zwölf. Im Radio läuft der Jingle ›noch zwei Stunden‹. Um 12.10 Uhr müssen wir das erste Päckchen Kaffee an der Pforte abholen, vorbeigebracht von einem gewissen Horst Häuser. 12.45 Uhr. Wir werden in ›SWR3 Aktuell‹ interviewt. Hans-Peter Archner fragt: ›Habt Ihr gut geschlafen?‹

Antwort gleichzeitig: ›Nein!‹ Und wir sagen die Wahrheit. Der Jingle ›noch eine Stunde‹ läuft im Radio. Wir essen noch ein Stück Kuchen. Wir bringen unsere Platten und Listen ins Studio, bauen die Kaffeemaschine auf. Viel Platz haben wir nicht mehr. Das Fernsehteam hat sich mit Kamera, Licht und Mikrofon breitgemacht. Die Presse kommt, Fotografen. Wir müssen eine Uhr hochhalten, die auf 14.08 Uhr steht – der Zeitpunkt des Beginns unserer Hitparade. Es ist kurz vor 14 Uhr. Dann kommen die Kollegen von der Technik und bringen selbstgemachte Plakate mit. ›Don't penn in‹ steht auf einem. Kollegin Jutta Hoffmann übergibt uns einen selbst gebackenen Kuchen. 1501 (die Zahl der zu spielenden Hits) steht darauf. Roter und gelber Zuckerguss, Geschmacksrichtung Himbeere und Pfirsich. Wir müssen den Kuchen hochhalten. Mehr Fotos, ›keep smiling‹, das Fernsehen dreht gleich mit. Kurz vor zwei. Der Jingle ›noch wenige Minuten‹ läuft: Moderator Friedemann Leinert kommt ins Nebenstudio. Wir haben Sichtkontakt. Es ist 14.04 Uhr. Friedemann startet die kürzeste ›Treff‹-Sendung aller Zeiten. Länge: 2 Minuten 40 Sekunden statt die üblichen zwei Stunden. 14.07 Uhr und 40 Sekunden, Absage. Jingle läuft. Pünktlich um 14.08 Uhr starten die ›Top 1000 X‹. Die Hörer haben zum Start auf Platz 1501 die Beastie Boys mit ›Fight for your right to party‹ gewählt. Bis die Platte läuft, sind wir die ersten drei Minuten gegenüber dem Zeitplan in Verzug.«

Am liebsten hätten Thomas und ich die ganze Zeit zusammen moderiert. Das hätte am meisten Spaß gemacht, doch das hält natürlich auch der robusteste Körper nicht aus. Wir begannen vier Stunden lang gemeinsam und spielten uns schnell ein, obwohl es unglaublich aufregend war und wir uns kaum auf unsere eigentliche Arbeit konzentrieren konnten.

Wohlmeinende und neugierige Kollegen bevölkerten immer wieder unser Studio, um sich nach unserem Wohlergehen zu erkundigen. Manche wollten einfach mal dabei sein. Die Kollegen vom Fernsehen wurden nicht müde unsere Aktivitäten aufzunehmen. Wir hatten ein paar Flaschen Sprudel bereitgestellt, aber eigentlich hätten wir uns mit Trinken und Essen gar nicht selbst versorgen müssen. Unsere Hörer und Hörerinnen meinten es von Anfang an gut mit uns und deckten uns mit Säften und Multivitaminpräparaten, mit Pizzen und Süßigkeiten ein. Schon eine Woche vor Beginn unserer Dauersendung hatten wir zum Beispiel von den »Wilden Weibern aus dem Wilden Süden« unser erstes Päckchen bekommen. Leider ernährten wir uns trotzdem nicht sonderlich gesund. Wir rauchten ordentlich was weg. Es sei daran erinnert: wir schrieben das Jahr 1989. Da war das Rauchen zwar schon genau so schädlich, aber noch nicht so verpönt und erst recht nicht überall verboten wie heute. Wir durften sogar noch im Studio qualmen. Thomas hatte freundlicherweise zwei Stangen spendiert, so dass die Versorgung gesichert war. Dabei hatte ich fast ein Jahr lang nicht geraucht und erst am Tag vor dem Start unseres Events wieder damit angefangen. Anders glaubte ich diesen Stress nicht durchstehen zu können.

Unter den zahlreichen Briefen, die wir schon im Vorfeld bekommen hatten, war auch einer aus Nürtingen-Reudern. Eine Truppe von Freunden hatte sich vorgenommen, ausgerüstet mit drei Tape-Decks unsere ganze Hitparade durchzuhören und aufzunehmen. Sie hatten damit eine Idee entwickelt, auf die wir auch schon gekommen waren. Wir wollten einen Dauerhörer-Wettbewerb veranstalten. Wer würde sich wie wir zutrauen, fünf Tage Hitparade am

Stück durchzuhalten? Aus den zahlreichen Rückmeldungen, die uns auf unseren Aufruf hin erreichten, wählten wir vier weitere Gruppen aus. Darunter ein Architekturbüro und eine Mutter mit zwei Kindern. Alle mussten im Laufe der nächsten Tage damit rechnen zu jeder Tages- und Nachtzeit ohne Vorwarnung angerufen zu werden und eine Frage gestellt zu bekommen. Um sie zu beantworten, musste man nicht nur gut aufgepasst, sondern auch gründlich Buch geführt haben. Ein Beispiel: Welches war der erste Beatles-Titel, den wir gespielt haben und auf welcher Position war er platziert?

Dass die Beatles die Gruppe waren, die am häufigsten in unserer Hitparade vertreten war, konnte nicht wirklich überraschen. Spannend war für jeden Hörer aber, wo sein Lieblingstitel auftauchte und wer die Nummer eins werden würde. Und überaus ungewöhnlich war unser gesamtes Musikprogramm. Wir spielten Titel, die sonst höchst selten oder gar nicht auf SDR3 zu hören waren. Ich denke da an »Mein Freund der Baum« von Alexandra auf Position 997. Außerdem liefen die Titel in einer Abfolge, die sich kein Musikredakteur hätte ausdenken können: Reinhard Mey (»Aller guten Dinge sind drei«) zwischen den Bee Gees (»How Deep Is Your Love«) und John Farnham (»Age of Reason«), gefolgt von Klaus und Klaus mit »An der Nordseeküste«. Die Hörer durften früh morgens mit Heavy Metal aus dem Bett geholt werden, was jeder Musikchef oder Programmdirektor im Normalfall mit einem Tobsuchtsanfall und der Androhung sofortiger Entlassung bedacht hätte. Aber hier lag kein Normalfall vor. Wir befanden uns im Ausnahmezustand. Und der Hörer hatte es so gewollt.

Ein weiteres Spannungsmoment bestand für unsere Hörer ganz offenbar darin zu erleben, ob wir beiden Knacker

Schmidt und Siller es durchhalten würden, fünf Tage und Nächte durchzumoderieren ohne dabei umzukippen oder einen Knall zu kriegen. Fast genauso anstrengend wie die Arbeit waren aber die Erholungspausen. Das Schlafen wurde zum Problem. Wir standen permanent unter Strom, waren immerzu angespannt. Die Euphorie der Hörer und damit unsere Begeisterung und unser Adrenalinspiegel erreichten täglich neue schwindelerregende Höhen. Auch nach Mammutschichten von zehn Stunden Tagesdienst, fünf Stunden Pause, zehn Stunden Nachtdienst kamen wir nicht wirklich zur Ruhe. Auf einmal war ich sensibel für Dinge, die ich vorher nie richtig registriert hatte. Die Berger Kirche etwa. Alle Viertelstunde hörte ich vom Kirchturm her die Glocken läuten. »Gong«, ich schlafe noch nicht, »gong«, immer noch nicht. Zwar mussten wir Moderatoren nicht auf dem Feldbett nächtigen, das wir hierzu im Studio aufgebaut hatten, sondern teilten uns ein Zimmer im damals noch existierenden »Park-Hotel« neben dem Funkhaus. Aber es bedurfte bisweilen eines Bierchens, um wenigstens ein paar Stunden vom Rummel und dem eigenen Gedankenkarussell abzuschalten. Im Funkhaus selbst war es sowieso schwierig, sich auf die eigentliche Arbeit zu konzentrieren, so viel Ablenkung war durch Besucher, Fans und Presse gegeben. Wir wurden fotografiert, gefilmt, interviewt. Die Zuneigung und Aufmunterungen, die uns zuteil wurden, waren rührend. Dass wir es geschafft hatten, dass wir das »Ländle« gerockt hatten, dass wir mehr Erfolg hatten als wir uns erträumten, war spätestens klar, als wir die Nachricht erhielten: in den Kaufhäusern sind die Kassetten ausverkauft. Unsere Fans horteten die Tonträger, um unser Programm mitzuschneiden.

Angesichts dieses durchschlagenden Erfolgs hielt es auch die politische Prominenz für angebracht, uns Durchhalteparolen zu übermitteln oder gar mit Präsenten zu erfreuen. Alice Loyson-Simmering und Stefan Barg von der Pressestelle des Staatsministeriums waren im Auftrag von Ministerpräsident Lothar Späth auf dem Markt gewesen und brachten frisches Obst, Säfte und Gemüse, auch Knoblauch im Studio vorbei. In Anbetracht der uns bekannten Pläne Lothar Späths, SDR und SWF fusionieren zu wollen, mussten wir diese Gabe sofort als Wink mit dem Zaunpfahl empfinden. Wir kommentierten den Präsentkorb folgendermaßen: »Knoblauch lässt einen bekanntlich alt werden, und zwar über das Ende der Weltrekordhitparade hinaus. Wir fassen das Knoblauch-Geschenk des Ministerpräsidenten als Überlebensgarantie für SDR3 auf.« Die beiden Abgesandten versprachen es auszurichten und hinterließen uns ihrerseits einen Vers: »›Top 1000 X‹ – ein Riesenknüller dank Thomas Schmidt und Stefan Siller.« Auch die SPD-Fraktion des Landtags ließ sich nicht lumpen und schickte »Eine gereimte Sympathieerklärung«:

»Die Chefs der Sozis lassen grüßen
den Siller und den Thomas Schmidt,
wir halten Euch für Radioriesen
und zittern solidarisch mit.
Die Daumen Uli Maurer drückt:
›werd' ich verrückt.‹
›Und ich gesteh': am liebsten hör i
den Südfunk Drei‹, sagt Dieter Spöri.
Ein Wort zu Späth: Lass doch in Frieden
Den SDR im Wilden Süden.
Wir geben ihm den ersten Preis –
die Zwangsfusion ist nichts als – Mist.«

Von den hunderten begeisterten Wünschen, Grüßen, Sympathieerklärungen unserer Hörer sei zumindest eine Zuschrift ausdrücklich erwähnt: »Eure ›Top Tausend X‹ ist das Beste seit Woodstock.« Was für eine Reaktion auf unsere Jubiläumssendung! Uns ging es damit ziemlich gut.

Ganz schön gut ging es mir auch am Dienstagabend als ich nach der Tagesschicht für die Rekordhitparade mit unserer Truppe auf unserem Fußballacker auflief. Ein bisschen Ertüchtigung kann nicht schaden, hatte ich mir trotz der brütenden Hitze gedacht. Alle drei Halbzeiten machten Spaß. In der Folgezeit, in der Nacht und auch noch am nächsten Tag machte sich allerdings meine Wade bemerkbar. Sie verfärbte sich, außerdem schwoll sie an und schmerzte. Ich hatte einen Ball aus kürzester Distanz abbekommen. Nichts Besonderes, aber die Schwellung wurde frech und machte sich immer breiter. Deshalb konsultierte ich am Donnerstag nach meiner Tagesschicht um 17 Uhr unseren neuen Betriebsarzt Doktor Walker. Zur Untersuchung musste ich mich hinlegen. Und das war gut so. Denn sonst wäre ich vom Stuhl gefallen als er sagte: »Verdacht auf Thrombose, ich kann Sie so nicht gehen lassen.« Meine Hand krampfte sich damals um die Lehne der Liege, mein Herz pumpte schneller. Ich wusste nicht wirklich, was dieser Verdacht bedeutete, aber der Ernst in der Stimme des Docs machte mir Angst. Gleichzeitig war ich im Kopf völlig klar und sagte mir, so schlimm könne es gar nicht sein. Ich muss, ich will noch die zwei Tage der »Top 1000 X« durchhalten. Komme, was wolle. Während ich so vor mich hindachte, drangen die Prognosen des Arztes wie »möglichen bleibenden Schäden« und »sehr gefährlich« an meine Ohren, aber nicht in mein Bewusstsein. Trotzdem konnte ich mich nicht dagegen wehren, auf der Stelle ins nahegelegene »Karl-Olga-Hospital« gebracht zu werden. Wir wurden sofort an der Pforte vom Röntgenarzt begrüßt. Von den Reaktionen auf die Hitparade völlig high, führte ich diesen Empfang auf meine kurzfristige Berühmtheit zurück. Dabei hatte Doktor Walker mich einfach nur angemeldet. Auf der Station angekommen, wurde ich gleich von einer Krankenschwester versorgt. Mein Bein wurde gebadet, damit sich die Venen weiten. Heiß, aber erträglich. Danach ging es schon mehr zur Sache. Ich sollte mich auf eine Behandlungsliege betten und mich gut festhalten. Ein sinnvoller Rat, denn ich wurde mitsamt der Liege in die Senkrechte gekippt. Danach piekte es ein wenig. Die Schwester hatte mir ein Kontrastmittel injiziert. Ich überlegte mir kurz, ob ich ohnmächtig werden sollte. Dann aber gewann der Gedanke die Oberhand, dass ich nicht umkippen durfte. In vier Stunden musste ich weitermoderieren und einen Weltrekord aufstellen! Und damit basta. Zum Glück stellte sich heraus, dass ich statt einer Thrombose nur eine oberflächliche Venenentzündung hatte. Ich musste also mein Bein einwickeln, es möglichst hochlegen und vorsichtig sein. Aber ich konnte gehen. Geht doch.

Thomas verschwieg ich diesen Zwischenfall. Ich wollte ihn nicht darauf aufmerksam machen, dass kein Plan B für den Fall vorhanden war, wenn einer von uns nicht mehr moderieren könnte. Dieser Fall war einfach nicht vorgesehen. Vier Stunden später leistete ich Thomas also frisch gewickelt wieder Gesellschaft. Eine historische Nacht stand uns bevor: die Nacht des Weltrekords. Doch bevor dieser uns einen angemessenen Platz in den Geschichtsbüchern sichern würde, fiel noch eine Entscheidung, deren Ausmaß wir wieder einmal nicht einschätzen noch vorhersehen konnten. Die

Senderleitung hatte aus unserem ursprünglichen Plan, im Anschluss an die Hitparade auf unser offenbar gelungenes Vorhaben anzustoßen (»Vielleicht kommen ja ein paar Gratulanten, wir könnten das Kasino-Nebenzimmer buchen?«) die Idee entwickelt, dass Thomas und ich das Finale der »Top 1000 X« aus dem Park der »Villa Berg« senden könnten. Eine Mega-Party für alle unsere Fans als krönender Abschluss. Alle im Sender dafür verfügbaren Kräfte wurden mobilisiert, um innerhalb von 48 Stunden die Logistik für eine große Hörer-Fete auf die Beine zu stellen. An die tausend oder sogar zweitausend Fans könnten kommen, lauteten die ersten optimistischen Schätzungen. Und das, obwohl die Hörer erst sehr kurzfristig von der Party erfahren würden und im Vorfeld nicht allzu viel Werbung dafür würde laufen können.

Kurz vor Mitternacht, um 23.40 Uhr, dann der große Moment, auf den wir alle hingefiebert hatten. Ich hatte sogar so sehr gefiebert, dass es mich Konzentration kostete. Wir einigten uns darauf, dass Thomas den nächsten Titel einspielen und ich ihn ansagen würde, ein großartiges Stück im Übrigen: »25 or 6 to 4« von Chicago. Hagen von Ortloff war mit seinem Team dabei, um den Weltrekord fürs Fernsehen festzuhalten. Ich machte mich also bereit. Originalton Siller: »Twentyfour or six to four«. Thomas fuhr die Platte ab, und im selben Moment wollte ich vor Scham im Boden versinken. Nächster Originalton Siller: »Mist – falsch angesagt!« Hagen, unser Fernsehmann, drehte alles mit und so blieb mein Versprecher auch bildlich unauslöschbar für die Nachwelt erhalten. Für immer und ewig würden diese Aufnahmen für Hohn und Spott sorgen. Nun, unsere Fans gingen sehr lieb und nachsichtig mit mir um. Ein Brief, den ich danach bekam, brachte den Vorfall sehr lustig auf den Punkt:

»Hallo Thomas, hallo Chicago ...«. Mir war es trotzdem peinlich.

Viel schlimmer aber war, dass unser Dauerproblem sich immer weiter auswuchs. Wir gerieten immer mehr in Zeitrückstand. Wir hatten mittlerweile sogar die Erlaubnis dafür bekommen, bis Samstag 16 Uhr senden zu dürfen, aber auch diese Deadline war beim genaueren Durchrechnen schon am Freitag kaum noch, nein, gar nicht zu halten. Schweren Herzens entschlossen wir uns einige Longsongs zu kürzen. Wir versprachen aber, sie in der Sendung »Schlafrock« in voller Länge nachzuholen. Diese Entscheidung gefiel nicht jedem Hörer. Und als Maßnahme, unserem Zeitplan gerecht zu werden, reichte diese Aktion auch nicht. Die Kollegen der Sportredaktion, deren Sendung an unsere Hitparade anschloss, zeigten sich großzügig und geben uns bis 16.30 Uhr Zeit. Werbung und Nachrichten wurden ebenfalls verschoben, um uns einen noch größeren Spielraum zu schaffen. Das hatte es beim SDR auch noch nicht gegeben. Auch das Moderieren machte das strenge Diktat des Zeitplans nicht unbedingt einfacher. Mehrere Rundfunkanstalten – WDR, NDR, »Europawelle Saar« – schalteten sich auf, um uns zu interviewen. Wir fühlten uns geehrt, aber es war schlichtweg auch stressig und eine zusätzliche Belastung für Thomas und mich. Letztendlich ließ sich irgendwann auch nicht mehr verbergen, dass unsere Kondition den Bach runter ging. Als ich am Finaltag morgens um 7 Uhr wieder ins Studio kam, fühlte ich mich gerädert, mein Kreislauf war matschig. Die toten Punkte kamen jetzt häufiger als Titel der Toten Hosen. Ich war einfach nur müde. Und da war ich nicht der Einzige. »Kollege Siller ist knüttig«, verkündete Thomas. Ich wusste, dass er recht hatte, obwohl mir der Begriff »knüttig« nicht bekannt war. Wir retteten uns über unsere Müdigkeit oft nur noch mit Albernheiten hinweg. Manchmal pflaumten wir uns auch an. Die Sätze »Ich will nicht mehr – Scheiß-Hitparade!«, »Du bist ja bescheuert!« oder »Ich will nach Hause!« erklangen mehr als einmal im Studio. Wer Moderatoren in unserem Zustand ans Mikrofon lässt, muss mit solchen Ausfällen leben können. Beim Interview in »Südfunk Aktuell« gab ich mich dann aber wieder gesitteter.

Schließlich mussten Thomas und ich noch entscheiden, wer von uns beiden den Sender früher verlassen würde, um im Park der »Villa Berg« auf der Bühne weiterzumachen. Keiner von uns wollte. Das Studio war klimatisiert, draußen brannte die Sonne vom Himmel. Das würde uns vollends umbringen. Doch das Los fiel auf mich. Ich musste eine Viertelstunde früher raus. Als ich das Funkhaus verließ, lief ich wie vor eine Wand, in der Hölle könnte es nicht heißer sein. Bei Friedemann Leinert angekommen, der als Moderator auf der Bühne das Publikum warm machte, ließ mich der Jubel der Hörermassen Hitze und Stress vergessen. Tausende lagen im Gras oder sich in den Armen. Sie waren begeistert und applaudierten. Unseren Hörern ging es gut, also ging es auch mir und Thomas gut, der wenig später hinzukam. Die Partygäste hatten Transparente gestaltet. Eines davon lautete: »Und der Äther lebt doch – SDR3 forever!« Thomas rief voller Begeisterung die »Autonome Republik Wilder Süden« aus. Bei Platz drei lagen wir beide uns in den Armen, weil wir den Song »Brothers in Arms« lieber friedlich als kriegerisch verstanden haben wollten. Als die ersten Takte des Siegertitels, »Stairway To Heaven« von Led Zeppelin eingespielt wurde, tauchte am Himmel plötzlich ein Zeppelin auf. Unsere Marketing-Abteilung hatte ganze

Arbeit geleistet. Bei mir sorgte das für Gänsehautgefühle pur, die ich so schnell nicht wieder vergessen sollte. »Stairway to Heaven« wurde die neue Hymne des »Wilden Südens« und die »Top 1000 X« die Mutter aller Hitparaden, die in unserem Sender noch folgen sollten.

Zehntausend Menschen waren zur Party im Park der »Villa Berg« gekommen, obwohl eigentlich ja nur zwei »Hanseln«, Schmidt und Siller, Musiktitel ansagten. Sie waren gekommen, um ein Gemeinschaftserlebnis zu feiern. Nach Dank und Jubel und hunderten von Autogrammen, die wir geben mussten, konnten Thomas und ich uns endlich auf unser lang ersehntes Feierabendbier zurückziehen. Wir waren wie in Trance und wahrscheinlich auch ein wenig sentimental. Thomas fiel jedenfalls – während wir da so saßen – ein, wie wir beide uns überhaupt kennengelernt hatten. Er hatte bei uns im Haus einen Hobby-Moderatoren-Wettbewerb gewonnen. Die Belohnung war ein Besuch in der Frühsendung »Popcorner«. Der Moderator an diesem Tag war ich. Thomas musste mir damals gestanden haben, dass der Job des Moderators sein Traumberuf sei. Ich habe den armen Kerl damals wohl gleich ins kalte Wasser gestoßen und ihn aufgefordert: »Dann liefern Sie doch gleich mal eine Kostprobe ab und verlesen einen Verkehrshinweis. Vielleicht wird daraus auch mal eine Meldung – und wer weiß, wo das dann noch alles endet!«

Alles endet nie. Die Hitparade war zu Ende. Gleichzeitig markierte sie aber auch den Beginn eines neuen Zusammengehörigkeitsgefühls zwischen SDR3 und seinen Hörern, den Anfang vieler weiterer Aktionen noch dazu. Wir beiden Moderatoren waren am Ende. Aber auch das war nur ein vorübergehender Zustand. Bei mir dauerte dieser genauer gesagt vierzehn Stunden. So lange habe ich geschlafen. Um 20 Uhr hatte ich mich in voller Montur mal kurz auf meinem Bett abgelegt. Am Sonntag um 10 Uhr bin ich wieder aufgewacht. Wahrscheinlich aber auch nur, weil Wolfgang Heim anrief. Thomas und ich sollten ein Interview geben. Aber sicher. Wir waren es ja inzwischen gewohnt. Den nächsten Auftritt hatten wir zum Glück erst abends. Also war noch genügend Zeit, um das Leben zu genießen. Es zog uns auf die »Heslacher Hocketse«, auf der wir noch einmal unsere Popularität genießen konnten. Ständig sprach uns jemand an, klopften uns Hörer auf die Schulter, prosteten uns zu. »Gib den beiden Weltmeistern mal ein Weizen aus!«, hieß es gleich am ersten Bierstand. Nach zwei Weizen und einer Wurst mussten wir einhalten, denn uns stand noch ein Fernsehauftritt bevor. Eigentlich hatte ich nur einen Scherz machen wollen, als Michael Schlicksupp, Sportredakteur beim SDR-Fernsehen, uns zwei Tage zuvor im Studio besucht hatte. »Wir stehen als Weltrekordler doch jetzt in einer Reihe mit Armin Hary – da könntest du uns doch zu ›Sport im Dritten‹ einladen.« Schlicksupp hat uns tatsächlich in die sonntägliche TV-Sportsendung geholt, was nicht jeder in seiner Redaktion nachvollziehen konnte. Als wir das Studio betraten, war alles abgedunkelt. Doch plötzlich flackerten überall Flammen von Feuerzeugen auf. Was für eine feierliche Begrüßung, was für ein leuchtender Abschluss unserer Mega-Hitparade!

Bei aller Euphorie, die uns auch in den kommenden Wochen noch begleitete: es gab auch andere Reaktionen. Einige Hörer sorgten sich um die Zukunft des Qualitätsradios. Insbesondere ein Literaturprofessor und Medienkritiker machte uns heftige Vorwürfe, wir würden SDR3 zu einer reinen »Dudelwelle« verkommen lassen. Wir nahmen das ernst. Im Grunde genommen hatten wir uns von Beginn an Gedanken über das Format »Top 1000 X« gemacht, das dürfen Sie uns glauben. Was machen wir da? Warum machen wir das? Was kann daraus folgen? All diese Fragen beschäftigten nicht nur Thomas und mich als Moderatoren der Weltrekordhitparade, sondern das ganze Team des Senders, das mitgezogen hatte. Vor allem beschäftigten sie auch die Führungsebene, die für ein einmaliges Experiment mit weitreichenden Folgen für den Sendebetrieb grünes Licht gegeben hatte. Wir wollten nicht einfach nur mal ein paar Tage ausflippen und dafür berühmt werden, auch wenn Sie, liebe Leser, das vielleicht glauben. Trotzdem möchte ich ganz bescheiden auf das Ergebnis unserer Hitparade aufmerksam machen. SDR3 hat in vielerlei Hinsicht Geschichte geschrieben. Der »Wilde Süden« war lebendig geworden, war Heimat einer Familie. Die Hitparade war letztendlich auch so erfolgreich, weil sie ein solidarisches Erlebnis darstellte. Radio war nicht mehr länger nur einseitige Kommunikation. Und die Charts haben Spaß gemacht, unseren Hörern und uns. Die fünf Tage oder 122,5 Stunden Musik, die wir spielten, hatten nie die Intention, Information und Inhalte im Radio ganz abzuschaffen. Und dazu ist es ja auch nicht gekommen. Im Gegenteil: die »Top 1000 X« haben ihren kleinen Teil dazu beigetragen, dass SDR3 – wie der gesamte SDR überhaupt – erhalten blieb (vorläufig jedenfalls). Zwar hat die Hitparade Sendungen wie »Aktuell« oder »Leute« für fünf Tage abgeschafft. Danach aber waren sie weitaus populärer, wurden mehr gehört als zuvor. Der gesamte Sender schwamm auf der Erfolgswelle des Experiments der Mega-Charts mit. Es überraschte uns also kaum, als wir von Hörern schnell Anfragen bekamen, wann die »Top 2000 X«, die »Top 5000 X« oder gar die »Top 10 000 X« an den Start gehen. Ja, ja, haben wir gedacht, uns geschmeichelt gefühlt, gelächelt und gesagt: nie wieder. Nicht weil es nicht schön war, sondern weil so etwas uns unwiederholbar schien.

Dann fiel die Mauer, kam die Wende. Die Menschen wandten sich wirklich wichtigen und aktuellen Ereignissen und Fragen des Lebens zu. Wird aus dem einen Deutschland und dem anderen Deutschland jetzt ein einziges Deutschland? Wächst zusammen, was zusammengehört oder entsteht ein neues Experiment? Es waren Zeiten des Umbruchs. Und genau diese Umbruchzeit machte Radiomachen plötzlich auf eine ganz besondere Weise spannend. Was bedeutete »Wir sind das Volk« denn für uns? Was erwartete dieses »Volk« von uns? Wir wollten experimentieren, und so entstand in einer Kreativsitzung (also am damals noch existierenden Redaktionsflipper) die Idee einer deutsch-deutschen Sendung, sogar eines ganzen gemeinsamen Vormittagsprogramms. Gesendet aus Ostberlin. Als ich Thomas Schmidt von diesen Plänen erzählte, entwickelte er den Gedanken gleich weiter. Wenn *das* möglich wäre, müsste doch vielleicht auch … Richtig, die Top 2000 D war geboren. Eine Hitparade für Ost und West gleichermaßen. Der Musikgeschmack, die Musikwünsche beider Teile Deutschlands vereint in *einer* Hitparade. Eine Wende im Radiogeschehen Deutschlands. Die Überlegung, diese historisch einmalige Chance zu ergreifen, überzeugte, nicht nur die Entscheider bei SDR 3, sondern auch beim DDR-Jugendradio DT 64 (Deutschlandtreffen 1964), das wir überraschend schnell als Partner für unser Vorhaben gewinnen konnten. Beide Sender wussten: nur in diesem Jahr 1990, nur während dieses ganz kurzen Zeitfensters war die Möglichkeit für eine solche »Hitparade der Einheit« gegeben. Die DDR existierte zwar noch, die Wende aber auch schon. Es gab noch immer zwei Teile Deutschlands. Aber die Mauer war offen.

Hindernisse gab es auf unserem Weg hin zu dieser Hitparade leider noch zuhauf. Hätten wir sie alle vorher gekannt, wäre es vermutlich bei einer netten Idee geblieben. Es fing an mit den Kosten. Wer sollte dafür aufkommen? Wer bezahlte zum Beispiel die Sendeleitungen, die Ost und West während der Top 2000 D miteinander verbinden und die die Show erst ermöglichen würden? Auch gemeinsame Nachrichten mit einer gemeinsamen Redaktion waren beiderseits geplant. Sie scheiterten letztendlich aber am Politikausschuss unseres Rundfunkrates, der nicht ganz zu Unrecht davon ausgehen musste, dass unter den Redakteuren der DDR auch SED-Mitglieder und Stasi-Mitarbeiter waren. Das Pflichtgefühl unseres Aufsichtsgremiums sorgte also dafür, dass unsere Hörer nicht stalinistisch unterwandert wurden. Wir standen dafür vor der undankbaren Aufgabe, während der Nachrichten unsere Programme stündlich auseinanderzuschalten und pünktlich wieder zusammenzuführen. Furchtbar mühselig gestaltete sich die Verpflichtung eines Top-Acts für die geplante Abschlussveranstaltung. Fernsehkollege Hans Seger überraschte uns dafür mit der erfreulichen Mitteilung, er wolle nicht nur diese Fete, sondern auch die letzten beiden Nächte durchgehend in »Südwest 3« übertragen. Auch wenn die vorletzte Nacht unserer Ost-West-Hitparade dann doch nicht im Fernsehen ausgestrahlt wurde, sollte Seger damit Geschichte schreiben und uns dazu verhelfen, was uns mit den »Top 1000 X« am Ende noch verwehrt geblieben war: Wir schafften es ins »Guinness-Buch der Rekorde«. Nachzulesen ist dort: »Die einzige deutsch-deutsche Hitparade aller Zeiten lief neun Tage vom 17. bis 15. August 1990. In

8-Stunden-Schichten moderierten vier Moderatorenpaare von SDR3 und Jugendradio DT 64 ihr Hitparadenprogramm »Top 2000 D« rund um die Uhr – nur unterbrochen durch Nachrichten und Werbung. ›Südwest 3‹ sendete diese Radioshow zweier Anstalten sogar live im Fernsehen. Mit 14 Stunden 30 Minuten wurde das Medienereignis mit seinen 2008 gespielten Titeln zur bisher längsten Radio-TV-Show, zur ersten Radiosendung, die abgefilmt wurde.«

Von Freiburg bis Rostock (mit ein paar Lücken dazwischen) war diese wiederum größte Hitparade der Welt zu hören. Statt wie bei der »Top 1000 X« nur zu zweit moderierten Thomas Schmidt und ich mit Partnern von DT 64. Dass dann sogar acht Stimmen über den Äther gingen, lag an dem nachdrücklichen Wunsch von Matthias Holtmann, unserem Musikchef: »Die Hitparade ist doch eine Musiksendung, da sollte die Musikredaktion stärker beteiligt sein.« So rückten Matthias und Friedemann Leinert mit ins Rampenlicht. Schnell waren wir uns einig, wer von uns in welchem Teil Deutschlands moderieren würde. Thomas und Friedemann wollten gerne nach Ostberlin und bekamen dort die DT 64-Moderatoren Marion Brasch und Lutz Bertram zur Seite gestellt. Matthias und ich blieben lieber in Stuttgart und wurden durch Günter Scheidewind und Uwe Wassermann vom DDR-Sender ergänzt. Und wo unser aller Wille war, war auch ein Weg. Tatsächlich konnten sich irgendwann, zum Teil sehr knapp, alle Probleme, die sich während der Vorbereitung der »Top 2000 D« aufgetan hatten, aus dem Weg räumen lassen.

Am 17. August 1990 um 0.03 Uhr starteten wir also. Die Moderatoren in Stuttgart hörten die in Ostberlin, die in Ostberlin hörten die Kollegen in Stuttgart. Und Millionen hörten Stuttgart und Ostberlin, vereint in einer Radioleitung.

Alles funktionierte. Nur *ich* hatte vergessen, meinem Kollegen Matthias das Mikrofon anzuschalten. Rick Springfield gab mit seinem Song »Rock of life« die Richtung für die ganze deutsch-deutsche Hitparade vor. Der »Wilde Süden« erinnerte sich an das Erlebnis der »Top 1000 X« im Vorjahr und war schnell wieder ganz bei der Sache und voll in Stimmung. Der Osten hatte noch ein paar Anlaufschwierigkeiten, zog aber bald nach. Wieder regnete es Päckchen und aufmunternde Briefe, wieder drängten Besucher und Pressevertreter in den Sender. Wie bei der »Top 1000 X« sendeten wir nicht nur Musik, sondern eben auch Informationen. Dass diese für den einen Teil Deutschlands weder von Nutzen noch von Interesse sein würden, hatten wir in der Planung nicht mit bedacht. Was juckt es denn den Cottbusser Trabifahrer, wenn die Parkplätze der Wilhelma belegt sind? Aber es machte schon etwas her, den Verkehrsservice von der Ostsee bis zum Bodensee zu verbreiten.

So unterschiedlich die Sozialisation, so verschieden zeigten sich auch die Musikgeschmäcker von »Ossis« und »Wessis«. Das SDR3-Sendegebiet blieb in seiner Abstimmung über die besten 2000 Songs Deutschlands weiter seinen Rockklassikern treu, während das DDR-Jugendradio-Publikum deutlich mehr nach aktuellen Hits aus den Charts lechzte. Zu meiner großen Enttäuschung konnte sich einer der schönsten deutschen Schlager gar nicht platzieren: »Du hast den Farbfilm vergessen« bekam weder hüben noch drüben genügend Stimmen, um in unserer Hitparade zu landen. Dabei wäre Nina Hagen als »Ossigöre«, die im Westen sesshaft geworden war, doch ein wunderbares Vereinigungssymbol gewesen. Ob letztendlich durch unsere gemeinsame Sendung etwas zusammenwuchs, weiß ich nicht. Auf jeden Fall lernten sich zwei »Volksstämme« bei diesem Event besser kennen. Sie hörten Musik, die sie toll fanden oder noch gar nicht kannten. Ich war nicht der einzige im »Ländle«, der von den Gruppen De Brüh oder Propaganda For Frankie noch nie gehört hatte. Die Bands Anyone's Daughter oder Pur dürften dafür in Sachsen einen eher eng begrenzten Bekanntheitsgrad gehabt haben. Wer den größeren Gewinn aus diesen neuen Erkenntnissen ziehen konnte, möge jeder selbst entscheiden. Über die Musik hinaus lernten wir aber auch die Ansichten und Lebensentwürfe der »anderen Seite« kennen. Am stärksten und wichtigsten war die Erfahrung, eine Riesenaktion wie die »Top 2000 D« zusammen auf die Beine gestellt und zum Gehen gebracht zu haben.

Als Uwe Wassermann von DT 64 und ich nach einer gemeinsamen Schicht in die Redaktion kamen, traten allerdings einige ernste und stirngerunzelte Gesichter auf die Euphoriebremse. Über einen Kollegen in Ostberlin hatten sich die Beschwerden gehäuft. Und wenn wir schon einmal auf einer Krisensitzung waren, bekamen auch gleich alle ihr Fett weg. »Ihr lest zu viele Faxe vor«, lautete eine der Beschwerden. Oder: »Redet nicht dauernd übers Essen. Es wird überhaupt zu viel gelabert.« Vielleicht war da was dran und natürlich muss man immer über mögliche Verbesserungen sprechen. Aber wir waren zu diesem Zeitpunkt bereits drei Tage »on air« und dementsprechend schon etwas müde und gerädert. Die geballte und pauschale Kritik wirkte auf uns darum nicht gerade motivationsfördernd. Da hielten wir uns doch lieber an unsere Ost-West-Hörer, die eine ungeheure Energie und Phantasie an den Tag legten. Sie dichteten zum Beispiel eine deutsche Ersatzhymne: »Radio, schöner Götterfunken, Tochter aus dem Funkkanal. Wir alle lauschen freudetrunken ständig Eurem Sendestrahl!« Angefeuert durch solche Extras rissen wir Moderatoren uns zusammen und blieben trotz fortschreitender Müdigkeit fröhlich. Die letzte Nacht und der letzte Tag unserer gemeinsamen Hitparade wurden spannend, anstrengend und großartig. Fünfzehn Stunden lang begleitete uns das Fernsehen im Studio und bei der Abschlussfete auf dem »Cannstatter Wasen«. Uwe Wassermann und ich hatten die letzte Schicht im Studio, wir moderierten die »Top 2000 D« bis Platz 21. Dann mussten wir zum Wasen. Matthias Holtmann und Günter Schneidewind standen dort schon auf der Bühne. Für unseren Weg vom Studio dorthin hatte sich Fernsehregisseur Michael Maschke einen herrlichen Slapstick ausgedacht, den wir zwischen unseren Moderationsschichten aufgezeichnet hatten. Uwe und ich mussten uns nacheinander mit einem Skateboard, einer Isetta, einem motorisiertem Rollstuhl und einem historischen Motorrad aus dem Jahr 1906 zum Wasen durchschlagen. In der letzten Einstellung der Aufzeichnung, die auf der großen Videoleinwand auf der Bühne übertragen wurde, verschwanden wir in einem Tunnel und tauchten dann real und live mit dem Kult-Auto »DeLorean«, bekannt aus dem Film »Zurück in die Zukunft«, hinter der Bühne auf. Wie verabredet, wurden Uwe und ich dann von zwei Polizisten wegen meines verwegenen Fahrstils verhaftet, durften aber wegen offensichtlicher Unabkömmlichkeit unserem Job weiter nachgehen. Schätzungsweise 10 000 Zuschauer (es wurden immer mehr) waren mit dieser Entscheidung der »Obrigkeit« einverstanden und bekundeten dies mit lautem Johlen.

Wie auch schon bei der »Top 1000« sollten die letzten Plätze der Charts live vor Publikum heruntergezählt werden. Unser Einstiegstitel in die Top Twenty der ersten deutsch-deutschen Hitparade war wie für uns gemacht: »We Are The Champions«. Die bisherige Hymne des »Wilden Südens«, »Stairway to Heaven«, schaffte es wegen der vielen SDR3-Stimmen zumindest aufs Treppchen, auf Platz 3 nämlich. Beim Ost-Sender DT 64 schaffte es der Song nur auf Platz 20. »Brothers In Arms« von den Dire Straits war der Spitzenreiter im Westen und »Enjoy The Silence« von Depeche Mode die klare Nummer Eins im Osten. So wurde ein Titel gesamtdeutscher Sieger, für den es in Ostberlin für Platz zwei und in Stuttgart für Platz vier gereicht hätte: Sinéad O'Connors Version des Prince-Titels »Nothing Compares 2 U«. Nachdem der gemeinsame Siegertitel gelaufen war, ging die Party erst richtig los. Mit Rockhaus hatten wir eine der angesagtesten DDR-Bands dafür engagieren können, die gleich mit zwei Titeln in unseren Charts vertreten waren. Höhepunkt der Fete aber waren Die Toten Hosen. Meine persönlichen Kontakte zu ihnen waren damals noch gut genug, um sie als Überraschungsband gewinnen zu können. Sie präsentierten live »Hier kommt Alex«, den Song, der es auf Platz 16 der Charts geschafft hatte, und spielten später sogar länger als vereinbart. Den krönenden Abschluss bildete der »König von Deutschland«, Rio Reiser. »Bye bye Junimond, es ist vorbei ...« sang er. Und wir packten müde aber glücklich unsere Sachen zusammen.

Jedem Ende wohnt bekanntlich ein Anfang inne. Auch wenn wir Moderatoren nach diesem Ereignis eine Ruhepause nötig hatten, überlegten wir uns schon wieder das nächste Großereignis. So gut das neben der alltäglichen Arbeit, die durch den Umbruch in Europa und den Golfkrieg geprägt und sehr spannend, aufregend und emotional war, eben ging. Nachdem wir versucht hatten, mit der »Top 2000 D« unseren kleinen Anteil zur deutsch-deutschen Verständigung zu leisten, konnte der nächste Event nur noch internationaler werden, in Richtung Europa weisen. Da Musikwünsche bei unseren Hörern offensichtlich sehr gefragt und beliebt waren, wollte ich dieses Element nicht nur zum Spaß, sondern auch nutzbringend für eine inhaltlich wichtige Aktion nutzen, also für einen guten Zweck. Direkt vor unseren Augen tobte ein grausamer Bürgerkrieg. Jugoslawien war zerfallen und der Balkan blutete. Städte, in denen viele von uns schon Urlaub gemacht hatte, wurden beschossen und zerstört, Menschen niedergemetzelt. Wie immer litten Zivilisten am meisten, allen voran Kinder. Hier wenigstens ein wenig für die Verbesserung der Lebensumstände zu sorgen, wurde unser Anliegen. Und so startete SDR3 mit »Ein Lied für Brezovica« eine Aktion, die überaus erfolgreich wurde. Kollege Michael Oesterreich erwarb sich, unterstützt von den Programmchefs Hans-Peter Archner und Matthias Holtmann, dabei als Leiter des gesamten Projekts große Verdienste. Die Idee, die unserer Charity-Sendung zugrunde lag, war folgende: Musikwünsche unserer Hörer wurden nur gegen eine Spende erfüllt. Alle Spenden sollten vor allem an ein Kinderzentrum der Caritas in Brezovica im Kosovo gehen. Hier wurden kriegsverletzte Kinder behandelt. Serben, Kroaten, Bosnier – alle lebten friedlich unter einem Dach. Der »Wilde Süden« zeigte sich ausgesprochen solidarisch und großzügig. Unfassbare sieben Millionen Mark kamen zusammen und sicherten zahlreichen Kindern das Überleben und ein menschenwürdiges Dasein.

Parallel dazu bastelten wir an einer europäischen Hitparade. Das gestaltete sich naturgemäß schwieriger als alle unsere bisherigen Charts. Ganz große Radiosender, allen voran die BBC, waren noch nicht so weit und flexibel, das Projekt mit uns anzugehen. Trotzdem beteiligten sich im August 1994 an unseren »Top 1000 XL« dann mehrere europäische Radiostationen. Am meisten gefreut haben wir uns über die Beteiligung der Menschen aus Sarajewo, Bosnien-Herzegowina. Sie freuten sich, nicht vergessen worden zu sein und dass man sie in die Charts integrierte. Kollege Thomas Aders sammelte dafür extra vor Ort in der Stadt Stimmzettel ein und brachte sie in großen Pappkartons nach Stuttgart. Unsere Klassiker, an der Spitze wieder »Stairway to Heaven«, setzten sich auch bei dieser europäischen Hitparade durch. Nur Mariah Careys Song »Without You« zeigte, das der »Wilde Süden« nicht allein abgestimmt hatte.

Das Phänomen »Hitparade« feierte nach der Fusion der Sender SDR und SWF Wiederauferstehung und gehört für viele Hörer bis heute beinahe wie Ostern und Weihnachten zu den jährlichen Feiertagen. Auch wenn zwischendurch »Bohemian Rhapsody« von Queen einmal die Dauer-Nummer eins »Starway To Heaven« abgelöst hat, hält sich die Spannung in den Top Ten in Grenzen. Unsere Hörer sind da sehr traditionsbewusst. Sie schätzen die Verlässlichkeit des Rankings genauso, wie den familiären Charakter im »Wilden Süden« besonders während der Zeit der Hitparade. Diese Einheit von Hörern und Machern ist und bleibt unersetzbar. Als Kollege Patrick Neelmeier vor ein paar Jahren leider die Stimme wegblieb, weil sein Kehlkopf entzündet war, und ich in der laufenden Hitparade spontan einspringen musste, stellten sich bei mir sofort wieder alte Emotionen ein. Es war wie früher. 2014 durften Thomas und ich dann nochmals in Erinnerungen schwelgen, um »25 Jahre Hitparade« zu feiern. Mit Interviews, Zeitungsartikeln und Fernsehsondersendung – das ganze Paket eben. Das Finale dieser Hitparade in der Stuttgarter »Schleyerhalle« glich einem Klassentreffen. Möge diesem Event noch ein langes Leben beschieden sein.

Bush hat den Terrorismus am meisten gestärkt

Wolfgang Heim und ich teilen uns seit vielen Jahren ein Büro. Unser neues befindet sich in der siebten Ebene im Neubau, den das SWR-Fernsehen und »SWR1 Baden-Württemberg« ab 2012 nach und nach bezogen haben. Eine Etage tiefer gelangen wir in das »Studio D«, aus dem meistens unsere »Leute«-Sendung ausgestrahlt wird, jedenfalls wenn das Fernsehen für »Leute Night« mit aufzeichnet. In »Studio D« werden ansonsten das »Europamagazin« und der »Brennpunkt« gesendet. Wir sind vermutlich die einzige Radiosendung auf der Welt, die in einem Fernsehstudio entsteht. Das bleibt auch so, wenn (vermutlich bei Erscheinen dieses Buches) »Leute« gar nicht mehr vom Fernsehen aufgezeichnet wird, weil es uns im Fernsehen nicht mehr geben soll. Hier in »Studio D« steht unsere Kulisse, und ohne »Leute Night« hätte es dieses vierte TV-Studio im Sender gar nicht gegeben. Durch die Glastür neben dem Studio gelangt nur, wer einen dafür codierten Mitarbeiterausweis hat. Denn hier geht es ins Allerheiligste: unser Sendezentrum. Hinter ihr verbirgt sich ein Großraumbüro, das in die Tonregie mündet. Um sie sind unsere Hörfunkstudios gruppiert, aus denen alle anderen »SWR1«-Sendungen außer »Leute« ausgestrahlt werden. Auch ein kleines Produktionsstudio grenzt an die Tonregie. Hier arbeiten viele Redakteure, auch die Online-Redaktion sowie unser Sprecher für die Verkehrsnachrichten. Obwohl hier so viele Menschen in einem Raum untergebracht sind, geht es sehr ruhig zu. Dass Radio gemacht wird, hört man erst bei den Technikern in der Regie.

In unserem Büro stehen zwei Schreibtische und einige Regale, über und über voll mit Büchern. An der Wand hängt unsere »Leute«-Programmplanung, eine große Metalltafel, auf die wir mit roten, schwarzen und grünen Stiften die Namen unserer eingeladenen Gäste schreiben. Rot steht für Prominente, schwarz für Politik und andere ernste Themenbereiche und grün für die Service-Themen. Je bunter unsere Tafel desto bunter und abwechslungsreicher gestaltet sich also unser Programm. In unser Büro kommt man direkt vom Flur. Man muss nicht einmal die Tür aufmachen, denn die steht immer offen. Als ich einmal Johannes B. Kerner besuchte, um ein Interview für »Leute« aufzuzeichnen, musste ich erst ein Vorzimmer passieren, in dem ein Dutzend Redakteure ihm zuarbeiteten, für ihn und seine Sendung recherchierten und Vorgespräche mit Gästen führten. Wolfgang und ich machen das alles selbst. Von der Idee über den Kontakt und die Vorbereitung bis zur Moderation. Diese Vorgehensweise ist mit Arbeit verbunden, aber sie ist direkt und schnell, vermeidet Missverständnisse und ist authentisch. Der einzige Nachteil: wir können keinem anderen die Schuld geben, wenn etwas schief geht oder der Gast nicht hält, was er versprochen hat. Auch dann nicht, wenn der Moderator nicht gut vorbereitet ist. Wir sind für alles selbst verantwortlich. Dafür müssen wir ein eingespieltes Team sein und uns aufeinander verlassen können. Auf andere Weise ließe sich dieses Format auch nicht seit dreißig Jahren im Programm halten. Im Übrigen heißt unsere Sendung eben nicht »Kerner«, »Beckmann«, »Jauch«

oder ähnlich, sondern »Leute«. Weil bei uns die Gäste im Vordergrund stehen. Nicht die Moderatoren.

Wolfgang und ich haben in unserer Arbeit sicherlich unterschiedliche Herangehensweisen, verschiedene Gesprächsstile, spezielle Eigenheiten, aber wir haben gemeinsam »Leute« zu einer eigenen wiedererkennbaren Marke gemacht. Und wenn man schon so lange so viel Zeit miteinander verbringt, sind die Auswirkungen davon vermutlich ähnlich wie bei einem alten Ehepaar. Es kommt schon vor, dass kaum gesprochen wird, obwohl wir uns gegenübersitzen. Aber wenn es nötig ist, kommen wir schnell auf den Punkt. Wir machen unsere eigenen Dienstpläne, einigen uns also darauf, wer welche Sendung moderiert. Meistens geschieht das mittwochmittags und dauert etwa dreißig Sekunden. Wenn wir uns beide gern mit demselben Gesprächspartner unterhalten würden, hat derjenige das Vorrecht, der die Idee hatte, diesen Gast einzuladen. Wir sprechen uns außerdem mit Petra Zundel ab, die uns seit Jahren als Moderatorin und mit Vorschlägen unterstützt. Wenn einer von uns länger als eine Woche Urlaub hat, kommt Michel Ries als Vertretung. Mit ihm klappt die Zusammenarbeit genauso gut. Darüber hinaus bringt er noch Witz und gute Laune mit.

Anfangs waren für Wolfgang und mich bestimmte Themen und Gesprächspartner typisch. Beispielsweise lagen Wolfgang eher persönliche Schicksale am Herzen während ich mehr den politischen Themen zugeneigt war. Inzwischen, denke ich, lässt sich das nicht mehr so unterscheiden, was sowohl der Sendung wie auch uns zugute kommt. In jedem Fall ist Wolfgang sehr fleißig und bringt viele Ideen ein, was ich sehr schätze. Sicher hat jeder von uns Gesprächspartner, auf die er sich besonders freut, aber auch das hat sich vermischt. Mit Wolfgang Niedecken etwa, unserem wohl häufigsten Gast, den ich schon aus meinen Zeiten als Konzert-Veranstalter kannte, ist Wolfgang auch sehr schnell warm geworden. Die Toten Hosen und Die Fantastischen Vier blieben eher mein Revier. Esoterische Bereiche habe ich weniger gern abgedeckt und einen Selbstdarsteller wie Henryk M. Broder, der großzügig austeilt und nichts einstecken kann, hätte ich höchstens einmal eingeladen und vermutlich anders interviewt. Jürgen Todenhöfer wurde für uns beide ein spannender Gesprächspartner.

Todenhöfer interessiert mich als Mann, der sich völlig verändert hat, und zwar nicht aus Gründen des Machtstrebens und für das eigene Fortkommen, sondern auf der Basis von Erfahrung und neuer Erkenntnis. Er gehörte als Politiker und Bundestagsangeordneter der sogenannten »Stahlhelmfraktion« der CDU an und tat sich als konservativer Hardliner hervor, der den demokratisch gewählten Präsidenten Chiles, Salvador Allende, kritisierte und den Putschisten, General Pinochet, unterstützte. Ich fand es nicht schlimm, dass Herbert Wehner ihn als »Hodentöter« verunglimpfte. Sein Schulfreund Hubert Burda holte Jürgen Todenhöfer später in seinen Medienkonzern, wo er bis zum stellvertretenden Vorstandsvorsitzenden aufstieg. Nachdem er schon Anfang der 1980er-Jahre einmal in Afghanistan war, um den Kampf der von den USA unterstützten Mudschahedin gegen das von den Sowjets gestützte kommunistische Regime zu verfolgen, nahm er nun seine Reisen in die Kriegsgebiete in Afghanistan und im Irak wieder auf. Er erlebte das Leid der Bevölkerung und erhob schwere Vorwürfe gegen die USA, auch in »SWR1 Leute«. Sein bewegendes Buch »Wer weint schon um Abdul und Tanaya?« war gerade erschienen. Darüber sprachen wir. Todenhöfer erläuterte mir den Titel seines Buches:

»Die amerikanische Regierung würde diese Kriege ja auch nicht führen, wenn dort nicht Kinder leben würden, die ›Abdul‹ und ›Tanaya‹ heißen, sondern wenn dort Kinder leben würden, die ›Tom‹ und ›Jimmy‹ heißen. Wir sind ja alle tief betroffen gewesen von den Attentaten auf das ›World Trade Center‹. Ich aus vielen Gründen. Aus Mitleid mit den Amerikanern etwa, aber auch weil meine Tochter in der Nähe war. Und wir haben getrauert. Aber um die 6000 zivilen Opfer in Afghanistan trauert kein Mensch. Wenn in Bagdad am Schluss 5000, 20000, 100000 Menschen sterben werden, da wird es einen Protest geben, aber wirklich trauern wird keiner. Weil für viele von uns ein arabisches Kind oder ein muslimisches Kind nicht so viel wert ist wie ein deutsches, französisches oder amerikanisches Kind. Ich sag' das mal ganz hart, aber es ist so. Es weint niemand um Abdul und Tanaya.«

Todenhöfer begründete dann, warum er den Irakkrieg der USA für ungerecht hält und warum er nicht nötig gewesen wäre:

»Saddam Hussein war ein schrecklicher Diktator, aber im Irak gab es wie in allen Polizeistaaten – das klingt jetzt ganz schlimm – Sicherheit und Ruhe. Terroristen hatten keine Chance. Es gab im Irak weniger Terrorismus als in den Vereinigten Staaten. Jetzt haben wir Terrorismus dort. Der Terrorismus ist nicht eingeschränkt worden, sondern es haben zwei Entwicklungen stattgefunden. Erstens: es wurde erstmals der Terrorismus in den Irak importiert, und die Bevölkerung leidet schrecklich unter diesen fürchterlichen Anschlägen, die wir jeden Tag auch sehen. Und zweitens wurde der internationale Terrorismus durch diesen erkennbar ungerechten Krieg, der wegen Massenvernichtungswaffen geführt wurde (und das war eine Lüge), massiv gestärkt. Nie war es für Terroristen so leicht wie heute, neue Selbstmordattentäter zu werben. Das heißt, der amerikanische Präsident wird in die Geschichte eingehen als der Mann, der den internationalen Terrorismus im 21. Jahrhundert am meisten gestärkt hat.«

»Wo sehen Sie die hauptsächlichen Gründe für den Terrorismus, den es ja tatsächlich gibt? ›Al Qaida‹ gibt es, und die Anschläge hat es schließlich auch gegeben.«

»Ich sage es mal andersherum, nämlich was man gegen den Terrorismus unternehmen sollte. Terroristen muss man mit Klugheit und Härte verfolgen. Es gibt keine Entschuldigung für Anschläge gegen unschuldige Zivilpersonen. Das ist Terrorismus, und deswegen ist Terrorismus völlig inakzeptabel. Aber man muss – und das wird zurzeit völlig vergessen – eine gerechtere Politik gegenüber der muslimischen Welt machen. Das heißt, wir machen zurzeit eine extrem ungerechte Welt. Im Grunde haben wir einen latenten Rassismus gegenüber diesen Menschen. Jetzt werden Sie sagen: wieso Rassismus? Ich gebe Ihnen ein Beispiel. Die Angehörigen der Opfer des ›World Trade Centers‹ erhielten pro Person, die getötet wurde, genau 3,1 Millionen US-Dollar. Die Angehörigen eines getöteten US-Soldaten erhalten 100 000 US-Dollar. Eine irakische Familie erhält, wenn ihr Kind außerhalb von Kampfhandlungen – also nicht durch Bomben getötet wird – gar nichts. Maximal 2 500 US-Dollar.«

Macht es sich Jürgen Todenhöfer zu leicht? Ist er ein Eiferer? Geht er Diktatoren auf den Leim? Das alles fragte ich mich vor, während und auch noch nach unserem Gespräch. Sicher gibt es Afghanistan betreffend noch weitere Gesichtspunkte, die in einer umfassenden Debatte berücksichtigt werden müssten. Aber ist deshalb falsch, was Todenhöfer schreibt? Seine Berichte aus Afghanistan jedenfalls sind erschütternd, seine Bücher wurden allesamt Bestseller. Die Honorare, die er dafür erhalten hat, spendete er notleidenden Kindern in den afghanischen Kriegsgebieten. Das Geld floss beispielsweise in den Aufbau von Heimen, zudem wurden Fußballplätze geschaffen.

Solidarität statt Kapitalismus

Zu unseren Stammgästen in »Leute« zählt neben Todenhöfer noch ein weiterer Mann, der einen großen Wandel durchgemacht und zu einem gehörigen Stück Altersweisheit gefunden hat. Er war Jesuit, ist Politiker und bisweilen auch ein Schlitzohr. Einst war er konservativer CDU-Mann im Bundestag, der den Pazifismus für Auschwitz mitverantwortlich machte, außerdem verlässlicher Generalsekretär. Bis er sich mit Kohl überwarf. Dann besann sich Heiner Geißler auf neue Werte. Er blieb in der CDU und wurde gleichzeitig Mitglied bei den Globalisierungskritikern von »Attac«. Am 10. Juli 2001 fragte ich ihn in »Leute« nach genau diesem Wandel:

»Sie haben mal den Slogan ›Freiheit statt Sozialismus‹ erfunden. Heute würden Sie ihn gern durch den Slogan ›Solidarität statt Kapitalismus‹ ersetzt sehen. Das tritt natürlich manchem genauso vors Schienbein wie damals ihr alter Slogan.«

»Ja gut, wir haben drei Grundwerte, die aus der Menschenwürde abgeleitet werden. Das sind die Grundwerte der französischen Revolution: Freiheit, Gleichheit, Brüderlichkeit oder Solidarität. Diese Grundwerte sind gleichwertig, aber es gibt eben Zeiten, da ist mal der eine Grundwert bedrohter als der andere. Damals war das die Freiheit in der Auseinandersetzung um die Existenz der Demokratien in Europa gegenüber einem aggressiven Kommunismus. Deswegen war der Satz provozierend, aber letztendlich richtig: Freiheit statt Sozialismus. Aber heute ist die Freiheit *nicht* gefährdet. Heute ist die Solidarität gefährdet, die Solidarität zwischen Alten und Jungen, Jungen und Alten, Männern und Frauen, Deutschen und Ausländern, zwischen Reichen und Armen, zwischen den Menschen und der Schöpfung, insgesamt der Natur. Die Hauptgefahr geht von einem expansiven Turbokapitalismus aus, der über Leichen geht und bei dem eben die Gier nach Geld die Hirne der Menschen zerfrisst und wo praktisch eben nur noch der Börsenwert oder Aktienkurs entscheidend ist für die Bewertung eines Unternehmens. Deswegen ist, glaube ich, diese Aussage ›Solidarität statt Kapitalismus‹ absolut richtig.«

Dass der Kapitalismus sich so entwickelt habe, führte Geißler aus, läge im System selbst. Gut ein Jahr später haben wir uns wieder unterhalten. Inzwischen waren die »Twin Towers« zum Einstürzen gebracht worden. Osama Bin Laden hatte 3000 Menschen umgebracht. Wie er das mit seiner Gruppe unbeobachtet durchführen konnte, ist mir bis heute ein Rätsel. Außerdem frage ich mich immer: »cui bono« (wem nützt es?). Geißler kritisierte in unserem erneuten Gespräch den Einmarsch der USA in den Irak und beklagte den zunehmenden Fundamentalismus auf allen Seiten, im Nahostkonflikt auf Seiten der Palästinenser und der Israelis genauso wie bei den Islamisten und der internationalen Gemeinschaft, die im Krieg die einzige Lösung sieht. Und er fragt nach den Gründen:

»Unser Problem heute auf der Welt ist der Fundamentalismus, der religiöse, der nationale Fundamentalismus. Wenn man den bekämpfen will, dann muss man die terroristischen Auswüchse schon mit dem Militär bekämpfen, das ist richtig.

Aber die eigentlichen Ursachen, die liegen irgendwo ganz anders. Ich war der erste Abgeordnete, der in Kabul war. Als ich zurückkam, also nach dem 11. September, da haben die Leute mich gefragt: ›Lebt der Osama Bin Laden noch?‹ Da hab' ich gesagt: ›Das weiß ich nicht, ich bin dem nicht begegnet. Aber ich weiß – ich hab' Pakistan besucht –, dass er in den Köpfen und Herzen von hunderten von Millionen Leuten in den Elends- und Armutsquartieren von Bangladesch bis Algerien lebt. In einer Gegend mit einer Arbeitslosenquote von über 90 Prozent. Dort leben junge Leute, die null Perspektive haben für ihr irdisches Leben. Da werden sie eben leicht Opfer des islamischen Fundamentalismus.‹ Und deswegen muss man die Weltpolitik ändern. Die 5 000 ›Al Qaida‹-Kämpfer sind auch ein Problem. Aber das eigentliche Problem ist der Kapitalismus!«

Geißler war oft bei uns. Natürlich – wie so viele unserer Gäste – auch dann, wenn er ein neues Buch geschrieben hatte. Er tritt allgemein gerne auf, nicht nur bei uns. Es gab allerdings zwei Situationen, in denen er deutschlandweit als begehrter Gesprächspartner angefragt war – aber nur zu uns kam. Damals fungierte Geißler als Schlichter in Bezug auf das Projekt »Stuttgart 21«. In zwei Schlichter-Runden hat er dabei einen unglaublich effektiven Job gemacht. Er regte Stresstests an und schlug Verbesserungen vor, falls »Stuttgart 21« gebaut würde. Letztendlich favorisierte er jedoch eine Kombination aus zehngleisigem Kopf- und viergleisigem Durchgangsbahnhof als beste Lösung für den Bahnverkehr und die gespaltene Bevölkerung. Er nannte diese Lösung »Frieden für Stuttgart«. Generell hatten alle Beteiligten am Prozess es nicht einfach mit dem Schlichter Geißler. Weil er immer wieder nachgefragt hat, nachdrücklich um Klärung

Altersweiser Schlichter: Heiner Geißler

bat und keine Ausreden gelten ließ. Beide Male war er am nächsten Vormittag nach den Verhandlungen live unser Gast in »Leute«.

In einer ganz anderen unvorhergesehenen Funktion stand Geißler mir am 20. Mai 2009 zur Verfügung. Um halb zehn klingelte das Telefon, und er meldete sich mit dem Handy aus seinem Auto. Er stehe im Stau und werde sich vermutlich verspäten. Kein Problem, meinte ich, er sei unterwegs und ich wisse Bescheid, also könne ich überbücken. Als er auch um zehn nach zehn noch nicht bei uns war, rief ich ihn live aus der Sendung an und ließ ihn den Hörern erklären, wo er stecke und warum. Geißler gab unseren »Live-Staumelder«:

»Also auf der A8 sollte man nicht fahren, und auf der A81 ist ein Riesenstau, in den bin ich auch geraten, bei Pforzheim. Und jetzt brennt in dem Tunnel bei Pforzheim ein Auto.«

»Das heißt, es ist auch noch nicht absehbar, wann Sie diese Strecke überwunden haben könnten?«

»Überhaupt nicht. Ich stehe da halt mit hunderten anderer Verkehrsteilnehmer, und es geht auch in der Gegenrichtung nichts. Der Tunnel ist gesperrt.«

Diese Unterhaltung führten wir natürlich erst, nachdem ich mich versichert hatte, dass er eine Freisprechanlage benutzte. Wir brauchten diese noch länger. Die ganze erste Stunde bestritten wir telefonisch. Erst um elf Uhr traf er im Studio ein.

Dieser Krieg muss der letzte gewesen sein

»Wie meinst du das?« wollen wir wissen, wenn wir nach der Haltung einer anderen Person fragen. »Meiner Meinung nach« relativieren wir, wenn wir darum gebeten werden, unseren Standpunkt kundzutun. Die Meinungen gehen auseinander, es gibt die eigene und die öffentliche Meinung, die Meinungsmache, die Meinungsbildung und die Meinungsfreiheit. Philosophen sind sich nicht einig, ob die Meinung ihren Platz zwischen Glauben und Wissen hat. Ich verstehe »Meinung« hier als Ansicht, Überzeugung oder Wertvorstellung. Sich eine Meinung zu bilden, ist oft nicht einfach; eine eigene Meinung zu haben ist wichtig, um sich im Leben zu orientieren. Sie wenn nötig in Frage zu stellen und gar zu ändern, ist eine erstrebenswerte Fähigkeit, die sich positiv von Sturheit unterscheidet. Für Journalisten ist die Meinung – die eigene und die öffentliche – ein besonders hohes Gut, sagt man ihnen doch nach, sie seien Meinungsmacher. Wir Journalisten sollten zur Meinungsbildung beitragen ohne dabei zu indoktrinieren. Ein investigativer Reporter wird Hintergründe erläutern, bislang unbekannte Fakten entdecken, vielleicht sogar Missstände aufzeigen. Der Leser, Zuschauer, Hörer muss die Möglichkeit haben, seine eigenen Schlüsse zu ziehen. Ähnlich ist die Aufgabenstellung für den Moderator. Eine ganz andere Funktion erfüllt der Kommentar. Sollte er jedenfalls, obwohl wir tagtäglich auch eine Aneinanderreihung von Plattitüden ertragen müssen.

Der Kommentator vertritt und begründet (s)eine klare Ansicht. Natürlich immer in der Hoffnung zu überzeugen, aber auch ständig mit der Gefahr, Prügel zu beziehen.

Anfang der 1990er-Jahre waren Wolfgang Heim und ich neben unserer Arbeit für »Leute« auch noch Mitarbeiter und Moderatoren bei »SDR3 Aktuell«. Wir hatten ständig über den »Zweiten Golfkrieg« (oder »Ersten Irakkrieg«) zu berichten. Wir hatten dazu jeder unsere eigene Meinung entwickelt, waren auch emotional betroffen und haben dazu im Programm pointiert kommentiert. »SDR 3 Aktuell« blieb ausgewogen, denn Wolfgang verteidigte das Vorgehen der USA unter Bush Senior gegen Saddam Husseins völkerrechtswidrige Annexion Kuwaits. Ich dagegen hielt den Krieg für falsch und für eine Niederlage der Politik und der Menschlichkeit. Ein Sendungsmanuskript von damals habe ich noch gefunden. Es stammt vom 28. Februar 1991, wurde also gegen Ende des Krieges verfasst, und zwar auf unserer Redaktionsschreibmaschine. »Der Krieg ist zu Ende – der Frieden hat noch nicht begonnen«, lautete die Überschrift zu diesem Text:

»Nach genau sechs Wochen ist der Golfkrieg zu Ende. Bei aller unterschiedlichen Einschätzung der schrecklichen Ereignisse gibt es sicher niemanden, der sich nicht darüber freut. Bei vielen hunderttausend Menschen wird dennoch die Trauer überwiegen. Auf 150 000 schätzt ein französischer Militärexperte die Zahl der gefallenen irakischen Soldaten, und keiner vermag zu beurteilen, ob unter den Zivilisten nicht noch mehr Opfer zu beklagen sind. Allein angesichts dieser Zahl ist es makaber, von einem ›gerechten‹ Krieg zu sprechen oder gar wie Graf Lambsdorff laut einer Agenturmeldung zu sagen, der Krieg habe sich ›gelohnt‹. Richtig ist, dass ein brutaler Diktator in die Knie gezwungen wurde, was zweifellos nötig war. Die Frage ist, ob mit den richtigen Mitteln – und was wir daraus lernen.

Der Zeitpunkt des Waffenstillstandes ist von den Militärs diktiert worden. Die Forderungen an den Irak, Hussein müsse persönlich, schriftlich, feierlich erklären – ein Rückzug reiche nicht, wird sogar abgeschnitten – wurden immer höher geschraubt, über die Vorgaben der UNO hinaus bis zum Schlachtfeld. Obwohl Kuwait so wenig die 19. Provinz Iraks ist wie der 52. Staat der USA. Dieser Krieg wurde im Namen der Völkergemeinschaft geführt; der Rest der Welt konnte sich schnell einig werden – zu offensichtlich hatte der Gegner Völkerrecht gebrochen. Da lässt sich leicht verdrängen, dass man andere Schlächter dieser Welt gewähren ließ, dass man Saddam Hussein noch unterstützte, als er bereits tausende von Kurden mit Giftgas umbrachte. Die Moral, die erst greift, wenn es um die eigenen Interessen geht, ist eine doppelte. Dieser Krieg war, wie jeder Krieg, eine Niederlage der Politik. Die arabischen Staaten und die Weltmächte waren über Jahrzehnte nicht in der Lage, eine Friedenslösung für den Nahen Osten zu erarbeiten, und nicht einmal am Ende dieses Krieges besteht die Aussicht darauf. Politisch erreicht wurde: ein Machtvakuum im Irak, die Aufrüstung aller anderen arabischen Staaten, darunter Assads Syrien und des ehemaligen Todfeinds Iran. Der Diktator Hussein – was immer aus ihm persönlich wird, spielt keine Rolle mehr. Aber wer wird der nächste Diktator sein? Erst wenn es zwischen dem Norden und dem Süden, zwischen den armen und den reichen Ländern zu einer gerechten Verteilung gekommen und das Palästinenserproblem geregelt sein wird, haben größenwahnsinnige Verführer weniger Chancen.

Dieser Krieg – und auch das ist natürlich makaber – hätte noch viel schlimmere Folgen haben können, allein wenn man bedenkt, dass (soweit wir bislang wissen) kein Giftgas zum Einsatz kam. Zu folgern, Kriege seien noch führ-, weil gewinnbar, wäre die falscheste Konsequenz. Zu groß ist das Risiko allein für die Umwelt, auf die das Militär keine Rücksicht nimmt, sie sogar als Waffe einsetzt.

Politik und Wirtschaft, UNO und Waffenlieferanten, letztendlich wir alle sind gefordert: dieser Krieg muss der letzte gewesen sein!«

Ein frommer Wunsch, das wusste ich damals schon.

Soll ich jetzt live 'was singen?

»FAQ« – frequently asked questions, also häufig gestellte Fragen – finden sich inzwischen als feste Rubrik auf Homepages von Dienstleitern genauso wie in Bedienungsanleitungen. Häufig gestellte Fragen richten sich, wir hatten es ja bereits, auch an Moderatoren. Mit der Frage nach Pleiten, Pech und Pannen könnten wir natürlich ganze Sendungen füllen. Einige Kostproben der Versprecher in Sendungen von SWR1 liefert jährlich unser »Adventskalender«, ein Geschenk an unsere Hörer in der Adventszeit. Dass aus Autobomben Atombomben werden, gibt es sonst nur im Kino zu sehen oder zu hören. Gerne werden auch Touristen schon mal zu Terroristen (oder umgekehrt). Woran allerdings eine Nachrichtensprecherin in ihrem Innersten gedacht hat, als sie beim Wetterbericht verkündete, dass morgen die Sonne scheißt, weiß man nicht. Versprecher passieren, sind menschlich und werden verziehen. Oft genug versucht der Sprecher oder Moderator dann als Entschuldigung nachzuschieben, das sei nun aber auch ein schwieriges Wort gewesen. In der Regel stimmt das nicht, soll aber besser klingen, als einfach zuzugeben, dass man sich gerade nur verhaspelt hat. Zungenbrecher sind auch so ein Ding. Zurzeit begleitet der SWR unter dem Titel »Road to Rio« Sportler aus dem Land auf ihrem Weg zu den Olympischen Spielen in Rio de Janeiro. Sprechen Sie das einmal nach, erst mit hübsch mit der Zunge gerolltem englischem »R« und dann mit einem deutschen

»R«, das so richtig schön am Zäpfchen kitzelt. Das kann sich niemand ausgedacht haben, der am Mikrofon arbeiten muss. Wenn Nachrichtensprecher oder Fernsehmoderatoren Texte vom Blatt oder von Telepromptern ablesen, fallen Versprecher übrigens viel unangenehmer auf als bei freien Live-Moderationen. Und jeder kennt es von sich selbst, dass er im Gespräch über ein Wort stolpert oder das Ende des Satzes nicht findet. Jeder vergisst auch einmal etwas. Das ist im Radio (und beim Fernsehen) allerdings unangenehmer. Ich schreibe mir zum Beispiel jeden Namen auf, auch den von Kollegen, die ich schon länger kenne. Seit über zwanzig Jahren handhabe ich das so. Genaugenommen seit einer Sendung von »SDR3 Aktuell«. Mein Freund und Kollege Pitschmann saß im Studio und berichtete live von ich weiß nicht mehr was. Ich moderierte. Nach seinem Beitrag musste ich ihn absagen: »Das waren Informationen von …« – in diesem Moment fiel mir der Vorname nicht mehr ein. Der Kollege wurde und wird von uns allen nur »Pitschi« genannt. Tatsächlich heißt er, wie alle VfB-Fans inzwischen wissen, Christian. Mit einer ganz kurzen Verzögerung rettete ich mich aus dieser Zwickmühle und sagte »…von unserem Herrn Pitschmann.« Nicht schön, aber elegant genug, um nicht weiter aufzufallen. Vergessen kann man nicht nur Namen, sondern auch Sendungen. Ich jedenfalls. In den 1980er-Jahren habe ich die Sendung »Schlafrock« moderiert, regelmäßig einmal die Woche, letztendlich immer montags mit »meiner« Independentmusik. Manchmal wurde der Dienst auch getauscht oder kurzfristig für einen Kollegen eingesprungen, so auch in diesem speziellen Fall. Mein Musikprogramm für die Sendung hatte ich zusammengestellt, aber ich bin nicht hingegangen. Weiß der Teufel warum.

Nicht notiert, eingeschlafen, was auch immer. Michael Branik, der die Sendung vor mir moderierte, musste die Schicht übernehmen und mein Musikprogramm präsentieren. Das ist ihm schwer gefallen – aber er ist ja ein Profi, darum hat auch alles funktioniert.

Um 4 Uhr morgens ist für gewöhnlich Schlafenszeit. Der Körper muss sich erholen, träumen, auftanken, regenerieren. Das muss ich niemandem erläutern, jeder weiß das – aber nicht jeder kann sich danach richten. Viele Arbeiter haben Frühschicht, Busfahrer, Pflegepersonal und Ärzte müssen mitten in der Nacht raus. Frühmoderatoren (wie Techniker und Redakteure) auch. Manchmal allerdings nimmt sich der Körper, was ihm zusteht und wacht nicht auf, nicht rechtzeitig jedenfalls. Sei es weil der Schlaf tiefer ist als der Wecker laut. Sei es der Wecker hat gar nicht geklingelt – kann ja mal passieren, so ein Wecker ist auch nur ein Mensch. Ohne bei jedem einzelnen nachgefragt zu haben, behaupte ich einfach: Jeder, der morgens um 5 Uhr seinen Dienst antreten muss, hat schon einmal (oder mehrmals) verschlafen. Entweder man wacht nur knapp zu spät auf und kann im Studio Bescheid sagen »komme nicht pünktlich, aber bald!«. Oder man wird angerufen. Das sind nicht die schönsten Tage. Mir ist das zweimal passiert. Das geht eigentlich noch für einen Nachtmenschen, der gern spät ins Bett und morgens wieder herausfindet, oder? Fast wäre noch ein drittes Mal dazu gekommen, obwohl ich nicht verschlafen hatte und wir in der Sendung zu zweit eingeteilt waren. Ich war mit Freund und Technikkollegen Harald Schäuffelen unterwegs, wir hatten denselben Weg. Schon vor dreißig Jahren sind wir ökologisch und sparsam mit der Stadtbahn gefahren. Wir hätten auch ein bezahltes Taxi nehmen können. Wir sind aber in die Bahn eingestiegen, nur leider eben in die falsche. Schweigend ins Gespräch vertieft wie das um 4.15 Uhr vorkommen kann, erkannten wir leider erst ein paar Stationen zu spät, dass wir auf dem Weg nach Botnang waren, statt gen Osten zum Funk. Wir haben es trotzdem noch geschafft, waren fünf Minuten vor Sendungsbeginn im Studio. Wacher als sonst und mit etwas höherem Puls.

Zu einer Frühsendung zu spät zu kommen, ist eine relativ einfache Übung. Zu einer Sendung, die erst um zehn Uhr beginnt, zu spät zu erscheinen, ist schon eine besondere Leistung. Die gelang mir an einem Samstag des Jahres 2006. Und ich schwöre, ich konnte nichts dafür. Ich war pünktlich um Viertel nach Acht aufgestanden, hatte geduscht und wollte gerade zu unserem Biobäcker, um für ein gemütliches Frühstück ein Mohn- und ein Laugenbrötchen zu holen, als das Telefon klingelte. Etwas überrascht, aber guter Dinge meldete ich mich. Kollege Constantin Beims meldete sich, ebenso locker und aufgeräumt. Er fragte, wie es mir gehe (Antwort: gut) und was ich noch so vor habe (Antwort: muss gleich arbeiten). Sein Hinweis, dass ich *jetzt* schon arbeiten sollte, überraschte mich. Meine Uhr zeigte 8.35 Uhr, seine allerdings schon 10 Uhr. Seine ging richtig. Gegen meine sonstige Überzeugung nahm ich das Auto und hörte auf der Fahrt, wie Patrick Neelmeier, der für mich jetzt Überstunden (oder -minuten) machen musste, meine Verspätung den Hörern mitteilte und darum bat, eine »Siller-Gasse« freizuhalten, damit ich schneller durchkommen könnte. Sehr witzig. Immerhin saß ich um 10.20 Uhr für »Leute der Woche« im Studio. Damals lief dieser Wochenrückblick noch samstags. Am Montag darauf kaufte ich mir einen Funkwecker. Für die Kollegen erstand ich ein Partyfässchen Bier, um damit ihr Gespött in friedlichere Bahnen zu lenken.

»Was macht ihr, wenn ein Gast nicht kommt?« gehört auch zu den Standardfragen, mit denen wir Moderatoren gerne konfrontiert werden. Die Antwort ist einfach – wir senden ein Gespräch, das wir aufgezeichnet haben. Wenn wir eine solche Reserve haben. Leider kam es auch schon vor, dass wir nackt und bloß da standen, ohne Netz oder doppelten Boden. Zuerst machen wir dann das, was wir am besten können, nämlich ein dummes Gesicht. Meistens habe ich das gemacht, weil aus irgendwelchen Gründen oft genug ich der Moderator war, der allein im Studio saß und sich in einer derartigen Situation zurechtfinden musste. So auch am 22. Dezember 1989. Ich wartete auf den Schauspieler Martin Lüttge, Gründer des »Theaterhofs Priessenthal« und vor allem bekannt als »Tatort«-Kommissar. Er kam nicht, und er meldete sich nicht, und er war nicht zu erreichen (das Handy-Zeitalter war noch nicht angebrochen). Er hatte im Vorfeld verlauten lassen, er brauche kein Hotelzimmer, weil er mit einem Wohnmobil anreise. Als um zehn Uhr immer noch nichts passiert war, bat ich Wolfgang Heim, sich doch einmal in der näheren Umgebung nach einem Camper umzusehen. Vielleicht hatte der Künstler einfach verschlafen. Eine Viertelstunde später war Wolfgang zurück. Er zog die Schultern resigniert nach oben und machte ein ahnungsloses Gesicht. Er hatte keinen Erfolg gehabt. Ich bat Wolfgang im Studio zu bleiben und die Hörer an unseren Nachforschungen teilhaben zu lassen. Also erzählte Wolfgang, dass er Lüttge gesucht und niemanden gefunden habe. Um überhaupt etwas zu sagen zu haben, fragte ich ihn dann, ob er denn auch irgendwelche Erfahrungen als Schauspieler gemacht habe, wenn schon unser Gast nichts von Theater und Fernsehen berichten könne. Und siehe da, der Kollege hatte in einer Schulaufführung auch schon auf der Bühne gestanden! Da ich den Eindruck hatte, den ersten Gesprächsteil mit Anstand überbrückt zu haben, bat ich ihn, nach weiteren Kollegen im Sender Ausschau zu halten, die vielleicht ähnliche Erlebnisse beitragen könnten. Viele konnten. Sie hatten im Kindergarten oder in der Schule mehr oder weniger unwillig ihr schauspielerisches Talent oder Unvermögen zur Schau gestellt. Den krönenden Höhepunkt schilderte Wellenchef Hans-Peter Archner: »Es ist ein bisschen peinlich: Ich musste mal als Fichte auftreten. Eine stehende Rolle also. Ich weiß noch, ich sollte dafür eine grüne Strumpfhose anziehen. Ich war so etwa acht Jahre alt und musste von zuhause auch noch zwei Ästchen mitbringen. So ging ich durch Künzelsau, aber keiner glaubte mir, dass ich als Fichte auftreten muss.« Ohne dem geschätzten Martin Lüttge zu nahe treten zu wollen: über diese Sendung ist länger geredet worden, als wenn er gekommen wäre.

Ein halbes Jahr später war es schon wieder so weit. Wieder kam ein Gast nicht in die Sendung. Und wenn jetzt jemand sagt: »Da haben die Redakteure aber geschlampt, wenn sie nach diesen Erfahrungen immer noch keine Reserve bereitgehalten haben«, dann fällt mir tatsächlich kein gutes Gegenargument ein. Diesmal erschien die inzwischen verstorbene ehemalige DDR-Bürgerrechtlerin Bärbel Bohley nicht im Studio. Einmal hatte sie schon aus Termingründen abgesagt, jetzt kam sie nicht, weil sie den Termin vergessen hatte, und ich saß da ohne Alternative. Aber mit einer Notidee. Die Kollegen hatten sich als Ersatz für einen fehlenden Gast ja bereits bewährt. Warum also auch nicht dieses Mal? Die Fußball-WM in Italien stand bevor. Also mussten alle, die gerade greifbar waren, spontan ihr Fußballwissen preisgeben und einen Tipp für das Endspiel und den Weltmeister abgeben. Konkrete Details erspare ich Ihnen. Vor allem aber den Kollegen, denn sie lagen allesamt völlig daneben.

Fehlt in dieser Rubrik noch das Beispiel, das zeigt, wofür eine Panne gut sein kann. Es handelt sich um eine Geschichte, die ich schön öfter erzählt habe und die immer wieder für Erheiterung sorgt. Auch mir bleibt sie unvergesslich. Das Format unserer »Leute«-Sendung ist bekannt und seit Jahrzehnten unverändert. Wir haben acht Gesprächsteile in den zwei Stunden, jeweils drei bis vier Minuten lang, meistens eher vier. Dazwischen Nachrichten, Verkehrsservice, Werbung und »die größten Hits aller Zeiten«. Am 10. Juli 1995 (die Fusion mit dem SWF stand bevor, das muss man sich für das Verständnis des Gesprächs in Erinnerung bringen) wurde das Wort-Musik-Verhältnis erheblich verändert. Mein Gast und ich hatten gerade vier Minuten munter geplaudert, aber statt der dann geplanten Musik folgte nur eine Art Knistern. Das geschah auch beim nächsten Titel, den wir einspielen wollten. An den CDs lag es nicht, das Computersystem war zusammengebrochen. Außer unseren Mikrofonen funktionierte nichts, und zwar eine Viertelstunde lang. Man kann aber (jeder wie er es verdient) Glück im Unglück haben. Da ich an diesem Tag Harald Schmidt zu Gast hatte, erlebten die Hörer eine kleine Sternstunde amüsanter Improvisation. Als wir zum 20. »Leute«-Geburtstag unsere Hörer fragten, welche Sendungen wir wiederholen sollten, lag dieses Pannen-Highlight dann auch ganz weit vorne:

»War die Platte denn kaputt?«, erkundigte sich Harald Schmidt anfangs noch fürsorglich nach der Ursache der Stille.

Harald Schmidt reagierte in »Leute« schlagfertig

»Die nächste ist auch kaputt. Ich glaube, es liegt am Ab-spielgerät oder am Computer«, versuchte ich zu erklären.

»Hat denn der Sender in weiten Teilen den Betrieb schon eingestellt?«

»Wahrscheinlich werden wir demnächst so fusioniert, dass wir die Geräte von anderen Sendern übernehmen und die Gäste von uns einbringen. Das heißt, du darfst bleiben.«

»Ich glaube, dass das übrigens – wie heißt der Piraten-sender in Baden-Baden, ›Radio Voß‹ (Anmerkung: Peter Voß war Intendant des SWF) oder so –, dass die das euch kaputtmachen. Die hauen euch hier die Frequenzen kaputt.«

»Ja, mit den Frequenzen hatten wir immer unsere Proble-me. Aber dass die jetzt so direkt mitten in unsere Sendungen reingehen, in unsere populärsten Sendungen, das ist dann doch ...«

Harald Schmidt versuchte mich zu unterstützen, wo es nur ging: »Aber dieses Gästebuch, das du hier hast, das ist ja wirklich interessant. Das ist ja wirklich unglaublich, wer hier schon alles da war.«

»Und du darfst mit dabei sein – ist das nicht schön?«

»Toll!«

Ich warf hilfesuchende Blicke in die Technik und rief: »Müssen wir noch mehr überbrücken, oder können wir wieder Musik machen? Wir machen Musik, gut, probieren wir – nee, also Leute, wir können jetzt also durchreden?«

»Hör mal, ich hab' aber noch alte Kassetten vom SWF, die ich früher mal aufgenommen habe, die kann ich Euch leihen«, bot mir der Entertainer Schmidt an, »also mit Stones, Genesis, Supertramp…«

Dann begann er zu singen: »Take a look at my girlfriend…«

Ich versuchte die Sendung weiter zu retten: »Ich werde einfach jetzt schon mal die Fragen stellen, die ich eigentlich in fünf Minuten stellen wollte. Wann gibt es ›Best of Schmidteinander‹?«

»Soweit ich weiß, ab dem 24. August.«

»Wie: soweit ich weiß? Du kannst dich doch wenigstens mal darum kümmern, wann deine eigenen Sendungen laufen.«

»Ich war da ja nicht mehr mit dabei. Ich war nur noch in zugespielten Clips zu sehen. Das hat ja Feuerstein für den WDR gemacht, und ich selber hab' keine Ahnung, was in der Sendung passieren wird und wie das ablaufen wird – was ist denn das hier da draußen?«

»Wir haben jetzt eine Führung. Wir haben zwar keine CD-Player mehr, die funktionieren, aber dafür viele Gäste.«

»Das sind junge attraktive Damen. Wo kommen die denn her? Das sieht stark nach Ostalbkreis aus oder Hohenlohe«, urteilte Harald Schmidt mit Kennerblick.

»Es wird nicht protestiert jedenfalls.«

»Hat auch so einen religiösen Touch, sieht aus, wie gerade gefirmt.«

Ich musste die Szene kommentieren: »Man hört dem Sound an, dass Harald sich nach den Mädels umguckt und nicht mehr ins Mikrofon spricht.«

»Ach so, richtig, ich muss das so machen, sonst ist es für den Hörer draußen schwer nachvollziehbar.«

»Ja, beim Fernsehen hast du immer ein rotes Licht, das dir zeigt: hier ist das Vögelchen! Da weißt du, wo du reingucken musst.«

»Aber auch nicht immer, meistens winkt der Kameramann.« Dann rumpelte es und Harald schrie laut »Aua!«

»Hier hängen übrigens Lampen!« warnte ich ihn, allerdings deutlich zu spät.

Es vergingen dann noch weitere Minuten, ohne dass wir Musik einspielen und das Gespräch somit kurz unterbrechen konnten.

»Nee, Kinder, jetzt will ich aber mal Fünfgeld (Anmerkung: den damaligen SDR-Intendanten) sprechen. Das geht doch nicht. Ich komme also gestern Abend mit dem Flugzeug aus Düsseldorf hierher. Da heißt es ›Gespräche und Musik‹. Ich bringe mein Teil, soll ich live auch noch 'was singen?« beschwerte sich Harald halb amüsiert.

»Kannst du das?«

»Was wird gewünscht? Ich bin als Volksmusiker bekannt, aber Mundorgel wär' eigentlich meine Welt.«

»Karl Moik ist dir doch geläufig …«

»Moik ist meine Welt, ja, aber das was ich mag ist mehr dieser Sprechgesang von den Überlebenden dieses Naabtal-Duos.« Harald begann tatsächlich zu singen: »Ich hatte einen Freund, und erst als er weg war, hab' ich gemerkt, was er mir bedeutet hat. Blumm, blumm! Ja, aber ich hab' dich nicht vergessen, du bist gegangen. Blumm, blumm! Aber ich denk' immer an dich...«

An dieser Stelle erbarmte sich der Computer.

Eine kleine Insel im tiefen Meer der Geräusche

Das Durchschnittsalter des Menschen steigt unaufhörlich. 1960 wurde der Deutsche im Durchschnitt keine 70 Jahre alt, heute wird er schon über 80. Bei Radio- und Fernsehsendungen ist das anders, um nicht zu sagen umgekehrt. Das heutige Medienzeitalter ist sehr kurzlebig, genau wie die Geduld der Entscheider. Talksendungen sind da keine Ausnahme, sondern eher ein typisches Beispiel. Erfolglosigkeit ist ein Todesurteil. Das ist einerseits verständlich, darf aber andererseits auch hinterfragt werden. Denn Erfolg ist relativ. Niemand wird erwarten, dass eine Dokumentation über die verheerenden Auswirkungen der Wasserknappheit südlich der Sahara, und sei sie noch so gut gemacht, so viele Zuschauer anzieht wie das Endspiel einer Fußball-Weltmeisterschaft.

Wenn eine Sendung wie »SWR1 Leute« ihren zwanzigsten, fünfundzwanzigsten, sogar dreißigsten Geburtstag feiern durfte, ist das durchaus ungewöhnlich. Und ich will nicht verhehlen, dass ich stolz darauf bin. Sie lebt noch, obwohl und weil sie dem sehr einfachen Prinzip folgt, dass sich zwei Menschen unterhalten. Weil sie verlässlich ist und manchmal (immer noch) überraschend, und obwohl sie es nicht jedem recht macht und machen kann. Wir müssen den Spagat bewältigen, den »SWR1«-Dauerhörer zu bedienen, der vor allem wegen der Musik einschaltet. Genauso aber müssen wir auch an denjenigen Zeitgenossen denken, der speziell an unserer Gesprächssendung oder bestimmten Gästen interessiert ist. Dem einen wird vielleicht zu viel gequasselt, dem anderen zu viel Musik gespielt. Mit unserem Format, das acht Interviewteile vorsieht, bin ich ganz zufrieden. Damit erreichen wir auch die Hörer, die nicht speziell wegen eines Gastes oder Themas eingeschaltet haben. Die anderen haben die Möglichkeit, auf die Mediathek oder den Podcast zurückzugreifen, um das Gespräch kompakt zu hören. Sicher ist es hilfreich und eine gute Voraussetzung, dass die Macher Spaß an der Sendung haben und der SWR gute Voraussetzungen und freies, selbständiges Arbeiten gewährleistet. Entscheidend ist aber natürlich, wie »Leute« draußen ankommt. Vor allem aber, dass wir gehört werden.

Wenn ich morgens aufwache, habe ich manchmal Druck. Ist der weiter oben, habe ich ein Glas »Nebbiolo« zu viel getrunken; ist er weiter unten, muss ich auf die Toilette. Nur mit Quotendruck bin ich noch nicht aufgewacht oder schlecht eingeschlafen. So heftig wie beim Fernsehen ist die Keule »Quote« beim Radio sowieso nicht. Im Hörfunk geht es nicht um so viel Geld, die Produktionskosten sind viel niedriger. Aber selbstverständlich sollen (und wollen) wir so viele Hörer haben wie möglich, und bislang können wir sehr zufrieden sein. Mit knapp 400 000 Hörern pro Stunde erreichen wir mit einer Sendung etwa eine halbe Million Menschen. Es ist nützlich, bei Verlagen, Agenturen oder Behörden ein ordentliches Image vorweisen zu können. Wenn die wissen, dass Gäste bei uns gut untergebracht sind und fair behandelt werden, macht es Einladungen einfacher. Schließlich können wir uns auch nicht darüber beklagen, von der Presse schlecht behandelt zu werden. Das Verhältnis zwischen Verlegern und öffentlich-rechtlichem Rundfunk ist zwar von Natur aus ein eher angespanntes, weil sich hier Konkurrenten gegenüberstehen. Aber schon beim Überlebenskampf im Vorfeld der Fusion von SWF und SDR haben wir beste Unterstützung erhalten.

Josef-Otto Freudenreich, heute bei der großartigen Internetzeitung »Kontext«, widmete uns am 7. Januar 2005 unter dem Titel »Eine kleine Insel im tiefen Meer der Geräusche« einen Vierspalter in der »Stuttgarter Zeitung«. Er wunderte sich allerdings auch, dass man mit etwas, was eigentlich alle Menschen von Natur aus tun, so erfolgreich sein und Geld verdienen kann: dem Miteinanderreden. »Ein Privatkanal hätte aus solch einem Jubiläum wahrscheinlich ein Riesenbohai gemacht. Eine Sendung, die 20 Jahre alt wird! Ein Methusalem des Rundfunks. Moderatoren, die 17 Jahre überlebt haben. Ein Kultstatus wäre das mindeste gewesen. Was wäre das für eine Werbe-Kampagne geworden! Beim SWR wurde daraus eine dürre Pressemitteilung, in der selbst der Erfinder von ›Leute‹, Herbert Borlinghaus und die gelegentlichen Moderatoren Christiane Kirsch, Petra Zundel und Michel Ries fehlten. Im neunten Stock in der Stuttgarter Neckarstraße ist eben alles kleiner.« Auch Freudenreich fiel, was uns Moderatoren betrifft, der Vergleich mit einem alten Moderatoren-Ehepaar ein, »das seine Rollen schiedlich-friedlich im Laufe der Jahre verteilt hat: Der Herforder Siller, ein Ostwestfale, also einem Volksstamm zugehörig, der gemeinhin als sturköpfig gilt, zusammengespannt mit dem Offenburger Heim, einem Kind aus dem Badischen, wo die Menschen leichtlebiger sind, das hält sich die Waage und prägt das Profil. Der haarlichte Siller ist der Härtere, der seinen Zynismus mit Lachen bricht, der gelockte Heim ist der

Weichere, der Freund der Frauen, die seine Einfühlsamkeit lieben. Manche empfinden ihn auch als den Heim der Betroffenheit. Gemeinsam ist ihnen die ungebrochene Neugier und das Talent, ihren Gästen das ›Blubbern‹ zu verbieten. Nicht verletzend, sondern nachfragend, nicht voyeuristisch, aber hartnäckig. Das schätzen die Menschen.« Freudenreich brach eine Lanze für Sendungen abseits des Formatradios: »Ein Solitär wie ›Leute‹ im Programm der ARD ist auch ein Beweis dafür, dass der Hörer nicht blöd ist. Warum sollte er es nicht schaffen, dem Kanzler und seinem Außenminister vier Minuten lang sein Ohr zu leihen, bevor Phil Collins schmalzt, und nachher wieder einzusteigen?«

Mindestens genauso wichtig sind uns natürlich die Reaktionen, die uns ständig und in immer größerer Anzahl erreichen, zu den Jubiläen ganz besonders. Darunter sind selbstverständlich auch kritische Äußerungen, die meisten aber sehr erfreulich. Nur ein Beispiel: »Das Beste, was man sich als Radiohörer antun kann, ist: ›SWR1 Leute‹ möglichst täglich anzuhören!«

Unterhaltung mit Haltung

»Das Heute ist das Gestern von Morgen« habe ich vor ein paar Tagen irgendwo gelesen. Eine philosophische Weisheit, ein schönes Wortspiel, eine Banalität? Irgendwie alles, wie immer, wenn es ins Philosophische geht. Vermutlich ist das ein Spruch, den es in verschiedenen Varianten gibt. Jedenfalls ist er mir im Gedächtnis geblieben und ich habe darüber nachgedacht. Vielleicht stolpert man über solche Sätze in meinem Alter auch leichter.

Wenn dieses Buch gedruckt ist, arbeite ich nicht mehr für den SWR, lade keine Gäste mehr für »Leute« ein, moderiere nicht mehr, gehe nicht mehr in mein Büro, lasse keinen Espresso macchiato mehr aus dem Kaffeeautomaten laufen, bin nicht mehr im Studio und im Sendezentrum. Ich bin dann Rentner. Da ich nicht zu denen gehöre, die ihre letzten Arbeitstage herunterzählen, bis sie endlich in den »wohlverdienten Ruhestand« gehen können, ist mir dieser Gedanke immer noch ein Graus. Nicht nur die Arbeit werde ich vermissen, vor allem auch die sozialen Kontakte, allen voran die gemeinsamen Mittagessen mit den Kollegen. Die haben nicht nur uns Spaß gemacht. Unsere deutlichen Worte über Menschliches und Allzumenschliches haben oft genug auch dafür gesorgt, dass umsitzende Kollegen anderer Abteilungen die Ohren gespitzt und ihre Mittagspausen deutlich verlängert haben. Wir hatten wiederholt die glänzende Idee, die Quote von SWR1 ins Unermessliche zu steigern, indem wir diese Kantinen-Gespräche mitschneiden und dann senden. Ganz egoistische Gründe haben uns daran gehindert. Wir hätten uns nach der ersten Ausstrahlung wahrscheinlich einen neuen Arbeitsplatz suchen müssen. Denn SWR1 ist eine zotenfreie Zone. Das haben wir Mitarbeiter, wie manch anderes auch, schriftlich. Zum Teil von Beratern diktiert. Nichts gegen Berater. Jeder sollte einen haben. Vor allem in unserer Branche braucht es ab und an jemanden, der auf Schludrigkeiten und Fehler hinweist. Jemanden, der Formulierungen und Entscheidungen hinterfragt und Anregungen gibt, wie man sich noch verbessern kann. Es ist dabei hilfreich, sich von außen in die Karten gucken zu lassen. Berater, die einem nahestehen, bringen einen meist nicht voran. Zu unkritisch, zu vorsichtig. So weit, so gut.

Möglicherweise sind Sie schon einmal mit dem Auto durch die Bundesrepublik gefahren und haben ein Radioprogramm gesucht, das Ihnen gefällt, also so etwas Ähnliches wie SWR1. Da werden Sie gemerkt haben, dass – wie frech! – auch in anderen Bundesländern »die größten Hits aller Zeiten« gespielt werden, ersatzweise auch »die größten Hits der 80er, 90er und von heute« oder so ähnlich. Sie werden vermutlich dann auch bemerkt haben, dass auch von anderen Programmen der »aktuellste«, ersatzweise der »schnellste« Verkehrsservice angeboten wird. Dass die Sender sich auf regionale Aspekte beziehen, ist im Moment auch sehr angesagt. Kurzum: quer durch ganz Deutschland ähneln sich Radioprogramme bis ins letzte Detail des Layouts. Also muss es doch wohl richtig sein? Oder macht diese Gleichheit verwechselbar und damit belanglos? Die einen sagen so, die anderen so. Was man auf jeden Fall sagen kann ist, dass viele Sender sich von Beratern Unterstützung holen, wenn es um die Gestaltung ihrer Programme geht. Manche dieser Berater erfinden in solchen Beratungsprozessen das Radio dann neu, meinen sie jedenfalls. Auf der anderen Seite stehen dann aber auch Sender, die den Beratern das abnehmen; die froh sind, dass sie eine Bibel bekommen, die ihnen die Entscheidung erleichtert, wie sie es denn nun am besten machen sollen. In solchen Berater-Bibeln steht dann eben zum Beispiel, dass aktuell die Musik der 1980er-Jahre dringend häufiger gespielt werden muss, weil der Hörer das will. Weil der Hörer aber zu blöd ist, seine Musik zu erkennen, muss man ihm ausdrücklich sagen, dass er nun seine Musik aus den 1980er-Jahren hört. Oder es wird dazu geraten, dem Hörer deutlicher zu machen, dass er gerade »»das beste Programm«, »die größten Hits« und den »aktuellsten Verkehrsservice« geboten bekommt. Tja, am Ende sieht es dann so aus, dass fast alle Radiosender sich nach solchen Vorgaben richten, um bei den Hörern anzukommen.

Auch SWR1 leistet sich Berater, auch wir werben mit den »größten Hits« für unser Programm. Zur Ehrenrettung von SWR1 möchte ich aber hinzufügen, dass wir darüber hinaus versuchen, uns durch gründlich recherchierte Informationen, eine besondere Musikmischung und vor allem durch die Arbeit der Moderatoren von anderen Programmen abzuheben. Wir versuchen, nicht alles so zu machen wie die anderen, und das nicht nur bei extraordinären Programmhighlights wie unseren Hitparaden, sondern auch im alltäglichen Sendebetrieb. »Schmidts Samstag« ist eine Bereicherung im Radio. Und welche populäre Welle leistet sich im Tagesprogramm ein regelmäßiges Format wie »Leute«?

Fast zeitgleich mit meinem Fortgang vom Sender wurde nun ein solches, wie ich finde originäres Eigenprodukt im

SWR-Fernsehen eingestellt: »Leute Night«. Ich finde das bedauerlich und bin auch enttäuscht über diese Entscheidung. Ich vermute, dass »Leute Night« einfach von Anfang an kein Kind des Fernsehens war, manch einer empfindet die Sendung vielleicht auch nur als »abgefilmtes Radio«. Zu teuer kann die Produktion unseres Formats jedenfalls nicht gewesen sein, »Leute Night« gehörte mit Abstand zu den Sendungen, die am günstigsten und dabei hochprofessionell produziert wurden. Was auch immer der Grund dafür gewesen sein mag, dass man sich gegen die Fortsetzung dieser über dreißig Jahre lang bewährten Sendung entschieden hat: es ist vorbei und Enttäuschungen wie diese gehören zu einem langen Berufsleben wie dem meinen nun einmal dazu. Dennoch hinterlassen sie Spuren. So finde ich es auch nach wie vor sehr schade, dass sich eine weitere individuelle Sendung nicht hat durchsetzen können. Eines schönen Tages, es muss Ende 2012 gewesen sein, besuchte der geschätzte Kollege Uwe Bork, seines Zeichens Chef der Abteilung »Kirche und Gesellschaft«, mich im Büro. Er hatte eine neue Idee. Nicht nur im Kopf, sondern auch schon auf Papier gebracht. Eine Talkshow fürs Fernsehen. Wieder einmal. Gab es auch damals eigentlich schon wie Sand am Meer. Doch ich war sofort begeistert. Der Inhalt des Formats hatte mich überzeugt: es sollte um Gewissensfragen gehen, um Ethik und Moral. Keinen Philosophietalk über Gut und Böse im Allgemeinen stellte sich Kollege Bork vor. Sondern eine Gesprächsrunde über Entscheidungen im alltäglichen Leben. Gebe ich Bettlern Geld? Sage ich meiner Schwiegermutter, dass mir ihre Weihnachtsgeschenke noch nie gefallen haben? Ist es verwerflich, ein Kilo Gehacktes für 2,99 Euro zu kaufen? Der naheliegenden Gefahr einer Besserwisser-Sendung mit erhobenem Zeigefinger schob schon der angedachte Titel einen Riegel vor: »Die Moralapostel«. Mit dieser Art von Selbstironie konnte ich leben. Angenehm fand ich auch die Idee, die Runde mit drei Gästen überschaubar zu halten. Uwe und ich konnten für die erste Sendung mit der Pfarrerin und Kolumnistin Petra Bahr, dem Philosophen Philipp Hübl und Claudia Langer, der Gründerin der Internetplattform »Utopia«, die ich aus »Leute« in bester Erinnerung hatte, gute und eloquente Gesprächspartner gewinnen. Schnell einigten wir uns auch auf eine großartige Location, das »Bix« in Stuttgart, einen der besten deutschen Jazzclubs. Betreiber Mini Schulz würde mit seiner eigens für unsere Sendung gegründeten Band »Die Bix Apostel« musikalische Akzente setzen. Der Fernsehdirektor genehmigte die Finanzierung für einen Piloten, den wir Ende April aufzeichneten. So durfte ich also auf meine alten Tage noch als Moderator einer reinen Fernseh-Talkshow Neuland betreten. Das Gespräch war locker und unterhaltsam, die Gäste, das Publikum und die Macher waren zufrieden. Uwe Bogen fand in den »Stuttgarter Nachrichten« freundliche und aufmunternde Worte. Er bescheinigte den »Moralaposteln« intelligent und locker daherzukommen und forderte mehr davon. Allein der Sendetermin (Pfingstsonntag um 11.45 Uhr) fand nicht die Unterstützung des Kritikers: »›Die Moralapostel‹, liebe SWR-Chefs, gehören dringend ins Abendprogramm! Die Sendung bietet Unterhaltung mit Haltung – sie ist Werbung ohne erhobenen Zeigefinger für eine solidarische Welt.« Da ging es ihm wie uns. Auch wir hätten das Format gerne im Abendprogramm gesehen und damit die Chancen auf bessere Quoten erhöht. Doch auch der Rückenwind seitens der Presse half uns nicht weiter, zumindest nicht langfristig. Das interne Echo der Redaktion und der Macher war durchgehend positiv. Das entscheidende aber, das der Spitze, der zuständigen Direktion, war nicht negativ – es fehlte schlichtweg. Es gab überhaupt keine Reaktion. Immerhin gelang es der Hauptabteilungsleiterin, Geld für eine zweite Probesendung locker zu machen. Die Produktion wurde sogar etwas aufwändiger, mit Drohnenflug über dem »Bix« für abwechslungsreichere Aufnahmen und verändertem Regiekonzept. Die Gästerunde, leicht verändert durch einen Philosophenwechsel – Wilhelm Schmid statt Philipp Hübl –, war wieder sehr angeregt und anregend. Nur wurde leider auch der zweite Versuch wieder gut versteckt: eine Sendung am Zweiten Weihnachtsfeiertag um 9.30 Uhr läuft weitgehend unter Ausschluss der Öffentlichkeit. Wie weit sie um diese Zeit von den SWR-Spitzen gesehen wurde, kann ich natürlich nicht beurteilen. Jedenfalls bekamen wir wieder kein Feedback. Und das über Wochen, über Monate. Bis dem Erfinder der Talkshow, Uwe Borg, auf dem Flur eher beiläufig mitgeteilt wurde: Wir brauchen keine weitere Talkshow. Diese Meinung kann man selbstverständlich vertreten und es gab sicherlich gute Gründe für diese Entscheidung. Warum aber trotzdem zwei Sendungen produziert werden mussten, über die anschließend gar nicht diskutiert wurde, erschloss sich wahrscheinlich weder dem Zuschauer, dessen Gebührengeld dafür verschleudert wurde, noch den Machern, die sich nicht ernst genommen fühlten.

Mit der Moral ist das überhaupt so eine Sache. Jeder hat ja so seine ethischen Ansprüche, also fast jeder. Und die sollten eingehalten werden, vor allem natürlich von Anderen. Bei anderen fallen einem eher Fehler auf als bei sich selbst, und über die Folgen des eigenen Verhaltens denkt man oft genug nicht genug nach. Kämpfer des sogenannten Islamischen Staates ermorden und vergewaltigen unschuldige Menschen, Al Qaida verübt Anschläge mit unzähligen Opfern, Hutu und Tutsi bringen sich um, Diktatoren unterdrücken ihr Volk. Aber Widerstandskämpfer wenden die gleichen blutigen Methoden an. Voller Angst fliehen Millionen aus ihrer Heimat. Kriege, Dürre und Mangel lassen alle fünf Minuten ein Kind verhungern. Keiner, der das nicht beklagt; viele, die nicht verstehen, warum Menschen zu schlimmen Gräueltaten imstande sind; einige, die nach Gründen suchen; wenige, die Zusammenhänge finden. Es gibt bessere Möglichkeiten, seine Gehirnzellen in Gang zu setzen als nur den Kopf zu schütteln. Jean Ziegler, Schweizer Philosoph und Globalisierungskritiker, hat das zugespitzt so formuliert: »Jedes Kind, das verhungert, wird ermordet.« Auch wir tragen mit unserem Verhalten Schuld daran. Oder wie Bertolt Brecht diesen Umstand treffend beschrieb: »Armer Mann und reicher Mann, standen da und sahen sich an. Und der Arme sagte bleich: Wär' ich nicht arm, wärst du nicht reich.« Nein, wer gut verdient, muss nicht gleich ein schlechtes Gewissen haben. Wer es sich leisten kann, soll sein Fünf-Gänge-Menü oder seine Fernreise genießen. Zufriedenheit ist nichts Verwerfliches. Wenn sie nicht dazu führt, sich nur noch zurückzulehnen und seine Ziele aufzugeben, kann sie eine gute Voraussetzung sein für ein glückliches Leben – für sich selbst und seine Mitmenschen. Wer sich selbst nicht liebt, wird es schwer haben, andere zu lieben. Wer andere liebt, hat es leichter, geliebt zu werden. Das klappt nicht immer, ich weiß, aber schon wer mit einem Lächeln durchs Leben geht wird oft genug belohnt. Es »lohnt« sich, nett und freundlich zu sein.

Und überhaupt ist das Leben doch so einfach. Wofür gibt es Eltern, Lehrer, Freunde, Kollegen? Damit man immer jemanden hat, den man für die eigene schlechte Situation verantwortlich machen kann. Das stimmt ja auch – manchmal. Es gibt Eltern, die ihre Kinder nicht auf das Leben vorbereiten; es gibt Lehrer, die besser einen anderen Beruf ergriffen hätten; es gibt Freunde, die es nicht ehrlich meinen; es gibt Kollegen, die nur Konkurrenten sind. Aber sie alle eignen sich auch wunderbar dazu Projektionsfläche dafür zu werden, dass man selbst mit dem Leben nicht zurechtkommt. Weil man keine Verantwortung übernehmen, keine Entscheidungen treffen, für nichts geradestehen will. Vielleicht lässt sich durch ein solches Vermeidungsverhalten kurzfristig Ärger vermeiden, auf Dauer schädigt es aber das Selbstbewusstsein und macht unglücklich. Manch einer trägt schwer daran, dem anderen fällt es leichter, und wieder andere wissen gar nicht, was Verantwortung ist. Sie drücken sich davor, Entscheidungen zu treffen. Natürlich ist es oft schwer, zwischen richtig und falsch, gut und böse zu unterscheiden. Und manchmal geht es gar nicht. Ich jedenfalls halte es für eine große Gabe, dass wir die Möglichkeit haben, Einfluss zu nehmen. Wir können reflektieren, über uns und unser Leben nachdenken und entsprechend handeln (oder eben nicht). Ob wir das einem Schöpfer oder der Evolution zu verdanken haben, mag jeder für sich selbst entscheiden. Es macht uns jedenfalls zum Menschen. Verantwortung trägt jeder zunächst einmal für sich selbst. Auch wenn wir von vielen Umständen abhängig sind, angefangen von unseren Genen und bis hin zu unserem Chef und darüber hinaus, es liegt vor allem an uns. Fehler gehören zum Leben dazu. Jeder muss sie machen, um daraus zu lernen.

Wer nicht daraus lernt, macht noch mehr Fehler. Wir haben unser »Schicksal« auch dadurch in der Hand, dass wir etwas für unsere Mitmenschen und die Umwelt tun können. Wir können unseren Kollegen eine große Hilfe sein, statt uns gegen sie durchzuboxen. Wir können das Vertrauen unserer Freunde schützen, statt sie tief zu verletzen.

Unsere Umwelt haben wir inzwischen schon ganz schön lieb. Deutschland ist in Sachen Umweltschutz erfreulich weit vorn. Wir machen dem Rest der Welt vor, dass kein Licht ausgeht, wenn wir uns von der unbeherrschbaren lebensgefährlichen Atomkraft verabschieden, dass regenerative Energien eine sinnvolle und auf Dauer preiswerte Alternative sind. Das werden auch störrische Egoisten in Bayern, die besonders viel Atomstrom produzieren und verbrauchen, aber kein Endlager errichten wollen, nicht verhindern. Und diejenigen, die in Nordrhein-Westfalen an Kohle als schmutzigstem Energieträger festhalten, auch nicht. Wir sind Meister der Mülltrennung. Auch darauf können wir stolz sein. Vielleicht verstellt uns aber diese Leistung auch den Blick auf alltägliche Schlampereien. Wie viele Plastiktüten ließen sich beim Einkaufen vermeiden! Vielleicht würde es helfen, noch intensiver darauf hinzuweisen, dass diese Tüten bisweilen nicht ordnungsgemäß recycelt werden und stattdessen irgendwo in den Weltmeeren Vögeln und Schildkröten das Leben kosten, weil sie sich in unseren Plastikhinterlassenschaften verheddern? Vielleicht sollte man noch deutlicher klar machen, wie viele Ressourcen jede einzelne dieser Tüten bei der Herstellung verbraucht? Und dann diese Online-Bestellungen! Sie zerstören nicht nur den Einzelhandel, sondern produzieren auch unglaubliche Mengen an Verpackungsmüll. Zusätzlich sorgt der Transport der auf diesem Weg bestellten Waren für eine ordentliche Feinstaubbelastung. Über die klagt sowieso jeder, genauso wie über den Verkehr und den CO_2-bedingten Klimawandel – und trotzdem fahren so viele Menschen mit dem Auto zur Arbeit. Obwohl die Strecke in zehn Minuten mit der Stadtbahn zu bewältigen ist. Ohne Umsteigen. Töchter und Söhne werden per PKW zur Schule oder zur Freundin kutschiert, obwohl die Eltern für ihre Kinder ein Abo für öffentliche Verkehrsmittel bezahlen. Wie sollen diese Kinder ein Problembewusstsein entwickeln, wie sich für den Umweltschutz begeistern? Natürlich geht es manchmal nicht anders, aber meistens liegt es einfach an der Bequemlichkeit, dem inneren Schweinehund. Oder man ist sich zu fein für Bus und Bahn. Unbegreiflich ist mir auch, dass jedes Restaurant, das meint, etwas auf sich halten zu sollen, ein italienisches Marken-Mineralwasser anbieten muss. Im »Ländle« haben wir ja wirklich überhaupt kein gutes Wasser. Vielen Dank, lieber Vincent Klink, für Ihre Konsequenz! Sie bieten in ihrem Lokal nur Wasser von hier an. Während ich das so schreibe, fällt mir just eine eigene Sünde ein: Ich trinke noch immer gerne ein herbes Bier aus Norddeutschland, das dafür durch die halbe Republik gekarrt werden muss. Ich werde daran arbeiten.

Über Nachhaltigkeit und Umweltverschmutzung, Klimawandel, Massentierhaltung und ökologische Landwirtschaft haben wir in »Leute« zahlreiche Gespräche geführt, hoffentlich ohne dabei belehrend zu wirken. Ich kann mich erinnern, dass ich einmal für den Zeitraum eines Jahres ziemlich penetrant meine Gäste nach ihrer Meinung zum Tempolimit befragt habe. In meinen Sendungen habe ich auch vieles gelernt (und natürlich vieles wieder vergessen). Zum Beispiel von Schauspieler Felix Klare, bekannt als

Schauspielerin Nina Hoss war wie ihre Eltern »Leute«-Gast

»Tatort«-Kommissar »Sebastian Bootz«. Von ihm stammt die einfache Erkenntnis, dass Bio-Produkte eigentlich gar keine Bio-Produkte sind. Sondern ganz normale Produkte. Eigentlich wäre es richtig, die Produkte aus Industrietomaten oder Fabrikschweinen mit einer gesonderten Bezeichnung zu versehen!

Zu den für den Umweltschutz und die Nachhaltigkeit engagierten Persönlichkeiten, die mich am meisten beeindruckten und die ich kennenlernen durfte, zählt auch Willi Hoss. Er war alternativer Betriebsrat bei Daimler und schon Anfang der 1990er-Jahre Aktivist für die Indios im brasilianischen Regenwald. Er war mit der Schauspielerin und Intendantin Heidemarie Rohwedder verheiratet, Nina Hoss ist ihre gemeinsame Tochter. Die drei waren die erste (und einzige) Familie, die ich in Leute zu Gast hatte. Mal miteinander, mal alleine. Erst Willi, dann Heidemarie mit Nina und dann nochmals Nina. Begegnet bin ich allen dreien schon früher, vor unseren Gesprächen in der Sendung. Wir haben uns oft in der Pizzeria »da Paolo« getroffen. Die Familie ging dort essen, seit Nina sieben oder acht Jahre alt war. Paolo, der Besitzer des Restaurants am »Bihlplatz« in Heslach, war Kult in der Kunst- und Medienszene. Schauspieler und Mitglieder des Stuttgarter Balletts gingen hier ein und aus. Auch SDR-Kollegen, vor allem die aus der Sportredaktion. Sie waren Stammgäste, seit Paolo der Crew von »Sport im Dritten« angeboten hatte, noch sehr spät für sie zu kochen. Immer wieder begleiteten auch bekannte Sportler die Kollegen aus dieser Redaktion zu Paolo. Bald waren die Wände des Restaurants voller Erinnerungsfotos mit Prominenz. Inzwischen ist das Haus trotz aller Proteste abgerissen und durch einen Neubau ersetzt worden. Paolo und seine Frau Christine aber betreiben inzwischen wieder ein Lokal bei den Kleingärtnern in Stuttgart-Kaltental. Wenn viel Betrieb ist, hilft Roberto in der Küche aus. Schon früher, im »da Paolo« hat er mir meine »Pizza Marinara« immer besonders reichlich belegt.

Paolo ist nicht der einzige, der aus dem Herzen des alten Arbeiterbezirks Heslach verschwunden ist. Zuerst wurde der kleine Kiosk abgerissen, in dem ein altes Ehepaar für Zeitungsleser und Raucher Anlaufstelle war. Sie arbeiteten immer abwechselnd, denn im Kiosk war nur Platz für eine Person und den Hund. Später wurden die beiden durch einen Afrikaner abgelöst. Auch die Betreiber des Getränkemarktes in Heslach haben irgendwann aufgegeben, weil der Job zu anstrengend war, irgendwann das Kreuz die Kisten nicht mehr tragen konnte. Der Schuster ist schon länger nicht mehr da. Dann – besonders schmerzlich – setzte sich mein Hausarzt zur Ruhe. Vor kurzem hat dann noch unser Metzger aufgegeben. Auch Herr Bieg, der Kfz-Mechaniker, hat offiziell Schluss gemacht. Stammkunden können ab und an seine Hinterhofwerkstatt trotzdem noch anfahren. Immerhin ist der Biobäcker noch da, auch »Buch im Süden« und die »Heslacher Weinstube«. Der Gasthof »Ochsen« ist gerettet worden. Jedenfalls das Haus, in das bald wieder eine Gastronomie einziehen soll. Vor allem gibt es das traditionsreiche »Ritterstüble« noch, wiederbelebt durch die Privatinitiative »Die Ritter der Tafelrunde«. Immer dienstags findet hier – wie seit Jahren schon – ein Quizabend statt. Nicht zu vergessen die »Traube«, eine absolute Rarität. Die alte Weinstube mit Wohnzimmeratmosphäre findet sich im ersten Stock eines Wohnhauses. Hier bei Hubert vermischen sich die alteingesessenen »Viertelesschlotzer« mit seiner Gay-Klientel. Eine Mischung so bunt wie die Regenbogenfahne.

Alles verändert sich, früher war nicht alles besser. Neue Errungenschaften bringen viele Vorteile, man muss sich nur darauf einstellen und damit umgehen können. Das Auto war eine Revolution, niemand möchte darauf verzichten. Die negativen Folgen müssen wir trotzdem in den Griff bekommen. Arbeitsplätze sind wichtig – trotzdem hatte Winfried Kretschmann von den Grünen natürlich Recht, als er sagte, weniger Autos wären besser. Das Internet war erst recht eine Revolution. Es erleichtert die Arbeit, gerade für uns Journalisten. Es bringt Menschen zusammen, es ist ein von Natur aus demokratisches Medium, weil Unrecht nicht mehr verborgen bleibt. Leider bleibt auch vieles andere nicht verborgen. Deshalb ist Medienkunde heute nötiger denn je. Wir sollten das Internet nutzen, aber wir müssen es auch (soweit es geht) beherrschen, sonst beherrscht es uns. Sonst wissen Konzerne, Behörden, Versicherungen, Krankenkassen und Betrüger mehr über uns als unsere Kinder, Eltern und echten Freunde (die aus Fleisch und Blut). Sonst ersetzt die Tastatur das Gespräch, tötet das neue Kommunikationsmedium die Menschlichkeit. Wer meint, permanent »on« sein zu müssen, um »in« zu sein, wer beim gemeinsamen Essen ins Smartphone guckt statt seinem Gegenüber in die Augen, ist nicht nur respektlos, sondern auch bald einsam. Das neue Medium Internet hat die alten Medien stark verändert. Auch Zeitungen, Radio und Fernsehen kommen ohne Internet nicht mehr aus. Redakteure müssen ihre Beiträge auch online verbreiten. Viele Recherchen laufen über das Internet. Ein Medienmacher muss auch wissen, was Menschen in sogenannten »sozialen Netzwerken« bewegt. Ein Vorteil dieser Netzwerke ist sicherlich, dass darüber auch Nachrichten verbreitet werden können. Oft schneller, als dies professionellen Medienmachern gelingt. Problematisch aber wird es, wenn sich diese Netzwerke für viele Menschen zunehmend zur einzigen Nachrichtenquelle entwickeln und Justin Biebers Unterhosen auf einmal relevanter erscheinen als Benjamin Netanjahus Besatzungspolitik. Für fragwürdig halte ich es auch, wenn öffentlich-rechtliche Sender auf »Facebook«-Seiten verweisen und damit einen gewinnorientierten Privatbetrieb fördern.

Journalismus wird noch spannender, je mehr sich in dieser Welt verändert. Alle Medienarbeiter müssen sich neuen Aufgaben stellen, ohne die alten dabei zu vernachlässigen. Und die Aufgaben werden nicht weniger: In unserer aufgeklärten Welt, in der das menschliche Genom entschlüsselt wurde, in der wir rund um den Erdball und darüber hinaus aus dem All skypen können, bringen wir es fertig, so viele Lebensmittel zu vernichten, wie sie der Rest des Globus brauchen würde, um nicht zu verhungern. Das Folter-Gefängnis Guantanamo, Neonazis, die Todesstrafe und Rassismus existieren noch immer. Und ein Kotzbrocken wie Donald Trump wird bejubelt. (Stand Herbst 2015).

Um die Zukunft des Radios ist mir nicht bange, um die Zukunft von »SWR1« auch nicht. Womit ich in meinem Leben gute Erfahrungen gemacht habe, ist zuhören, miteinander reden, mutig sein (Angst ist ein schlechter Ratgeber), Experimente wagen, sauber bleiben, im besten Sinne neugierig sein.

Ausblick: Danke!

Der Himmel ist sternenklar. Als ich kurz vor der »Tagesschau« auf dem Balkon war, kam der Mond gerade hinter der Hauswand hervor. Jetzt geht der Tag zu Ende, und der Mond verschwindet gleich hinter den Bäumen. Er nimmt zu, und weder er noch ich ärgern sich darüber. Irgendein Sternbild kann ich gerade nicht erkennen. Und wenn, wüsste ich nicht, was es für eines ist, weil ich keine Ahnung davon habe. Ich wüsste nicht einmal, ob ein Stern, den ich sehe, mich verarscht. Vielleicht gibt es ihn gar nicht mehr. Man sieht etwas, das nicht mehr da ist. Der Stern, den ich sehe, könnte längst verglüht sein. Auch wenn ich es mir erklären kann, finde ich so etwas immer noch unfassbar. Nicht einmal auf die Vergangenheit ist mehr Verlass. Auf die Zukunft sowieso nicht – oder doch? Wir wissen, dass wir sie nicht kennen, und das ist gut so. Zu wissen, wann man stirbt, oder der Partner, die Eltern, Freunde, wäre eine Horrorvorstellung. Mag die Ungewissheit darüber, was die Zukunft bringt, auch manchem Angst machen: es ist doch herrlich, sich auf Neues, auf Überraschungen ebenso freuen zu können wie auf das nächste gemeinsame Essen mit der Partnerin oder dem Partner, den Eltern oder den Kindern oder mit Freunden, auf eine gute Flasche Wein oder ein Buch. Was ist schöner, als die Aussicht auf die nächste Reise, auf weitere Ziele und auf Träume, die man sich vielleicht noch erfüllen wird?

Für mich wird es auch ohne den Sender SWR auf jeden Fall spannend. Was mir hoffentlich erhalten bleibt, ist ein Ehrenamtsjob, den ich seit zehn Jahren mit dem geschätzten Kollegen Michel Ries ausübe. Abwechselnd mit anderen Teams vom SWR sitzen wir etwa fünfmal pro Saison auf der Pressetribüne der »Mercedes-Benz-Arena« und berichten live über ein Spiel des VfB Stuttgart. Weiter unten auf der Haupttribüne sitzen dreißig blinde und sehbehinderte VfB-Fans mit Kopfhörern und lauschen, wie wir das Spielgeschehen, die Trikots und die Atmosphäre beschreiben. Das kommt, wie wir uns haben sagen lassen, gut an und macht uns selbst auch viel Spaß (soweit die Spielweise der Heimmannschaft das zulässt). Auch wenn die Kommerzialisierung den Fußball immer stärker beherrscht und Geld eben doch Tore schießt, bleibt die schönste Nebensache der Welt spannend, hochemotional und begeisternd. Im Gegensatz zu Gary Lineker, dem englischen Fußballspieler, der meinte, Fußball sei ein sehr einfaches Spiel, in dem 22 Spieler neunzig Minuten einem Ball hinterherjagen und am Ende gewinnt Deutschland, weiß niemand, wie es ausgeht. Manchmal ist das sogar beim FC Bayern so.

Die Aufgaben werden mir sicher nicht ausgehen. Allein im Viertel, in dem ich wohne, gibt es zahlreiche Möglichkeiten, Sinnvolles zu tun, sei es im Mehrgenerationenhaus oder in der Arbeit mit Flüchtlingen. Noch näher allerdings – und das in jeder Beziehung – liegt mir der Kontakt zu meiner Familie, zu meinen Kindern. Schließlich sind sie das Beste, das ich in meinem Leben zustande bekommen habe. Und dann sind da noch meine beiden Enkelinnen. Ich werde zukünftig also nicht nur Rentner, sondern auch verstärkt Opa sein. Meine ältere Enkeltochter zum Beispiel ist gerade ganz stolz, weil sie eingeschult worden ist. Sie wird Dinge lernen und erleben, von denen ich nicht einmal eine Vorstellung habe.

Ein paar ferne Reiseziele habe ich mir, nachdem ich schon einige Kulturen kennenlernen durfte, noch vorgenommen. Unvergessen bleibt mir die Vielfalt Argentiniens, von den Iguazu-Wasserfällen bis hin zu den »kalbenden Gletschern« Patagoniens, die in einen Süßwassersee münden. Ich erinnere mich immer wieder gerne an die »Namibwüste« in Namibia, die »Big Five«, also die Wildtiere, die ich in Kenia und Tansania beobachtet habe, oder an die Ruhe in Laos. Ich habe mich gefragt, warum es dort so ruhig ist. Mir ist aufgefallen, dass ich in Laos zwar ganz viele Kinder gesehen habe, aber sie haben alle nicht geschrien oder gestritten. Fast noch wichtiger als in die Ferne zu reisen ist es mir übrigens inzwischen geworden, Deutschland besser zu erkunden, allem voran die Stadt, in der ich wohne. Mit offenen Augen und bisweilen auch mit einem Fotoapparat in der Hand.

Wie es sonst bei mir weitergeht, werde ich sehen. Ich bleibe neugierig. Dem SDR und dem SWR bin ich dankbar für die Möglichkeiten, die ich nutzen durfte. Meinen Kollegen für die Zusammenarbeit, die es mir leicht gemacht hat, mich auf die Arbeit zu freuen, meinen Gästen für die vielen neuen Erfahrungen und Ansichten. Vor allem aber bedanke ich mich bei den Hörerinnen und Hörern – ohne euch wäre alles nix!

Das Buch enthält Gespräche aus der SWR1-Rubrik »Leute«.
Die abgedruckten Texte können vom gesprochenen Wort der Sendung
abweichen. Sollten Rechte Dritter übersehen worden sein, sind Autor und
Verlag bereit, rechtmäßige Ansprüche nach Anforderung abzugelten.

© 2016 Klöpfer und Meyer, Tübingen.
Alle Rechte vorbehalten.
ISBN 978-3-86351-416-7

Redaktion und Lektorat: Karin Kontny, Sabine Besenfelder.
Umschlaggestaltung: Christiane Hemmerich
Konzeption und Gestaltung, Tübingen.
Abbildungen: Wolfgang Dörre (S.191f), Stefan Siller.
Für die Überlassung ihrer Werke dankt der Autor Wolfgang Joop,
James Rizzi, Tilmann Scholl, Karl Scholz und Tomi Ungerer.
Herstellung: Horst Schmid, Mössingen.
Satz: Alexander Frank, Ammerbuch.
Druck und Einband: Pustet, Regensburg.

Mehr über das Verlagsprogramm von Klöpfer & Meyer
finden Sie unter: *www.kloepfer-meyer.de*

**Helmut Zwanger und
Henriette Herwig (Hg.)
Altershalber
Gedichte aus acht Jahrhunderten**
384 Seiten,
gebunden mit Schutzumschlag
und Lesebändchen

»Die Tragödie des Alters ist nicht, dass man alt, sondern dass man jung geblieben ist.«
Oscar Wilde

»Warum gibt es eine solche Anthologie nicht schon
seit langem? Hunderte Gedichte, von Walther von der
Vogelweide bis Jan Wagner: Sie regen an, zwingen
zum Nachdenken und zeigen wunderbar, was Lyrik zu
leisten vermag.«
Rainer Moritz, Literaturhaus Hamburg

»Die Elegie des Alters, das alte Lied und Leid:
eine notwendige Gedichtesammlung.«
Schwäbisches Tagblatt